Für die Freiheit Asconas

Für Hendrika Ras, die holländisch sprach

Ein Novemberabend im Cafè

Diese Reportage nahm an einem Novemberabend im Restaurant Seven ihren Anfang. Neben dem Eingang rechts betritt man einen einladenden Salon, drehbare Sessel, mit weissem Leder überzogen, lauter Gasflämmchen in Reih und Glied unter einem rechteckigen Fenster, das auf den See hinausgeht. Die Herbstabende in Ascona sind nebelhaft, konturlos. Die Piazza ist menschenleer, die Gehsteige feucht, die beschlagenen Lichter spiegeln sich im See.

Wir suchten seit einiger Zeit nach einem Thema für ein neues Buch. Ein Wort ergab das andere, dann fragten wir uns: Weshalb nicht Ascona, sein 20. Jahrhundert, erzählt, als wäre es eine lange Reportage? Das war 2009. Von da an haben wir in kleinen und grossen Dingen gestöbert und versucht, Ascona zu verstehen.

Am Ende, viele Monate und 150 Begegnungen später, ist daraus ein Porträt entstanden, dieses Buch, das wir uns anfangs ganz anders vorgestellt hatten. Rund um die Mutterinsel Ascona gruppieren sich zahlreiche kleine Inseln: Inseln der Kultur, der Identität, der Sprache, der Wirtschaft. Eine davon ist der Monte Verità mit seiner Geschichte, durchwoben von Utopien und prägenden Persönlichkeiten, die ihn zur Legende gemacht haben. Der Berg war zwar der Auslöser des modernen Ascona, doch dann hat der Borgo (das Städtchen) gelernt, auf seinen eigenen Beinen zu gehen und ist zu einer unglaublichen Synthese übereinander geschichteter Welten geworden.

Nach getaner Arbeit sind wir zurückgekommen und haben wieder aus dem rechteckigen Fenster auf die Seepromenade geschaut. Und es schien uns, als gehörten wir inzwischen zur Familie, als könnten wir uns ein bisschen als Asconeser fühlen. Und wir hoffen, dass das auch Ihnen passiert, wenn Sie diese Reportage lesen. Geschrieben aus der Sicht Asconas. Mit Sympathie, Leidenschaft und Nachsicht.
Martino und Niccolò Giovanettina

Ascona und Foroglio, Geschwister des Wassers

Foroglio und Ascona sind über das Wasser miteinander verbunden. Das Stuntman-Wasser des grossen Wasserfalls und das leicht gekräuselte Wasser des grossen Sees. Ein idealer Faden blauen Goldes verknüpft das Dorf des Bavontals mit dem exklusivsten Städtchen am Lago Maggiore.

Nach einem 110 Meter tiefen Fall, für den es den verdienten Applaus genossen hat, beginnt das schäumende, noch bergfrische Nass des Wasserfalls seine Reise zum Meer. Etwas davon bleibt in Ascona und wird, wie der Liedermacher Francesco Guccini singen würde, "zu Erde, Wind, Blut und Gedanken", während der grosse Teil der flüssigen Kolonne langsam Richtung Venedig fliesst. Und dort dann die Unendlichkeit.

Foroglio und Ascona haben, wenn auch auf sehr unterschiedliche Art und Weise, etwas Gemeinsames: Sie sind Orte der Verschmelzung, wo Menschen aus aller Welt sich angesichts der universellen Sprache der Schönheit vermischen. Es ist leicht, an solchen Orten geistige Einwohner Asconas oder Foroglios zu werden, ganz unabhängig davon, wie oft man dort war oder woher man kommt.

Das ist Leni Riefenstahl widerfahren, als sie in Foroglio einen Teil des Films "Das blaue Licht" drehte, es ist Henri Oedenkoven passiert, als er den Monte Verità erfand. Zwei Menschen, die von Landschaft berührt werden wollten, die ihren Süden (in der Schweiz) gefunden haben, die eine im Überschwang des alpinen Wassers, der andere in der lieblicheren Seelandschaft.

Deshalb konnte die Agenzia Kay ihren Weg, den sie in Foroglio begonnen hat, in keinem andern Ort als Ascona fortsetzen. Auf der Suche nach der jetzigen und der verlorenen Zeit von zwei Geschwistern, die nur vordergründig unterschiedlich sind. Und die, in anderen Büchern, andere Geschwister suchen werden.

Ascona
Eine Reportage

Es genügt, Ascona anzuschauen, um zu verstehen, dass es in der Gunst der Götter stand (und steht). Der Ort ist schön und hat eine besondere Geschichte. Ein kleiner Verlag mit einem halb amerikanischen Namen hat mich hierher geschickt, um zu versuchen, Ascona zu erzählen.

Die Hauptstrasse, auf Millionen von Postkarten verewigt, heisst Piazza Giuseppe Motta. In Wirklichkeit ist es eine Seepromenade, deren schlichte, absolute Schönheit in stummes Erstaunen versetzt. Und die die Menschen nah ans Wasser bringt.

Es ist elf Uhr morgens. Einige wenige Leute sind unterwegs: Einige junge Frauen, die in der Uniform ihres Hotels zur Arbeit gehen, *Flâneurs* aus aller Welt, Eisesser und Touristen, die sich nach Süden, nach Cannobio schauend, das Mittelmeer vorstellen. Es herrscht eine entspannte Atmosphäre, fast eine ferienähnliche Trägheit. Einige Fahrräder sind an die Platanen angelehnt. Im ersten Stock des Hotels Tamaro sieht man den kleinen Balkon der Wohnung, in der die kosmische Gräfin Franziska Reventlow wohnte, die intensiv lebte und jung starb. Drei Boote, ohne Segel und von der Boje in Schach gehalten, tänzeln auf dem See. Verzerrte Wolken ziehen über den Himmel, von Windstössen der Tramontana getrieben.

Die Seepromenade von Ascona ist ein *red carpet* von 365 Metern Länge. Wo neben den Menschen die Sprachen flanieren, zahlreiche Sprachen, vor allem Deutsch, in seinen zahllosen regionalen Varianten. Ein babylonisches Sprachgewirr, das sich fast in einem einzigen geflüsterten Gemurmel auflöst und vom Wasser des Sees weggetragen wird. Aber auch ein Wirrwarr von Chromosomen, von Herkunftsorten, von Geschichten, die sich in die Gesichter eingegraben haben. Gesichter, die vor dem Sonnenbad wohl weiss waren und nun feuerrot sind. Kleider im Ferienstil, vor kurzer Zeit aus dem Schrank genommen, für kurze Zeit getragen. Auf die Seepromenade geht man, um zu sehen, und um gesehen zu werden.

Doch kein Kleid und keine Frisur, so extravagant sie auch sein mögen, verhindert dem erfahrenen Auge, die Asconeser wiederzuerkennen. Nicht nur jene, die das ganze Jahr dort leben, sondern auch die, welche dort ihre Wahlheimat gefunden haben, glücklich vom Virus Ascona befallen sind, auf das sie nie verzichten würden und zu dem sie immer wieder zurückkehren. Für sie ist Ascona, abgesehen von seiner Schönheit, ein Ort der Gefühle, die einen immer begleiten, auch wenn man anderswo lebt. Der Borgo ist für die Asconeser ein Ort *extra muros*, im Vergleich zum gewöhnlichen Tessin, zu dem es natürlich gehört. Ein Territorium, das einer psychisch-geografischen Dimension angehört. Keinesfalls eine deutsche Kolonie, Askona, wie eine zu simple Argumentierung zur Verteidigung der Tessiner Identität behauptet. Das Zusammenleben zwischen Kulturen, Sprachen und Gewohnheiten ist Asconas Glück, nicht sein Verderben. Die wahre Gefahr ist nicht das "k" anstelle des "c", sondern die Gleichmacherei, die seine Aussergewöhnlichkeit untergräbt.

Ascona muss man zu Fuss entdecken. Seine Häuser, seine Gassen, seine Boutiques, seine Überreste aus alten Zeiten sind ein anthropologisches Buch. Vielen Asconesern gefällt der starke Bauboom der vergangenen vierzig Jahre nicht, ebenso wenig das Verschwinden vieler Antiquariate, einiger Buchhandlungen, kleiner Geschäfte, wo man tratschen konnte, eines Ambiente von Vertrautheit in Jahren, die inzwischen Geschichte sind. Doch schon Baudelaire sagte: "Die Form einer Stadt ändert sich, o weh, schneller als das Herz eines Sterblichen". Manche bedauern die Bauexzesse, doch diese fünf Quadratkilometer sind voller Verführungen, voller populärer und berühmter Schatten, die neben jenen einherschreiten, die Ascona jetzt, *pro tempore* 'besetzen'.

Noch ein paar Schritte in einer Luft, die nach Meer riecht, ohne es wirklich zu sein, und wir erreichen Richtung Nord die Via Albarelle, die exklusivste Strasse, an der grosse Villen diskret am See liegen. An diesem Strand tanzten der Lehrer Rudolf Laban und seine wunderschönen Schülerinnen in der untergehenden oder aufgehenden Sonne in einer Choreografie voller Sinnlichkeit. Wenn man Ascona kennt und liebt, beflügelt es die Fantasie. Während des ganzen 20. Jahrhunderts und bis heute ist es ein Wachtposten, der von den Mauern der Festung Ticino die kommenden Zeiten ankündet.

Ein älteres, rüstiges Paar geht vorbei. Ein elektrisches Fahrrad, gepflegte Kleidung, sie kommen vom Golfplatz der "schön ist wie ein Garten". Neues Land, dort auf dem Delta der Maggia. Ein

Land, das jetzt soviel wert ist, wie es wiegt. Wenn meine Vorfahren aus den Bergen gewusst hätten, dass jene Steine und jenes Land, die das entfesselte Wasser ihren mageren Weideplätzen entriss, im fernen Ascona zu einer exklusiven Zone werden sollten... In einem der vielen Ascona, das die Riten der Freizeit praktiziert: Golf, Hafen, Schwimmbad, Luxushotels. Hätten sie es gewusst, wären vielleicht auch sie zu Tal gestiegen.

Von hier habe ich einen guten Blick auf den Monte Verità. Keine zwei Kilometer Luftlinie entfernt, doch vor hundert Jahren ein unendlich weit entfernter Ort. Wer weiss, weshalb mir Olimpia Pisoni und die anderen barmherzigen Frauen einfallen, die mit Brennnesseln die entblössten Körperteile der Frauen, die auf dem Berg lebten, "heilten". Das war eine Welt für sich, die in ihren Glanzjahren wenig mit Ascona zu tun hatte. Dann kam Szeemann mit seinen Forschungen (eine wunderbare "mythologische Maschine"), der in eine Gesellschaft, die eben einen solchen Geist und eine

solche Innenschau suchte, die Keime einer Nähe zwischen Ascona und dem Monte hineinlegte, die vielleicht nie bestanden hat. Ich schaue nach oben, stelle mir Hetty de Beauclair vor, die ihre Katzen füttert und am Telefon antwortet: "Ja, ich mache noch immer Führungen. Nun, es wird das tausendste Mal sein, aber es ist mein Leben". Hetty, deren Augen noch auf den Berg gerichtet sind, wo "sechshundert Leben ihre Hoffnung ausdrückten".

Das ist Ascona. Wenn man es verstehen will, kann man nicht dieselben Kategorien anwenden wie anderswo. Ein Ort, wohin man reisen kann, um sich selbst zu erkennen oder, wie ein weiser Pariser sagte, "*pour connaître ma géographie*".

(Ciao Ascona, wir werden uns oft wiedersehen.)

Martino Giovanettina

ERINNERST DU DICH, Ascona, an die Spitznamen deiner Leute? Der Briefträger Jampa, der die Post brachte und fischte. Giovan Bandera, der meisterhaft mit dem Vetterli schoss. Beniamino Quatarsacocc, der aus Amerika zurückkam und die ersten Hosen mit vier Taschen trug. Mil Allidi, der *spiritus rector* der Spassvögelvereinigung *Al spazzacà in disordin* ("das Oberstübchen in Unordnung"), Costi Poncini, der immer auf der Piazza herumlungerte und ein waschechter Asconeser war.

ERINNERST DU DICH, Ascona, an den 13. Dezember 1874? Eine schreckliche Explosion, "die noch in grosser Entfernung zu hören war", erschütterte die Dynamitfabrik im Ortsteil Medere? Ein Toter (Federico Cattomio, "mit vom Rumpf abgetrenntem Kopf und zerfetzter Brust"), einige Verletzte, "3780 zerbrochene Scheiben" und ein Riesenschreck.

ERINNERST DU DICH, Ascona, an das anhaltende Glockengeläute, das am 1. September 1939 die Männer zur Generalmobilmachung aufrief? Kriegsvorbereitungen im Borgo, in dem sich in jenen Jahren auch Spione herumtrieben und wo man von Geheimtreffen munkelte, die nur in der Fantasie, aber vielleicht auch in Wirklichkeit stattfanden.

ERINNERST DU DICH, Ascona, an den Volksaufstand "der Sementina"? Als viele Bürger auf die Strasse und ins Rathaus gingen, weil sie die Verwicklung der Gemeinde in einen sinnlosen Handel zur Nutzung der Wasserkraft des Bergbaches Sementina verhindern wollten. Es war eine kleine Revolution, einige kamen mit einem blauen Auge nach Hause, es gab auch Ohrfeigen. Man schrieb das Jahr 1935.

ERINNERST DU DICH, Ascona, an die spanische Grippe von 1918? Das Lazarett im Collegio Papio und die Toten in der Kirche San Sebastiano, die zum Vorzimmer des Friedhofs geworden war. Und der *Baron di Zocar*, der aus dem Baltikum stammende Eduard Eckberg, der sich durch seine Selbstaufopferung auszeichnete.

ERINNERST DU DICH, Ascona, an den Wein des Karnevals, genannt *Millegusti* (tausend Geschmäcke)? Der Esel des Pellanda aus Losone zog einen Karren, darauf war ein Fass, wo alle ihren Anteil hinein schütteten: alle Arten von Wein, alle Arten von Alkohol. Und dann trank man auf die Gesundheit des Re Candidoo.

DER BORGO

**GEOGRAFIE
GESCHICHTE
DER KRIEG
INSTITUTIONEN**

GEOGRAFIE

396 Meter Seepromenade

Name	Ascona. Im Dialekt: Scona
Frühere Namen	1224: *burgus de Scona*; alter deutscher Name: *Aschgunen* *Quelle: Historisches Lexikon der Schweiz*
Etymologie	Der Ursprung des Namens Ascona könnte keltisch oder langobardisch sein. Der Historiker Gottardo Wielich führt ihn auf das langobardische Wort *skugina* zurück, das auf Italienisch "Stall" bedeutet. Die jüngere Geschichtsschreibung neigt jedoch dazu, die Herkunft des Namens als keltisch zu betrachten: Asc-ona, das "grosse Wiese" bedeutet (Gilardoni, 1979). *Quelle: Webseite der Gemeinde*
Einwohner (2011) Einwohner (früher)	Mit Wohnsitz in Ascona: 5700 (57% Frauen, 43% Männer; Italienischsprachige 66%) Rund 1000 im Jahre 1591, 772 im Jahre 1801, 902 im Jahre 1850, 942 im Jahre 1900, 1118 im Jahre 1920, 2923 im Jahre 1950, 4722 im Jahre 1980, 4984 im Jahre 2000. *Quelle: Historisches Lexikon der Schweiz*
Einwohner im Sommer (Schätzung)	12'000
Höhe über Meer	199 (konventionell)
Länge der Seepromenade	396 Meter
Höhe des Turms der Pfarrkirche	35 Meter
Erstes Linienschiff	1826 (Name: Verbano)
Erster Zonenplan	1987

"Eine herrliche Steinbrücke"

Die Zeit zwischen 1891 und 1901 war für die Gemeinden am rechten Maggiaufer (Ascona und Losone) schicksalshaft. In jenem Jahrzehnt begann, dank der Eindämmung des Flusses, die Entwicklung dieses Gebiets, das heute sehr wertvoll ist. Für den Kanton Tessin, der in der zweiten Hälfte des 19. Jahrhunderts entschied, mit der Welt Schritt zu halten, war es ein letzter Mosaikstein auf diesem Weg. Es waren die Jahre des Damms von Melide (1844-47), des Gotthard- Eisenbahntunnels (1872-82), der Korrektion des Flusses Ticino und der Melioration der Magadinoebene (Beginn:1888).

Das wilde, ausgedehnte Maggiadelta - insgesamt 430 Hektaren -, das teilweise sumpfig und ungesund war und seine Grenzen immer wieder verschob, bedeutete eine unhaltbare Situation der Isolierung und Ungewissheit. Der Fluss änderte seinen Lauf häufig; auf dem Gelände beispielsweise, wo sich der ehemalige Flugplatz befand, floss ein Arm der Maggia. Menschen und Waren konnten das Delta nur mit Mühe, manchmal gar nicht durchqueren. Ascona erreichte man vor allem per Boot, mit einigen Schwierigkeiten zu Fuss oder über das Delta, was aber mit einigen Tücken verbunden war. 1815 wurde erstmals versucht, Locarno fest mit Ascona zu verbinden: Durch "eine herrliche Steinbrücke mit elf Bogen, die das Werk eines mächtigen Königs zu sein schien" (Borrani). Die Brücke wurde jedoch 1834 vom Hochwasser weggerissen, neu erbaut und wieder weggerissen.

So ging es bis 1891. Die Korrektion der Maggia schuf eine weite Fläche, auf der sich sowohl Locarno als auch Ascona ausdehnen konnten. Die Stadt ergriff mit dem Plan Rusca, der im Wesentlichen die Urbanisierung des Locarneser Deltas regelte, als erste die Gelegenheit, sich auszudehnen, mit wechselnden Ergebnissen. Ascona war langsamer. Und das erwies sich als ein Glücksfall. Mit Ausnahme des Golfplatzes, behielten die trockengelegten Gebiete des Deltas bis zum Zweiten Weltkrieg im Grossen und Ganzen ihren wilden Charakter (im Dialekt *gabi*), hier und da wurde ein wenig Landwirtschaft betrieben. Damals war auf dem Gelände des ehemaligen Flugplatzes der Meter Land 5 Rappen wert. Dann wurde das Gebiet von polnischen Internierten zwischen 1940 und 1945 urbar gemacht. Und die Grundstückpreise explodierten: Heute kostet der Quadratmeter um die 1500 Franken. 30'000 Mal mehr in nicht einmal hundert Jahren.

Ein Museum im Paradies

Die Bezeichnung Paradies, verpflichtet. Auch wenn sie in Ascona ein Areal von 24'000 Quadratmetern trägt, das am Seeufer am Ende der Via Albarelle liegt, und einen Wert von vielen Millionen Franken hat. Gegenwärtig befindet sich dort der zeitweilige Sitz des Yacht Clubs. Aber aus diesem Landstück hätte ein kulturelles und touristisches Paradies werden können, falls ein Projekt Wirklichkeit geworden wäre, das in der ersten Hälfte des vergangenen Jahrhunderts geplant war.

Und das ist die Geschichte. Ab den 1930er Jahren war Eduard von der Heydt Besitzer des Landstücks, das er als Strand für sein Hotel Monte Verità nutzte. In der Nähe des Paradieses von Ascona wohnten verschiedene reiche Persönlichkeiten. Darunter, neben von der Heydt, auch der Zürcher Industrielle Emil Bührle, der die Casa Cristoforo gekauft hatte und sich dort im Sommer immer wieder für längere Zeit aufhielt. Die beiden kannten sich und unterhielten sich oft über ihre gemeinsame Leidenschaft, die Kunst. So entstand die Idee, ein Museum für ihre erstklassigen Sammlungen zu bauen. Dann begann etwas zu klemmen. Der deutsche Financier verkaufte zwar Bührle das Landstück, ohne dass im Notariatsakt eine bestimmte Verwendung genannt wurde.

Die Zeiten und die Familiengeschichten ändern sich. Und das Paradies ist immer noch da, ein bisschen verwildert, mit einem unbestimmten Schicksal. Und es wartet darauf, dass etwas geschieht. Oder auch nichts. Auf jeden Fall ist es ein schönes 'grünes Denkmal' und eine verpasste kulturelle Chance, die ganz aussergewöhnlich gewesen wäre. Jedenfalls scheint es so, wenn man sich vorstellt, was ein solches Museum für Ascona bedeutet hätte. So etwas wie die verloren gegangene Sammlung des Barons von Thyssen in der Villa Favorita in Castagnola.

"Dieser Erdenfleck, dessen Anblick die Seele tröstet und mit Bewunderung erfüllt, ist Ascona: ein Borgo mit rund 1200 Einwohnern, 200 Meter über dem Meer gelegen, ein würdevoller Platz in der Geschichte, glücklich, die Schweizerfahne zu schwenken, das Symbol für Glaube, Freiheit und Tapferkeit".

Don Siro Borrani, *Memorie asconesi*

Die Strassen des Borgo

Geben Sie den Namen "Ascona" auf Google Bilder ein, und Sie werden feststellen, dass Ascona heute vor allem die Piazza Giuseppe Motta, die Seepromenade, bedeutet. Die Suchmaschine gibt korrekt wieder, was nicht nur eine touristische Wahrnehmung ist. Und doch... Und doch hat sich Ascona erst spät dem See zugekehrt. Die ersten Ansiedlungen entstanden im Gebiet *Sott al Sass* (zwischen dem See und dem südlichen Beginn der heutigen Via Borgo), und das Dorf entwickelte sich im Mittelalter auf der Achse, die vom Kastell San Michele zu jenem von San Materno führt. Ascona war also ursprünglich anders ausgerichtet, als wir es heute zu sehen gewohnt sind.

Mit den Jahren entstanden dann einige Häuser längs des Sees, doch sie waren vereinzelt und bildeten noch keine kompakte Häuserzeile wie heute. Erst im 17. Jahrhundert entwickelte sich die erste wichtige Strasse, die parallel zum See verlief: die Via delle Cappelle. Eng und von hohen Mauern umschlossen, ist sie die "innerste" Strasse des alten Kerns. Sie schützt vor dem Wind, der vom See her kommt und der, darin sind sich viele Asconeser einig, vor dem Bau des Delio-Damms viel stärker geblasen hat.

1928 nahm das Bild des Borgo eine neue Dimension an: Die Via Muraccio wurde gebaut. Sie führte vom Kern Asconas zu den Gebieten, die kurz zuvor vom Wasser der Maggia befreit worden waren. Es war eine Verbindung zwischen dem "alten" und dem "neuen" Ascona, die im Lauf der Jahre die Voraussetzungen für die Urbanisierung des Ackerlandes schuf und dem Borgo eine neue Dimension gab: In jenem Gebiet entstanden nach und nach, neben Wohngebieten, der Flugplatz, der Golfplatz, Hotels (darunter drei Fünfstern), Tennis und Hafen.

Doch kehren wir in den historischen Kern zurück. Die Via Borgo behielt ihre Zentralität bis zum Beginn der Sechzigerjahre, als die Seepromenade zur Durchgangsstrasse wurde (zuvor mündete sie nur in die Via Albarelle und in die Zone des Lidos). Man fuhr über die Via Borgo nach Italien und über die Seepromenade nach Locarno. So war die Situation bis zum Bau der Umfahrungsstrasse von 1991, die das Gesicht Asconas veränderte. In jenem Jahr wurde der Tunnel eröffnet, der den Borgo vom Durchgangsverkehr befreite und die Voraussetzungen für ein autofreies historisches Zentrum schuf. 1993 beschlossen die Asconeser dann auch zusätzlich (mit 75%) die Schliessung der Via Borgo und der Piazza für den Verkehr.

Die Seepromenade ohne Autos, mit den Tischen im Freien, den Platanen und dem "Flanieren" in den Sommermonaten wurde zur *Skyline* von Ascona. Und doch... es gab eine Zeit, da dieser Raum wenig bedeutete, man bewegte sich im Innern des Borgo, um sich vor dem Wind zu schützen, man kreuzte sich in beiden Richtungen in der Via Borgo, und das Delta war eine weit entfernte Welt. Jede Zeit hat ihre Strasse.

Seeduft auf
der autofreien Piazza

Eine halbe Million Arbeitsstunden waren notwendig, um das Zentrum von Ascona verkehrsfrei zu machen. Doch als am 28. März 1991, einem Donnerstag, der Tunnel Cantonaccio eröffnet wurde, titelte der *Giornale del Popolo* voller Begeisterung: "Die Umfahrung ist offen, Ascona gehört wieder den Fussgängern". Nachdem das Band durchschnitten worden war, fuhr um 10:42 das erste Auto, ein Volkswagen mit Zürcher Nummer, von Süden nach Norden durch den Tunnel. Das Werk, mit dessen Bau im Herbst 1986 begonnen worden war, hatte 77 Millionen Franken gekostet.

Drei Tage danach, am 31. März, war Ostern. Die Gemeindebehörden leisteten Vorarbeit mit Anzeigen in den Tessiner Zeitungen und jenseits des Gotthards: Kommen Sie nach Ascona, Sie werden sehen, wie schön die Piazza ohne Autos ist. Und die Touristen kamen in Scharen: Von den 2700 Hotelbetten waren am Karfreitag schon 2300 reserviert.

Der Bürgermeister von damals, Eros Bergonzoli, erinnert sich lebhaft an dieses Bauvorhaben, mit dem das Schicksal Asconas eine andere Wendung nahm und das nicht nur dem Verkehrskonzept des Locarnese, sondern auch der Zeit voraus war: "Es war eine unhaltbare Situation und es tat dem Herzen weh, an der Seepromenade und in der Via Borgo Autos und Lastwagen durchfahren zu sehen. Nachdem die Piazza zur Fussgängerzone geworden war, konnte man dort wieder den Duft des Sees einatmen, der vorher verschwunden zu sein schien".

Eine historische Entscheidung, die der Entwicklung Asconas, das nun auf eine neue Verkehrspolitik setzte, wieder Schwung gegeben hat. Diese 1100 Meter lange Röhre "mit Verkehr in beiden Richtungen" hat wirklich viele Veränderungen mit sich gebracht.

"Aurelio Rampazzi war einer der bedeutendsten Bürgermeister von Ascona. Ein Mann mit Charme und grossem Mut, an der Grenze zur Tollkühnheit. Vor allem aber hatte er politische Visionen. Als der Kanton aus Kostengründen die Realisierung des Umfahrungstunnels hinauszögerte, ging Aurelio nach Bellinzona und sagte: "20 Millionen Franken schiesst Ascona vor, doch den Tunnel bauen wir sofort". Und so nahm die jüngste Geschichte des Borgo einen anderen Verlauf".

Eros Bergonzoli, Bürgermeister Asconas von 1989 bis 1992

Die sanfte Brise der Tramontana

Über dem Seespiegel herrschen die Gesetze der Winde. Gesetze, die den Namen von Orten und Jahres- oder Tageszeiten tragen. Sanfte oder bedrohliche Namen.

Die Tramontana, zum Beispiel, die in der Morgendämmerung aufkommt, ist ein weicher Wind, der kaum die Oberfläche des Wassers kräuselt und den Ausfahrten der Verliebten am Ende der Nacht etwas Prickelndes verleiht.

Oder die Inverna, ein Nachmittagswind, der vom See aufs Land bläst, Alltagsbrise, die einen kaum wahrnehmbaren Dunst mit sich bringen kann: Ein ruhiger Wind, der manchmal die Fassung verliert und dann Invernone genannt wird (*Invernon* im Dialekt). Man muss ein bisschen auf der Hut vor ihm sein.

Und andere 'geografische' Winde. Der *Valmagin*, eine Variante des Nordwinds. Er kommt auf, wenn im Tal schlechtes Wetter herrscht. Er kann auch starke, gefährliche Wellen verursachen. Sein Verwandter ist der *Monscendrin*, ein trockener schneidender Wind, der zwischen dem Patrizierhafen von Ascona und Locarno pfeift: Die Asconeser, die etwas vom See verstehen, sagen, dass Schiffe, die bei diesem Wind ans gegenüberliegende Ufer von Gerra Gambarogno gelangen wollen, das Steuer auf Magadino richten müssen und nie davon ablassen dürfen. Wenn *Monscendrin* und *Valmagin* sich vereinen, weil sie gleichzeitig schlechtes Wetter bringen, ergibt sich der *Magior*. Die Litanei der Winde geht weiter mit dem *Verzaschin*, dem *Ghiridon*, der aus Brissago kommt, bis zum *Tramontanin*, der weht, wenn das Wasser des Sees wärmer ist als die Erdtemperatur. Man könnte mit anderen Söhnen des Äolus weiterfahren, aber dem zornigsten von ihnen, dem Marenca, widmen wir einen eigenen Abschnitt auf der nächsten Seite; lassen wir also die andern ungestört blasen, behütet in der Erinnerung des Wassers. **magio**

Wenn uns die Marenca nicht umbringt

Eine Strophe eines Partisanenliedes lautet: "Wenn uns die Marenca nicht umbringt…" Vielleicht hat die Marenca in Ascona nie jemanden umgebracht, aber sie ist ein Schreckbild für alle, die auf den See hinausfahren. Viele reden über den Wind, wenige haben ihn erfahren. Einer davon ist Carletto Abbondio, geboren 1927. "Es war, glaube ich, im Jahre 1945, im Juni oder Juli. An einem Nachmittag gegen 17 Uhr, in der Mitte des Sees, auf der Höhe von Moscia. Ich war mit Seppli Rampazzi auf dem Boot meines Vaters, der schon lange ein besorgtes Gesicht machte. Dann schrie er plötzlich: Ragazzi, es droht Gefahr, das Loch der Tonia über dem Lago Delio ist dunkel, und er zeigte auf einen Unheil verheissenden Streifen am Himmel. Wir zogen die Netze ein und machten uns auf den Heimweg. Zu spät: Es kam ein schrecklicher, warmer Wind auf. Auf Befehl meines Vaters legten wir uns auf den Boden des Bootes. Er versuchte, zu manövrieren, das Boot stand 50 Meter lang auf der höchsten Welle, dann hinunter und dann wieder hinauf. Meine Mutter sah es von der Piazza aus verschwinden und wieder auftauchen. Die Gondeln, die an der Seepromenade vertäut waren, wurden fast bis zur Kirche geschleudert. Wir konnten uns knapp retten. Eine solche Marenca hat es nie wieder gegeben. Es war wie ein Tsunami, zwei Meter hohe Wellen".

Gigio Bazzi erzählt eine andere Geschichte über die Marenca: "Ich glaube, es war 1957, ich befand mich mit dem kleinen Boot meines Vaters, einer Dinghy 14p, mit einem alten Johnson-Motor, in der Nähe der öffentlichen Badeanstalt, am Fenaro. Der Himmel war blassgelb. Besser heimkehren, dachte ich. Ein Kolbenbolzen des Motors ging kaputt, es gelang mir mit knapper Not rudernd nach Hause zurückzukehren. Die Marenca war uns auf den Fersen. Zuerst sah man sie vor Cannobio, eine schwarze Linie auf dem See, dann verschwand Cannobio und die schwarze Linie verschluckte die Inseln von Brissago. Dann stürzte das wilde Durcheinander von Wasser und Wind auf uns zu: anderthalb Meter hohe Wellen, die Spritzer flogen über die Hafenmole hinaus. Ein starkes Stück für unseren See".

Reiskörner, eine halbe Stunde von der Piazza entfernt

Reis anzubauen, das hatten schon andere versucht, vor vielen, vielen Jahren. 1917 in Losone und, in der Zwischenkriegszeit, in der Domäne von Gudo. Vergebliche Liebesmüh. Das Wasser, das die Pflänzchen überdeckte, war zu kalt. Dann, zu Beginn der 1930er Jahre, beschloss Renato Altrocchi, Direktor des Landwirtschaftsbetriebs Terreni alla Maggia, am Delta des Flusses einen neuen Versuch zu wagen. Und er führte eine grundlegende Neuerung ein: Der Reis wurde nicht mehr mit Wasser bedeckt, sondern von oben berieselt. 165 Tage bis zur Reife in Ascona, 135 Tage in Vercelli.

Während der Experimentierphase erprobte man verschiedene früh reifende Sorten. Den Sieg errang die Sorte Loto (Langkornreis A). Sie kam bei den Konsumenten am besten an und eignete sich gut für Risotto, der in unserem Kanton sehr beliebt ist und auch im Norden mit der Tessiner Esskultur verknüpft wird. Einige seiner Mitarbeiter schwören, dass Renato Altrocchi glänzende Augen hatte, als er im Herbst 1997 das erste Säckchen Tessiner Reis in der Hand hielt. Es war ihm gelungen, den Betrieb zu retten, trotz dem Preissturz für landwirtschaftliche Produkte in einem Markt, der seit einiger Zeit nur noch das Konkurrenzprinzip gelten liess. Er hatte eine Nische entdeckt, deren Produktion sich in kurzer Zeit von anfänglich 8 Tonnen Reis auf fünfzig Mal soviel in guten Jahren steigerte. Endergebnis: mindestens anderthalb Millionen Portionen Tessiner Reis. Nicht schlecht, wenn man bedenkt, dass Ascona an der Klimagrenze für den Reisanbau liegt und nicht nur in Europa, sondern auch weltweit zu den nördlichsten Gebieten gehört, in denen dieses Getreide überhaupt noch gedeiht.

Bevor er mit dem Reis das grosse Los zog, hatte Altrocchi auf andere Weise zu diversifizieren versucht, indem er auf andere Produkte setzte, wie das Soiaöl ("es interessierte niemanden") und den Apfelnektar ("die Kinder trinken ihn nicht"). Die Leute wollten den Reis. Gut aufgenommen, wenn auch mit weniger Begeisterung, wurden später auch die Teigwaren aus dem Hartweizen des Deltas, das Maismehl (das gelbe, weisse, rote und jetzt auch das schwarze, "das die Arterien bürstet"). Und mit der gemalzten Gerste, die auch zur Herstellung eines Appenzeller Biers dient, wird der Whisky Ascona hergestellt. Das alles dreissig Gehminuten von der Piazza entfernt.

"Das Seebecken in Locarno ist umgekehrt ausgerichtet und liegt schon auf der Seite des Monds und des Schattens, im Gegensatz zu Ascona, das dazu gemacht ist, der Sonne zuzuhören".

Luigi Menapace, *Sole di Ascona*, 1957, Edizioni del Cantonetto

7. August 1978
Die Sintflut um 5 Uhr abends

Eine von Süden kommende, warme Luftblase verursachte zwischen dem siebten und achten August 1978 eine der verheerendsten Überschwemmungen des 20. Jahrhunderts. Im Tessin - wo das Locarnese am schwersten betroffen wurde - gab es sieben Tote, im italienischen Grenzgebiet um die zwanzig. Die Schäden beliefen sich auf Millionen von Franken, auf deren siebzig allein in der Fabrik Agie von Losone. Schlimm sah es auch für die Eisenbahnstrecke Locarno - Domodossola aus, die auf italienischem Gebiet schwer beschädigt wurde und erst ab 1980 wieder normal befahren werden konnte.

Dass Unheil im Anzug war, wurde schon am Nachmittag jenes siebten August, eines Montags, klar: starker Regen, zunehmender Wind, ein fahler Himmel und nur 15 Grad. Zwischen fünf und sechs Uhr abends entfesselte sich eine regelrechte Sintflut. Die Flüsse schwollen zu stark und zu schnell an. So etwas hatte man seit Menschengedenken noch nie erlebt. Gegen 18 Uhr erreichte die Maggia die Höhe der neuen Brücke. Man schlug Alarm. Das Messgerät in Soldruno glich einem verrückt gewordenen Kardiogramm.

Die Wassermenge des Flusses stieg weit über das Hundertfache an. Über viele Stunden lang flossen 15 Milliarden Liter Wasser pro Stunde zu Tal und ergossen sich in die Mündung. Voller Angst erwartete man die Nacht. Gegen halb neun überfluteten die Wassermassen das Delta, das wieder, wie hundert Jahre zuvor, zu einem riesigen Sumpf wurde. Wenige Minuten genügten, um eine Katastrophe auszulösen.

Viele Häuser standen unter Wasser, die Bewohner stiegen auf die Dächer. Taucher und Helikopter retteten Hunderte von Menschen, die aus den Campingplätzen flohen. Am Morgen des 9. August sprachen die Zeitungen von "entwurzelten Bäumen, Schlammmassen und Steinen, zusammengequetschten Autos". Der Flughafen von Ascona stand unter Wasser. Der Borgo war ohne Licht und Trinkwasser. Der *Corriere del Ticino* titelte: "Die verrückt gewordene Maggia hat Verwüstung gesät". Im Locarnese gab es vier Todesopfer: in Losone, Verscio, im Onsernonetal und in Ascona. Hier wurde die Leiche des 71-jährigen Alfred Schobers gefunden, in einer Garage in der Via Saleggi 15, "wohin ihn das Wasser geschleudert hatte". Im Morgengrauen des 8. August zeigte sich das ganze Ausmass der Verwüstung: Die Kantonsregierung rief den Notstand aus. Dann, nach und nach, versuchte man weiterzuleben. Ein symbolischer Hoffnungsschimmer kam aus dem Spital in Locarno: Dort wurden am 10. August 1978 Drillinge geboren.

GESCHICHTE

Seit 5000 Jahren von Menschen bewohnt

Man nimmt instinktiv wahr, dass der Ursprung Asconas in grauer Vorzeit liegen muss. Zu schön und geografisch interessant ist diese Bucht, die zu den lieblichsten des ganzen Lago Maggiore gehört. Der Mensch hat das schon vor Tausenden von Jahren verstanden, als er sich an ihrem Ufer niederliess. Es entstand eine bedeutende Ansiedlung, von welcher der Historiker Virgilio Gilardoni sagt: "Die Archäologie gibt uns einigen Aufschluss, viel mehr als die Geschichte". Die ältesten Funde in Ascona gehören zwei Gruppen an. Die erste umfasst rund zwanzig Gräber, die im Gebiet von San Materno gefunden wurden. Sie bezeugen, dass schon während der Eisen- und Bronzezeit (die sich überkreuzten), also vor ungefähr 5000 Jahren, Menschen in Ascona lebten. Die zweite Gruppe, die im Grossen und Ganzen zeitlich mit der ersten zusammenfällt, sind Pfeilspitzen und Keramiken, die auf das Neolithikum zurückgehen und in der Umgebung der heutigen Kirche San Michele entdeckt wurden.

Einige Tausende Jahre sind vergangen. Im Gästebuch Asconas finden sich unendlich viele Namen. Unterschriften gewöhnlicher Leute und die Grossen jeder Zeit. Vom hl. Carlo Borromeo bis zum deutschen Bundeskanzler Adenauer. Wir schlagen Ihnen ein Spiel vor: Versuchen Sie, Ascona wie ein grosses Kaleidoskop zu behandeln, schütteln Sie es heftig und geniessen Sie die historischen Verflechtungen, die sich ergeben. Es ist zwar nur ein Spiel, aber es wird Ihnen helfen, zu verstehen, woher Ascona kommt und wie es in den vergangenen Jahrhunderten ausgesehen hat. Und stellen Sie sich vor, dass vor den grossen Villen auf dem Hügel, vor den geordneten Siedlungen im trockengelegten Delta und vor der herrlichen Seepromenade ein anderes Ascona existierte. Unser Beitrag besteht darin, einige Szenarien aufzuzeichnen und Zeitfenster zu öffnen, *Flashes*, die sich als nützliche Begleiter in die Vergangenheit erweisen.

GESCHICHTE **FLASH 1** 1300

Ein Dorf, vier Kastelle

Vor wenigen Jahren ist die Schweiz gegründet worden (1291). Die Tessiner Gebiete sind fest in der Hand des Herzogtums Mailand und sie werden es bis Beginn des 16. Jahrhunderts bleiben. Ascona besteht aus einer grossen Gruppe von Häusern, die direkt am See stehen. Der Ort hat weniger als 1000 Einwohner. Und vier Kastelle. Sie erzählen viel über die alte Geschichte Asconas. Am Anfang war San Michele, dessen Ursprung auf die Zeit der Langobarden zurückgeht. Die kleine Kirche, die noch heute die Seepromenade beherrscht, steht auf den Resten einer mittelalterlichen Burg, die über den See wachte und auch der Ort war, von dem aus der alte Marktfleck regiert wurde. Im 12. Jahrhundert, zum Beispiel, war es das Kastell der Familie Duni, dem Geschlecht jenes Pietro, der 1189 direkt vom Kaiser des heiligen römischen Reiches, Friedrich Barbarossa, die Investitur erhielt, um sich um die Geschicke Asconas zu kümmern.

In Luftlinie nur wenig entfernt das andere 'alte' Kastell, San Materno, das, wenn auch in verschiedenen Formen, seit einem Jahrtausend an seinem Platz steht. Um 1300 hatte es die wichtige Aufgabe, Asconas Hinterland zu verteidigen, das heisst, das weite Gebiet zwischen Bellinzona, Cannobio und dem Maggiatal. Während San Michele und San Materno von oben her Land und Wasser von Ascona überwachten, waren (um 1250) weitere zwei Kastelle eben erst gebaut worden, in der Nähe des Wassers, an der heutigen Seepromenade. Eines gehörte der Familie Carcani, es lag dort, wo sich heute das gleichnamige Hotel befindet, das andere (das heutige Schlosshotel) gehörte den Ghiriglioni. Da der Seespiegel damals vier oder fünf Meter höher lag als heute, hatte es auch einen weiten Graben (und wahrscheinlich vier Türme, einige umgebaute Ruinen sind noch immer zu sehen, den Rest kann man sich vorstellen). Woher kamen die Ghiriglioni und die Carcani? Aus Mailand. Es waren zwei bedeutende Familien aus der Lombardei, die in Ascona Schutz suchten und abwarteten, bis das Gewitter zwischen Welfen und Ghibellinen vorüber gezogen war.

GESCHICHTE **FLASH 2** 1570

Alle sprechen von einem neuen Reichen

Ascona gehört seit über 50 Jahren zur Schweiz, das Locarnese ist eine Gemeine Herrschaft der zwölf Orte. Die Kastelle wurden von den neuen Besitzern 'ausser Betrieb gesetzt'. Mittelpunkt des religiösen Lebens ist die neue Pfarrkirche San Pietro e Paolo. Es knistert in der Luft, alle sprechen von einem neuen Reichen, der aus Ascona stammt: Bartolomeo Papio ist in Rom reich geworden und hat sich einen auf den See hinausgehenden herrschaftlichen Palast erbauen lassen (1564, heute Sitz der Gemeinde). Papio löst ein Baufieber aus; es entstehen verschiedene Gebäude, die vor allem ab 1600 das Profil des Borgo verändern und noch heute prägen. Eine neue aufstrebende Kaufmannsklasse errichtet nebeneinander die Gebäude der (zivilen und religiösen) Macht. Und vielleicht war das Bild, das der Historiker Alfredo Poncini gezeichnet hat, schon eine längst vergangene Erinnerung. Er stellte sich Ascona im Jahre 1454 so vor: "ein leeres Seeufer, wenige Gebäude (...). Diejenigen, die Adligen und wohlhabenden Bürgern gehören, haben ein Steindach. Die anderen bescheideneren Gebäude sind ein- oder höchstens zweistöckig und haben meist ein Strohdach".

GESCHICHTE **FLASH 3** 1798 - 1803

Ein Brunnen aus Napoleons Zeiten

Ascona, Ende Mai 1799. "Eine Gruppe von Fanatikern zerrt den Pfarrer G.M. Pancaldi, mit einem Stein um den Hals, auf die grosse Hafenmauer und zwingt ihn, zu schreien: Es lebe die emanzipierte Schweiz! Nieder mit den Cisalpinern", während eine andere Menschenmeute - natürlich von der Gegenpartei (franzosenfreundlich) - "den Erzpriester G.G. Caglioni auf den Platz schleppte (...) und ihn unter Drohungen einige Wechsel unterschreiben lässt". Es fehlt nicht an Besetzungen *manu militari* (zum Beispiel, 1798 des Collegio Papio durch das französische Heer), Freiheitsbäume werden von den einen errichtet und von den anderen niedergerissen, es herrscht ein Klima allgemeinen Widerstands, das sich dann mit der Entstehung des freien und schweizerischen Kantons Tessin (1803) beruhigt.*

Ascona ist also auch in den Fleischwolf der Geschichte geraten. Das Ende des Ancien Régime in der Schweiz (1798) und die Absichten der Cisalpinischen Republik (1797, von Napoleons Gnaden) in Bezug auf die Tessiner Gemeinen Herrschaften führt zu starken Reibungen zwischen der franzosenfreundlichen Partei und jener, die der Idee einer, wenn auch erneuerten Schweiz treu bleibt. Posthumes Symbol jener Zeit und der unglaublichen politischen und kulturellen Spannungen, die sie prägten, ist der Brunnen der Cisalpiner Asconas, der neben der Pfarrkirche San Pietro e Paolo stand. Der 'Trog' bestand aus einem Taufstein, der auf das Jahr 1000 zurückging und bis 1580 gebraucht wurde: ein einziger Block aus weissem Stein, 118 Zentimeter lang, 82 cm breit, 10 cm dick und 62 cm hoch. Der herausragende Teil hingegen setzte sich aus einer Säule, einem ionischen Kapitell und einer phrygischen Mütze, dem Symbol der französischen Revolution, zusammen. Dieser Brunnen war auch eine Geschichtslektion. War es, denn heute befinden sich der Trog im Pfarreimuseum von San Sebastiano und die phrygische Mütze in den Depots der Gemeinde. Gott und der Kaiser sind jeder ins eigene Haus zurückgekehrt.

* Quelle: Virgilio Gilardoni, *Fonti per la storia di un borgo del Verbano - Ascona*

"Der Brunnen an der Pfarrkirche Santi Pietro e Paolo erinnert an grosse Epochen der Geschichte: an das Mittelalter (Taufstein) und an die französische Revolution (Säule mit ihrem Schmuck)".

Aus: Giuseppe Mondada, *La fontana nel Ticino*, Stan

GESCHICHTE FLASH 4 1900

In wenigen Jahrzehnten in die Zukunft

Das 20. Jahrhundert beginnt. In den Strassen Asconas treiben sich fünf sonderbare Gestalten, zwei Frauen und drei Männer, herum, auf welche die Einheimischen mit Fingern zeigen. Es sind Fremde, das sieht man ihnen an. Ihr Oberhaupt ist Henri Oedenkoven, Belgier, ein Vatersöhnchen, das die Bequemlichkeiten seiner privilegierten Situation satt hat und ein anderes Leben führen will, in Kontakt mit der Natur. Henri weiss es nicht, doch seine Ankunft markiert den Auftakt zu einer neuen Zeit für Ascona, das damals 'nur' ein Tessiner Seestädtchen war. Das Jahr 1900 fällt mit dem Beginn des Monte Verità zusammen, der sich damals noch Monescia nannte, doch Ascona bereitete sich seit einiger Zeit auf das "grossartige, fortschrittliche Schicksal" vor, das es erwartete. Im 19. Jahrhundert werden sehr viel Infrastrukturen geschaffen, die Ascona mit der Welt verbinden: vom Beginn der 'öffentlichen' Schifffahrt auf dem Lago Maggiore (1826), über die verschiedenen Versuche, eine Brücke über die Maggia zu bauen, bis zur Kanalisierung des Flusses (Anfang 1891). Wenige Jahrzehnte später folgen die Strassen, Trockenlegungen, Licht, Post und Telegraf. Die Voraussetzungen einer Zukunft eben, die jede noch so rosige Vorstellung in den Schatten stellte.

Auswanderung aus Ascona

1 "WERFEN SIE DOCH EINEN BLICK DARAUF, ARCHITEKT"

Gaetano Matteo Pisoni (Ascona, 1713 - Locarno, 1782), Architekt. Er war, unter anderem, in Mailand, Wien, Zürich und im belgischen Namur tätig. Sein Name ist vor allem mit der St. Ursen-Kathedrale in Solothurn verknüpft.

Vielleicht wird eines Tages jemand einen Film über das Leben von Gaetano Matteo Pisoni drehen. Um, vielleicht mit der Inspiration eines Balzac, seinen irdischen Weg zu erzählen. Pisoni wurde in Ascona geboren und sein Horizont war von Anfang an europäisch. Er lernte das Maurerhandwerk im Tirol und wurde Architekt in Rom, dann war er in vielen Orten Europas tätig.

1763 erhielt er einen Brief aus der Stadt Solothurn. "Kommen Sie, Herr Architekt, etwas läuft schief beim Bau der St. Ursen-Kathedrale, werfen Sie doch einen Blick darauf". Pisoni stellte fest, dass die Situation wirklich prekär war und wurde vom Sachverständigen zum Planer. Man fing wieder beim ersten Backstein an. Die Kathedrale, die daraus entstand - in spätbarockem Stil "überschwänglicher Italianità" - ist das Hauptwerk seines Lebens. Doch in Solothurn widmete sich Pisoni nicht nur der Arbeit. Als angesehener Mann heiratete er Maria Arnold, Tochter eines Obersten, dessen Familie in der Stadt grossen Einfluss besass. Aus ihrer Ehe ging Peter Johann Baptist Laurenz Cajetan hervor, doch kurz nach der Geburt starb Maria "an Nervenfieber".

Das Fest war zu Ende. Gaetano wurde aus der Familie ausgeschlossen, das Kind einem Solothurner Vormund anvertraut. Pisoni sah ein, dass er als in Ascona geborener Kosmopolit nicht in diese versteinerte Patrizierfamilie passte. Und zu allem Unglück starb kurz nach der Mutter auch der Sohn. Man schrieb das Jahr 1766. Pisoni blieb noch vier Jahre in Solothurn. Er arbeitete, um zu vergessen. Als 1770 die Kathedrale fast beendet war, wurden er und sein Neffe Paolo Antonio, der ihm von Anfang an zur Seite gestanden hatte, aus Spargründen entlassen.

Gaetano kehrte nie mehr nach Solothurn zurück. Er wurde in Ascona mit allen Ehren empfangen, heiratete später Giuseppina Orelli aus Locarno, wo er sich auch niederliess. Seine Tochter Anna Maria wurde im selben Jahr geboren, in dem in Solothurn die "Pisoni-Kathedrale" eingeweiht wurde, die, wie Aldo Crivelli schreibt "mit Genie und Herzblut" erbaut worden war. Gaetano Matteo starb am 21. März 1782 "an einem Schlaganfall".

2 EIN TRAUM VON EINER PARISER VILLA IN ASCONA

Tommaso Poncini (Ascona, 1822 - 1910), Auswanderer in Frankreich, Erbauer der Villa Mirafiori in der Via Borgo.

Tommaso Poncini wanderte als Knabe nach Paris aus: ein Ofensetzer auf der Suche nach dem Glück. Und das Schicksal, gepaart mit seinem Erfindungsgeist, meinte es wirklich gut mit ihm: Er patentierte eine holzgespeiste Warmluftheizung, die riesigen Erfolg hatte. Als er im Alter von 45 Jahren nach Ascona zurückkehrte, hatte er eine französische Frau, Clementine, und Lust, sich im Tessin ein grosses Haus zu bauen, das ihn an Paris erinnern würde. So entstand am Eingang zur Via Borgo die Villa Mirafiori, eine gelungene Mischung zwischen Landsitz und französisch inspiriertem bürgerlichem Stadtpalais.

Die Bauarbeiten begannen 1866. Ausser der Villa schuf der Hausherr einen Park mit Pfaden, Gaslampen, einem runden Springbrunnen und einigen Bäumen, darunter eine grosse Magnolie. Die andere Hälfte des grossen Besitzes war hingegen als Dienstleistungsbereich für das Haupthaus konzipiert: Treibhaus, Obstgarten, Ziehbrunnen, Gemüsegärten, Weinpresse, Stallungen, Wagenschuppen, Wäscherei.

Als das Gebäude im Sommer vor 145 Jahren fertig war und bezogen werden konnte, verstand das Ehepaar Poncini voll und ganz, was es bedeutet, einen Traum zu verwirklichen. Ihren Traum. Die Villa, die immer viele verschiedene Menschen anzog, wurde nicht nur äusserlich, sondern auch gesellschaftlich zu einem der Mittelpunkte im Ascona des späten 19. Jahrhunderts. Und die beiden 'Franzosen', die keine Kinder hatten, bedachten Ascona grosszügig in ihrem Testament, in dem sie, unter anderem, die Grundlagen für den neuen Kindergarten schufen.

Heute bewohnt Achille Poncini die Villa Mirafiori. Er ist der Geschichte und dem Geist des Hauses treu geblieben und hat es im Wesentlichen so erhalten, wie Tommaso und Clementine es sich vorgestellt hatten, dort, in einer der Hauptstädte der Welt, wo so viele Asconeser gearbeitet und gelebt haben. Das ist (in Kürze) die Geschichte der Villa Mirafiori.

Tommaso Poncini

Leone Ressiga Vacchini

3 LEONE AUS FRANKREICH

Leone Ressiga Vacchini (Paris, 1873 - Ascona, 1937) war zu Beginn des 20. Jahrhunderts während rund drei Jahrzehnten Bürgermeister von Ascona.

Man nannte ihn Barba (Bart). Er wurde in der französischen Hauptstadt geboren, im selben Jahr, in dem Napoleon III. starb. Seine Mutter war Anastasia Fouquet, eine Normannin aus Champsecret. Sie hatte in Paris den Ofensetzer Lazzaro Ressiga Vacchini, der aus Ascona über die Alpen nach Frankreich ausgewandert war, kennengelernt und geheiratet. Sie bekamen acht Kinder, von denen drei die Tücken der Kindheit von damals überlebten: neben Leone, unserem Helden, waren das Martina Cecilia und Eugenia. Nachdem er rund dreissig Jahre lang das Brot der anderen gegessen hatte, reichte es Lazzaro: Er beschloss, mit der Familie und einigen schönen Marenghi (Vreneli) in die Heimat zurückzukehren. Doch am 12. August 1883 entgleiste ihr Zug im Bahnhof von Belfort. Eugenia starb, Lazzaro brach sich beide Beine. Er lebte noch 14 Jahre, auf einen Stock gestützt. Genug, um in Ascona ein kleines turbinenbetriebenes Kraftwerk zu bauen und eine Möbelfabrik einzurichten, in etwa dort, wo sich heute der Parkplatz der Angioli befindet.

Beim Tod des Vaters war der Barba 24 Jahre alt. In Basel hatte er sich kaufmännische Kenntnisse angeeignet und Deutsch gelernt. Wahrscheinlich hatte er eine gewisse Begabung für den Handel, von dem er lebte. Um die dreissig wurde er freisinniger Bürgermeister von Ascona. Und er behielt das Amt drei Jahrzehnte lang. Vielleicht war die Wahl auf ihn gefallen, weil er als Städter und sonderbarer Fall von umgekehrter Auswanderung eine Weltkenntnis hatte, die im vorwiegend bäuerlichen Ascona von damals selten war.

Der Barba wohnte im Vaterhaus aus dem 16. Jahrhundert in der Via Borgo, wo sich heute die Stiftung Gérard befindet. 1908 heiratete er Bianca Giulietta Poncini. Während vielen Jahren lief alles gut. Er war eine hoch angesehene Persönlichkeit und fuhr ein Auto, das zu jener Zeit ein Statussymbol war: ein Itala mit aufklappbarem Lederdach.

Kurz bevor er sechzig wurde, begann der politische Abstieg. Er wurde als Bürgermeister aus dem Sattel gehoben. Seine Gegner waren euphorisch: Sie bauten einen Holzsarg, befestigten daran einen Bart und machten mit ihrem makabren Siegeszeichen die Runde in Ascona. Ein unglückverheissendes Vorzeichen. Leone starb wenige Jahre später an einer Blinddarmentzündung, die nicht rechtzeitig erkannt wurde. So endete die Geschichte eines Jungen aus Ascona, der aus Paris kam und Bürgermeister des Borgo wurde, obwohl er ein bisschen Franzose geblieben war. **magio**

DER KRIEG

Am Himmel das Dröhnen der fliegenden Festungen

Im Zweiten Weltkrieg wurde in Ascona kein einziger Schuss abgegeben. Doch, angesichts der geografischen Lage und der gesellschaftlichen Verhältnisse kann man sich leicht vorstellen, welche Turbulenzen der Krieg auslöste. An einige Personen und Geschehnisse erinnern sich nur wenige, sie scheinen aus dem Bewustsein der Menschen verschwunden zu sein.

In der Via Borgo gab es damals eine Bar, in der man jeweils auf die Siege der Achsenmächte anstiess. Die Atmosphäre, die dort herrschte, könnte man als "bewaffnen wir uns und zieht ihr los" bezeichnen, denn jene, die ihre faschistischen Ideale in die Tat umsetzten und wirklich in den Krieg zogen, hatten nach ihrer Rückkehr keine Lust mehr anzustossen. Ihr Leben war verpfuscht. Einige von jenen, die nur anstiessen, mussten sich nach der Niederlage der Faschisten im Dachboden einsam gelegener Häuser verstecken. Und Monate lang ausharren, bis sich die Gemüter beruhigt hatten.

Andere sahen sich gezwungen, das Weite zu suchen, wie jener Doktor Hammer, der gern Gauleiter des Locarnese geworden wäre. Er verschwand von einem Tag auf den anderen, und mit ihm seine Gesinnungsgefährtin; jene Frau, die beim Betreten des Geschäfts, wo sie einkaufte, immer wieder die Hand zum Nazigruss erhob, bis sie eines Tages von einem anderen Kunden mit einem Tritt in den Hintern hinausbefördert wurde.

Der Lärm des Krieges war aber bis nach Ascona zu hören. Zum Beispiel das Dröhnen der 'fliegenden Festungen', die Bomben auf Mailand abwarfen. Und in Ascona wurde auch verhandelt. In der Casa Margiana - die damals im Besitz des Stahlindustriellen Stinnes war und heute zum Hotel Eden Roc gehört - fand ein Teil der Verhandlungen statt, die zur Operation Sunrise führten, in deren Verlauf die deutschen Truppen in Norditalien kapitulierten. In Ascona trafen sich, unter der Federführung des Schweizer Majors Weibel, der deutsche General Karl Wolf und die Bevollmächtigten der Alliierten.

Die Kriegsjahre waren auch für den Besitzer des Monte Verità, Baron Eduard von der Heydt, sehr schwierig. Sein persönliches Schicksal ist fest mit dem Zweiten Weltkrieg verflochten, da er ein internationaler Financier mit starken Interessen und Verbindungen zu Deutschland war. Auf irgendeine Art - sei es nun als überzeugter Sympathisant oder der Vorteile wegen - stand er dem Nationalsozialismus nahe. Es gibt aber auch Leute, die sagen, dass er jüdischen Flüchtlingen half, und dass vom Monte Verità aus über den Kurzwellensender des nationalen italienischen Befreiungskomitees Botschaften an die Partisanen gingen. Nach Kriegsende wurden Schritte unternommen, um von der Heydt sein, von ihm gekauftes doppeltes Schweizer Bürgerrecht - er war Tessiner und Thurgauer - abzuerkennen, doch dem schlauen Baron gelang es, die Situation durch die Schenkung seiner Sammlung präkolumbianischer und asiatischer Kunst an das im Entstehen befindliche Museum Rietberg in gewissem Sinn zu entschärfen.

Und dann kam der 8. Mai 1945, der Tag der Kapitulation Nazideutschlands. Auch in Ascona galt es, Rechnungen zu begleichen. Man suchte den 'Gauleiter' Hammer in seinem Haus auf dem Hügel. Er war bereits geflohen. Also musste man sich damit begnügen, im Haus möglichst viel zu zerstören und eine Hitlerbüste wegzubringen, die dann von der Bühne des Taverna hinuntergeworfen wurde. Eine symbolische Geste, die gut zur Euphorie jenes Tages passte, der vor dem Lager der Weinhandlung Chiodi endete (wo sich bis vor kurzem die UBS befand). "Dort sangen und tanzten die Leute, und die Signora Emilia schenkte Wein aus". **magio**

Die drei Galgen
auf der Piazza von Cannobio

Mit den Kämpfen zur Befreiung des rechten Ufers des Lago Maggiore und insbesondere von Cannobio und des Val Cannobina erreicht der Krieg im September 1944 die Pforten von Brissago. Die Geschosse hageln auch auf Schweizer Gebiet, einige bohren sich in den Glockenturm der Kirche Madonna di Ponte.

Doch schon seit dem Waffenstillstand vom 8. September 1943 wüten die Nazis barbarisch gegen die Bevölkerung. Vor allem gegen die Juden. Die Grausamkeit der Invasoren erreicht am 22. und 23. September 1943 in Maina ihren dramatischen Höhepunkt und richtet sich gegen die jüdischen Gäste des gleichnamigen Hotels. Aus einem Bericht in der *Lotta partigiana nel Novarese* geht hervor, wie man sie umgebracht hat. "Die Menschen wurden mit Stacheldraht an grosse Steine gebunden, mit einem Boot auf den See hinaus gebracht und ins Wasser geworfen. Am folgenden Tag tauchten einige Körper auf, die SS erreichten sie mit Booten und stiessen sie mit Harpunen und Bajonetten auf den Grund zurück (…)". Im Juni 1944 beginnen die Massaker gegen die Männer des Widerstands. Das schlimmste in Fondotoce: 42 Partisanen werden erschossen. Vor dem Erschiessungskommando waren es 43. Einer ist wie durch ein Wunder am Leben geblieben, begraben unter den Leichen der Kameraden. Dem See entlang und in den Bergen des Valle Cannobina zählt man traurig die Daten auf, führt eine makabre Buchhaltung über die Toten.

Im selben Jahr, 1944, werden auf dem Hauptplatz in Cannobio drei Galgen errichtet. Das ist die Antwort der Nazis auf ein Feuergefecht zwischen Besatzern und Partisanen in der Nacht vom 26. auf den 27. August. Drei Deutsche sterben, einer wird verletzt. Alle Männer des Dorfes werden gefangengenommen. Fünfzig sollen erschossen oder aufgehängt werden. In langen Verhandlungen erreicht man, dass die Nazis "milder" sind: keine Hinrichtungen, dafür aber Deportationen in die Arbeits- und Vernichtungslager. Sechs Männer werden nie zurückkehren.

Unter diesen heiklen Umständen beginnt für viele aus den Lagern geflohene Juden, Antifaschisten und alliierte Soldaten die schwierige Reise der Hoffnung. Unter tausend Qualen und ungeheuren Gefahren ist die Grenze von Brissago ein letzter Rettungsanker.

"Man kommt bei stockdunkler Nacht nach Cannobio. Das Dorf ist sorgfältig verdunkelt. Aber unweit leuchtet in der alles umgebenden Dunkelheit eine fröhliche Reihe von Lichtern: Dort ist Brissago und ein wenig weiter entfernt Locarno: die freie, neutrale, friedliche Schweiz". So schreibt der Jude Alessandro Levi. Es ist der Weihnachtstag 1943: Er erreicht Cortaccio, oberhalb Brissago, nach einem langen, erschöpfenden Fussmarsch durch die Berge, wo überall Gefahren lauern.

Levi ist nur einer von vielen Flüchtlingen. Es ist die Reise der letzten Hoffnung. Die meisten kommen über die Berge, andere über den See. Zu viele Flüchtlinge werden in Brissago an der Grenze zurückgewiesen. Mindestens sieben davon (und es sind nur jene, die man identifizieren konnte) werden in Auschwitz sterben. **Paolo Storelli**

Der Dampfer "Milano" läuft auf Grund

Während des Zweiten Weltkriegs wurde auch auf dem Lago Maggiore, der in friedliche Gewässer (Schweiz) und Kriegsgewässer (Italien) unterteilt war, gekämpft. Und wie in den Bergen gab es auch auf dem Lago Maggiore viele Tote und Verletzte. Vor allem am 25. und 26. September 1944. Flugzeuge der Alliierten warfen einige Bomben auf Intra und Fondotoce, bevor sie den Dampfer "Genova", der voller Passagiere war und gerade, von Pallanza kommend, in Baveno anlegen wollte, unter Maschinengewehrfeuer nahmen und versenkten. Das gleiche Schicksal erlitt der Dampfer "Torino", an dessen Bord sich nur die Mannschaft befand und der in der Nähe von Luino unterging. Am folgenden Tag fiel der Dampfer "Milano"einem Luftangriff zum Opfer. Das Schiff war vollbeladen mit faschistischen Truppen und einigen Zivilpersonen und befand sich auf dem Weg von Laveno nach Intra. Der Mannschaft gelang es, den Dampfer in Flammen bis ans Ufer zwischen S. Remigio und La Castagnola zu manövrieren. Major Ledo, der Kommandant der faschistischen Truppen, die sich an Bord befanden, schreibt in einem Bericht, dass alle Personen, verletzt oder tot, an Land gebracht werden konnten, bevor der Dampfer unterging. Die Wracks des "Genova" und des "Torino" konnten geborgen werden, nicht aber jenes des "Milano". Der Dampfer liegt noch immer in einer Tiefe von 236 Metern auf dem Grund des Sees, ungefähr vor der Villa Taranto. **pas**

Alla munifica e generosa
Cannobiese
Signora Chiodi Emilia
che
nelle ore tragiche di Cannobio transfuga
invasa dalla furia nazi-fascista
ha aperto
con grande senso di amor patrio
la sua casa e la sua inesausta carità
agli esuli suoi concittadini
i più che duecento
ritornati a le loro case
in segno di alta stima
e di commossa gratitudine
offrono
nel giorno faustissimo
in cui tutti
riuniti attorno alla Venerata Immagine
alla SS. Pietà
sciolgono il voto
di una solenne festa di ringraziamento

Cannobio, 20 ottobre 1945

Des Nachts schmuggelte ein Fürst Waffen

"Im Sommer 1944", begann Carlo Caracciolo, wenn er fünfzig Jahre danach gelegentlich vom Beginn seines politischen und industriellen Abenteuers erzählte, "ging ich mit meinem Vater nach Bern, auf der Suche nach operativen Kontakten zu Vertretern der Alliierten, die im Krieg gegen die Nazis standen."

Sein Vater, Fürst Filippo Caracciolo, war italienischer Konsul in Lugano. Nach dem Waffenstillstand vom 8. September 1943 und der Errichtung von Mussolinis Repubblica di Salò im Norden, hatte der Fürst der Regierung Badoglio seine Loyalität erklärt und war weiter mit seiner Familie in Lugano geblieben. Er war der Bezugspunkt für die vielen antifaschistischen Flüchtlinge, deren Zahl mit den Nachrichten von den Verhaftungen und Rassenverfolgungen der Nazis in Italien ständig wuchs, und natürlich auch für die ersten Drahtzieher des bewaffneten Widerstands in Italien. Darunter der Leader der Republikaner, Ugo La Malfa, der bei der Familie Caracciolo in Lugano zu Gast war.

Die Antifaschisten suchten konkrete Unterstützung bei den Alliierten. In Bern hatte Allen Dulles sein operatives Zentrum, das auch Spionage für die Amerikaner betrieb. Sein Bruder, John Foster, wurde später Staatssekretär in Washington.

"Damit ihr euch vorstellen könnt, wie man sich unter diesen Umständen fühlte", sagte Caracciolo. "erzähle ich euch, was geschah, als wir zur Adresse kamen, an der Dulles wohnte. Draussen war niemand. Die Eingangstür stand offen. Wir traten ein, ein menschenleerer Korridor. Ich näherte mich einer Tür, drückte die Klinke herunter, sie gab nach. Ich sah einen kleinen Salon. Auf einem Sessel sass Dulles, der gerade ein Fussbad nahm. Zu seinen Füssen kauerte Wally Toscanini, mit einem Handtuch auf dem Arm. So begann die Begegnung mit ihm, die dazu diente, zu erfahren, was die Amerikaner für den Widerstand tun konnten."

Carlo Caracciolo war damals 19 Jahre alt. Er hatte das Gymnasium in Lugano abgeschlossen und entschieden, auf jeden Fall nach Italien zurückzukehren und sich aktiv am Widerstand zu beteiligen. Es gelang ihm, einen Auftrag zu bekommen: eine Ladung von Sten über den See in das Gebiet von Cannobio zu transportieren und den Partisanen zu übergeben, die schon im Ossola-Tal standen.

"Ich stieg in das Boot eines Fischers aus Ascona, und in der Nacht erreichten wir die Stelle, wo man uns erwartete. Ich erhielt meine erste Lektion im Widerstand. Als ich die Sten übergab, fragte ich, ob ich einen behalten könnte. Der Chef der Gruppe lachte mir ins Gesicht: Nein, die behalten alle wir, wir können mit ihnen umgehen, dir gebe ich einen unserer alten Karabiner".

Einige Zeit bevor er starb, als er noch jeden Tag seine Studien betrieb und die Beziehungen zum Rest der Welt pflegte, dank denen er das komplexe Verlagsimperium aufbauen konnte, das Italien so stark geprägt hat, verspürte Caracciolo Lust, die Orte wiederzusehen, die in seiner Jugend so wichtig gewesen waren.

Ein alter Partisan mit dem Gefechtsnamen "Luciano" hatte ihm geschrieben, ihn im Fernsehen gesehen und wiedererkannt zu haben. Caracciolo antwortete ihm und vereinbarte mit ihm eine Reise ins Ossola-Tal. Er kam an einem Abend des Filmfestivals nach Locarno. Am folgenden Tag traf er sich in Cannobio mit "Luciano", und der erzählte ihm, wie er geholfen hatte " die Prinzessin Caracciolo in einer Dachstube des Dorfes zu verstecken" als sie, die Amerikanerin, heimlich nach Cannobio gekommen war, um ihren Partisanensohn zu treffen und dabei eine Verhaftung riskierte, falls man sie entdeckt hätte.

Sie fuhren ins Ossola-Tal (wo Caracciolo von den Faschisten am 5. Februar 1945 gefasst und zum Tode verurteilt worden war), besuchten das Museum in Fondotoce und kehrten nach Cannobio zurück, "Ja, das Leben…", kommentierte Caracciolo. "In letzter Minute überzeugte ich einen faschistischen Soldaten, mich laufen zu lassen, mit dem Versprechen, ihm im Gegenzug zu helfen, falls die Alliierten gewinnen sollten. Ich sah ihn nie wieder. Dafür habe ich den faschistischen Befehlshaber der italienischen Sozialrepublik, der mich zum Tod verurteilt hatte, getroffen. Er war in einer Stadt in der Nähe meines Hauses in Torrecchia Bürgermeister geworden. Wir haben uns wieder gesehen und haben über jene Jahre geredet, eben, was das Leben so mit sich bringt…".

Gianluigi Melega

"(...). Ascona wird immer eine Zuflucht sein für Menschen wie diese, für die der Norden (moralisch) zu kalt ist und der Süden zu warm".

Eugenio Montale

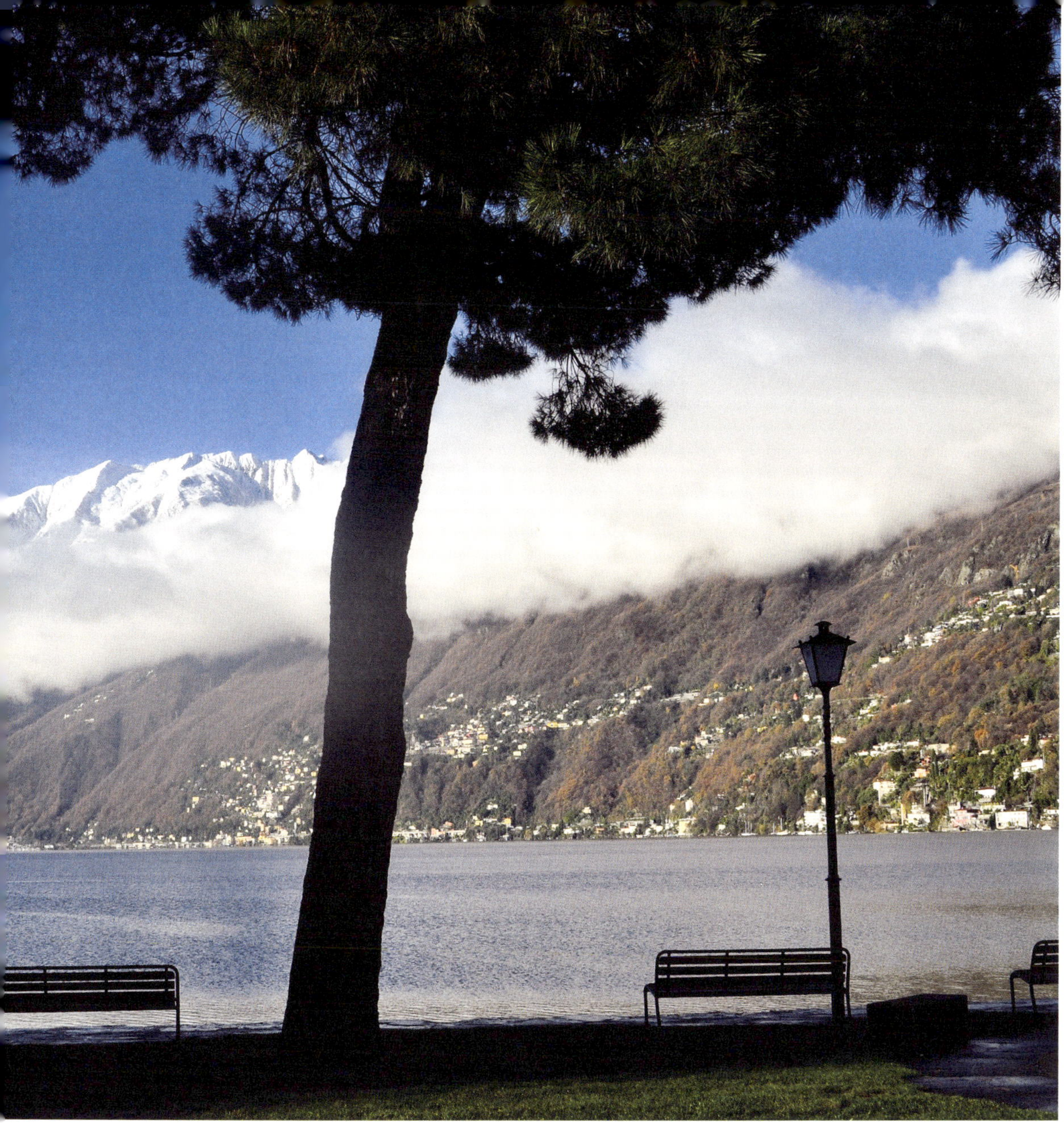

INSTITUTIONEN

Der Borgo, der den Alleingang beschloss

Am 20. November 2011 wurde über den Zusammenschluss der Gemeinden des Kreises Isole zum sogenannten "Gross-Ascona" abgestimmt. Das Projekt wurde nur von Losone (77,04% Ja) angenommen, von Ronco (68,35% Nein), Brissago (51,4%) und Ascona (79,17%) hingegen verworfen. Hier die Ergebnisse für Ascona im Einzelnen. Stimmberechtigte: 3419. Stimmende: 2287. Gültige Stimmzettel: 2256. Für den Zusammenschluss 470; dagegen 1786.

Sollten Sie auf der Piazza zehn volljährige Asconeser antreffen, dann bedenken Sie, dass acht von ihnen sich dafür entschieden haben, Bürger von Ascona zu bleiben. Und damit Schluss. 9'000 Einwohner der Nachbargemeinden haben sich nicht von der Idee verführen lassen, sich unter dem Firmennamen Ascona zu vereinen. Aus dieser ganz deutlich abgelehnten Vereinigung wäre eine Gemeinde von 14'000 Einwohnern hervorgegangen, fast so gross wie die historische Rivalin Locarno. Aber nicht einmal dieser, sagen wir 'lokalpatriotische' Anreiz, vermochte die widerspenstigen Asconeser zu bewegen. Um die klare Ablehnung vom 20. November 2011 zu erklären, sprachen etwas oberflächliche Analysen vom Egoismus der Asconeser ("es geht ihnen gut, sie wollen nicht teilen"), die sich hinter ihrem Wohlstand verschanzen.

Aber man kann diese Zahlen auch anders interpretieren. Sie zeigen, dass ein grosser Teil jener 80% Neinstimmen zur Fusion in Wirklichkeit Jastimmen zur Aufrechterhaltung des 'Systems Ascona' sind, das Wohlstand, eine ausgezeichnete Dienstleistungsqualität und erstklassige Infrastrukturen bietet.

Zweifellos wird Ascona auch von seiner Schönheit und besonders grosszügigen Steuereinnahmen begünstigt, doch ohne eine gute Verwaltung, die eben dem System zu verdanken ist, wäre das Ergebnis der Volksbefragung vielleicht anders, nicht so augenfällig gewesen.

Das 'System Ascona' beruht auf dem perfekten Einvernehmen, wenn es wirklich darauf ankommt, zwischen Einwohnergemeinde, Bürgergemeinde und Pfarrei, auf deren Fähigkeit, abgesehen von gelegentlichen harschen Zwischentönen, eine Mannschaft zu bilden, die Gemeinde zu leiten, Vereine und Personen einzubeziehen. Mit einem Ziel, das alle teilen: Ascona, seine Qualität, seine Leistungsfähigkeit, sein touristischer Ruf.

Ascona ist, alles in allem, keine Gemeinde wie die andern. Der Borgo ist vielleicht eine Klasse für sich. Es hat einen Namen, der weltweit bekannt ist, und das, was seine Marke ausmacht, ist einmalig und unwiederholbar. Ein derart starkes Ascona, das sich der allgemeinen Gunst erfreut, ist für die Nachbargemeinden und das ganze touristische Tessin positiv. Hätte der Zusammenschluss diese Kraft wirklich intakt gelassen oder hätte er, im Namen der Solidarität und der Regionalplanung diesen grossartigen Wein verwässert? Die Antwort liegt in der Art, wie man die Welt anschaut. Und in der Art, wie sich die Welt entwickeln wird.

DAS PATRIZIAT

"Du suchst dort deine Wurzeln"

Im Tessin ist das Patriziat eine öffentlich-rechtliche Körperschaft aller Personen, die aus einem bestimmten Ort stammen. Die überall in der Welt verstreuten "theoretischen" Patrizier ("Bürger", eine Schweizer Eigenheit) Asconas belaufen sich auf 800, die *de facto* abrufbaren auf rund 600. Das Patriziat von Ascona besitzt 43% des Gemeindegebiets (2'155'989 Quadratmeter) und die historischen Häuser Serodine, Vacchini und Papio, Sitz des Rathauses.

Die Patrizier von Ascona haben ein sonderbares Schicksal. Als sie vor ungefähr hundert Jahren mit der Zahl der Einwohner übereinstimmten (es gab nur wenige Ansässige, die nicht den Patrizierstatus hatten), war ihre Körperschaft in klingender Münze fast nichts wert: Einige Häuser, Wiesen, Wälder, Felsen, alles zu den Preisen jener Zeit, als man für ein paar Rappen einen Quadratmeter Land erstehen konnte. Jetzt, wo die Zahl der ansässigen Patrizier, die das Stimmrecht auf Gemeindeebene besitzen, auf 180 zurückgegangen ist, das heisst, auf verschwindend kleine fünf Prozent des Gesamten, besitzt das Patriziat, neben fast der Hälfte des Gemeindegebiets auch viele andere Edelsteine in der Krone Asconas.

Man wird entweder als Patrizier geboren oder kann es auf Verlangen werden. Doch Patrizier ist man, in Wirklichkeit, vor allem im Geist. Die Webseite des Patriziats von Ascona beginnt mit einem Zitat von Francesco Guccini: "…und du suchst dort deine Wurzeln, wenn du verstehen willst, was du für eine Seele hast". 'Wurzeln' und ' Seele', das sind Wörter wie Felsbrocken in einem Ort mit starker kosmopolitischer Prägung. Patriziate, wie das von Ascona laufen Gefahr, Opfer des Syndroms des letzten Mohikaners zu werden und die besondere kulturelle, gesellschaftliche und sprachliche Situation des Borgo als etwas Fremdartiges zu erleben. In Wirklichkeit sind die Dinge anders gelaufen.

Die Gelegenheit, den Status zu verändern und reich zu werden, bot sich zu Beginn des vergangenen Jahrhunderts, als nach der Kanalisierung der Maggia 916'740 Quadratmeter trocken gelegtes und nach und nach urbar gemachtes Land auf das Patriziat herabfielen. Ein richtiges Manna, das fast der Hälfte des ganzen Deltas auf der Asconeser Seite entsprach. Was sollte man damit machen?

Ausschlaggebend, wenn man es aus heutiger Sicht betrachtet, war der Glücksfall von 1928, als der Interessenverbund der Region Locarno (Federazione interessi della regione locarnese) das Patriziat anfragte, auf seinem Land einen Golfplatz einrichten zu können.

Damals mag das vielleicht als sonderbare Idee betrachtet worden sein, doch heute wissen wir, dass man damit, bewusst oder unbewusst, spielt keine Rolle, einen Wachstumsprozess auslöste, der bis heute anhält. Das Denkschema dahinter ist immer dasselbe: Wir, Patriziat, überlassen euch das Land und wachen darüber, dass ihr es in unserem Sinne nutzt, dafür könnt ihr es verwalten, wie ihr wollt, und bezahlt uns eine dieser besonderen Situation angepasste Pacht. Ein Mechanismus, der erstmals beim Golf angewendet wurde und sich in den folgenden Jahren mit gleichem Erfolg beim Flugplatz, dem Tennis, dem Lido und in jüngerer Zeit beim Hafen wiederholte. Damit hat nicht nur das Patriziat gewonnen, sondern auch Ascona, das zu dem Borgo geworden ist, das wir heute kennen.

Dem Ufficio patriziale (das heisst der Exekutive) steht die Anwältin Rachele Allidi-Tresoldi vor, eine kleine Frau mit leiser Stimme, die gerne zuhört. Sie hat die notwendige Gelassenheit, um eine so wichtige Institution zu verwalten, die aber nicht Partei nimmt. Sie ist seit jeher mit dem Patriziat verbunden, das auch ihr Vater Aldo einst präsidierte.

Rachele Allidi weiss also sehr gut, dass die Tätigkeit des Patriziats, das fast immer eng mit der Gemeinde und anderen Institutionen zusammenarbeitet, auf zwei Schienen verläuft. Auf der einen Seite die grossen Projekte, wie das künftige Tourismus- und Kulturzentrum (ein Saal für Konzerte und Kongresse, ein Hotel und Wohnungen) auf dem Areal des ehemaligen Flugplatzes, das der Architekt Josep Lluis Mateo aus Barcelona entworfen hat, oder wie die Alterswohnungen in der Nähe des Altersheims Belsoggiorno für selbständige Betagte. Auf der anderen Seite 90 Hektaren Wald auf dem Hügel, ein unproduktives Gebiet, um das sich die erste im Tessin gegründete Forstverwaltung täglich kümmert. "Das könnte leicht erscheinen, aber in Wirklichkeit braucht es viel Energie, um einen solchen Raum lebendig zu erhalten. Das Ergebnis ist ein Netz von Wanderwegen, das jedes Jahr rund hunderttausend Menschen benutzen". Ein "Ascona auf dem Hügel" für naturliebende Patrizier. Und für alle. **magio**

www.patriziatoascona.ch

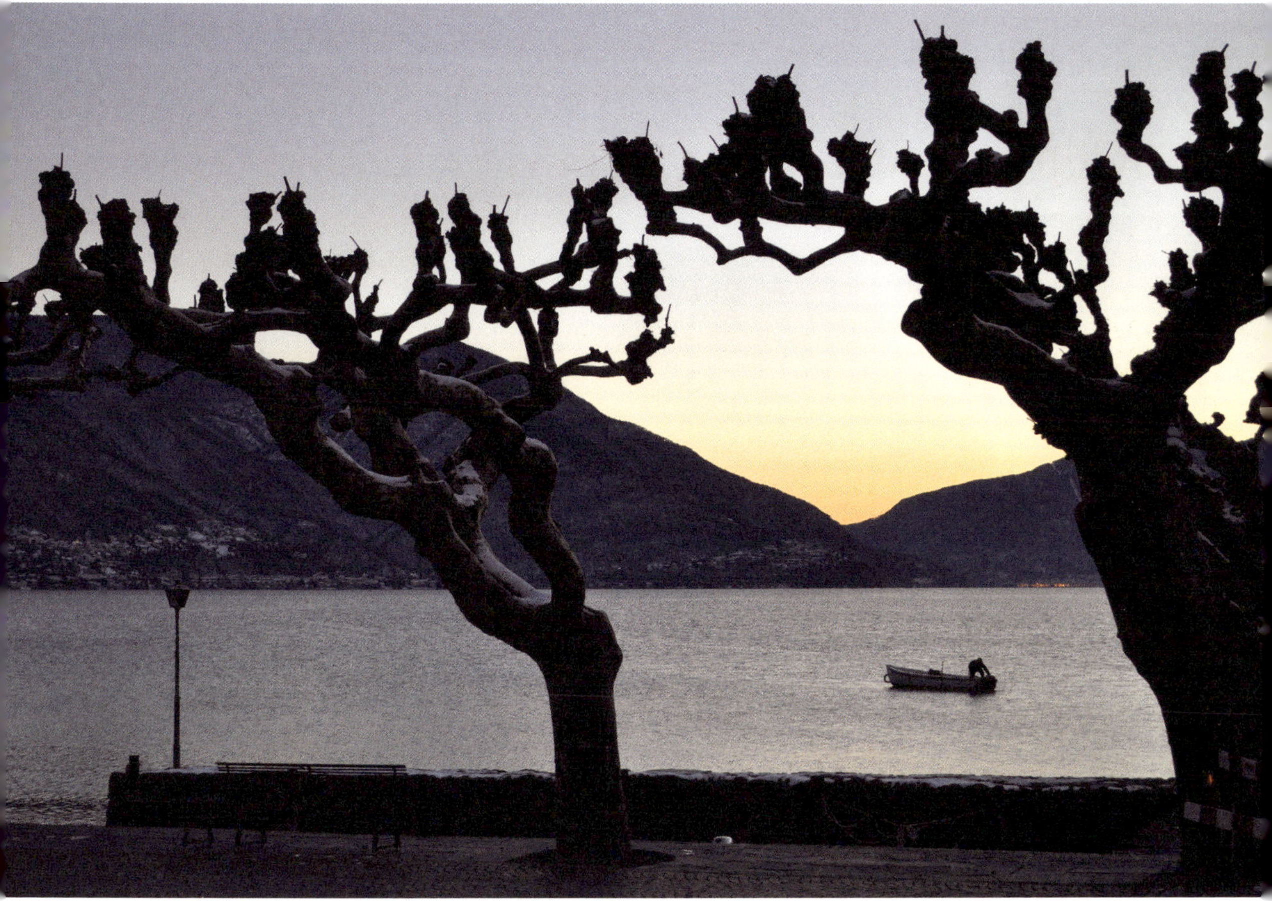

Zwei Bürgermeister Asconas: ein 'alter' und ein 'neuer'. Beide freisinnig. Der erste, Aldo Rampazzi (1947, Architekt) hat sein Amt, das er von 1996 bis 2012 innehatte, vor wenigen Monaten niedergelegt. Der zweite, Luca Pissoglio (1958, Kinderarzt) wurde vor wenigen Monaten gewählt. Mit kurzen Fragen und Antworten versuchen wir, etwas über sie zu erzählen.

ASCONA, AUS DEM FENSTER GESEHEN

Es gibt ein kleines Eckfenster ganz aus Glas hinter dem Schreibtisch von Aldo Rampazzi, dort im dritten Stock des Gebäudes, das er in der Via Papio gebaut hat. Von diesem Fenster blickt man über einen grossen Teil Asconas und noch weiter bis Cannobio. "Ab und zu, wenn ich allein bin und Lust habe, eine Pause zu machen, schaue ich aus diesem Fenster hinaus, ohne einen bestimmten Punkt zu fixieren. Heute Abend ist der See rot wie der Himmel".

Man erinnert sich an Sie als sehr kommunikativen Bürgermeister.

Ich spreche ebenso gerne mit gewöhnlichen Leuten wie auch mit wichtigen Persönlichkeiten, da mache ich im Prinzip keinen Unterschied.

Im ersten Jahr als Bürgermeister haben Sie den Lord Major von Westminster kennen gelernt.

Wir wurden Freunde. Er lud mich nach London ein und sagte zu mir: "Aldo, du bist Ehrengast". Und los ging's im offiziellen Umzug, in seinem Rolls, mit dem Stabträger. Als es vom Big Ben genau 19 Uhr schlug, waren wir auf dem roten Teppich, ein Gedränge, ich und er und unsere Gattinnen betraten die Kirche für die Zeremonie. Er stellte mich dem Oberhaupt der anglikanischen Kirche vor: "*My friend, Mr. Rampazzi, Major of Ascona*".

Woher haben Sie diese Leichtigkeit, Kontakte zu knüpfen?

Als Kind war ich schüchtern. Den Umgang, den guten Umgang mit den Leuten habe ich vielleicht von meiner Grossmutter Laurina Catelli gelernt, einer geborenen Sonognini, die in Gordola das Ristorante Popolare führte. Sie war nur einen Meter fünfzig gross, bediente aber alle mit grosser Aufmerksamkeit.

Der Brand des Papio 1960 liess Sie fast... Bruder Aldo werden.

Als das Collegio für den Wiederaufbau geschlossen wurde, schickte mich mein Vater, der es satt hatte, mich immer zu Hause zu sehen, eine Zeitlang nach Faido, in die Schule der Patres. Aber die Berufung blieb aus.

Sie liessen sich eher von den weltlichen Versuchungen verlocken.

Sicher. Es gefiel mir zum Beispiel, mit dem schönen Auto meines Vaters, einem roten Alfa Romeo 1750, an der Seepromenade entlang zu fahren. Langsam, den Ellbogen aus dem Fenster hinausgestreckt.

Im Alter von 19 Jahren liehen Sie an Wochenenden den Lieferwagen Ihres Vaters aus, auf dem "Impresa Ottavio Rampazzi" stand. Sie brauchten ihn aber nicht, um Ziegel und Zement für das väterliche Unternehmen aufzuladen...

Ein VW wie jener der Hippie, mit horizontalem Steuerrad. Ich nutzte ihn, um die Instrumente der Sunny Bodys zu transportieren. Es war meine Band von damals, mit Rolando Pancaldi, Paolo Brusa, Germano und Lauro Righetti, Louis Pigazzini. Kurz danach verliessen wir Ascona, um zu studieren. Das war das Ende der Band.

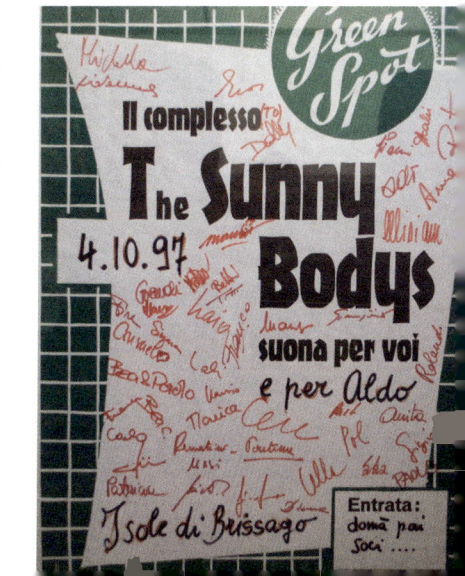

Aber ein Rampazzi kehrt immer wieder nach Ascona zurück.

Nach dem Studium kam ich endgültig zurück. Die Rampazzi sind seit 1794 in Ascona. Der erste war Matteo, der drei Frauen und 16 Kinder hatte.

Ihre Jugend ist typisch für Ascona. Turnverein, Eishockey. Und Schule im Papio.

Mit verschiedenen Schulkameraden habe ich immer viele Dinge geteilt: im Leben und in der Politik. Irgendwie waren wir viele Jahre lang, wenn auch in verschiedenen Funktionen und vielleicht als Gegner, die führende Klasse von Ascona.

Und die anderen, die nicht hier geboren sind, warum kommen sie nach Ascona? Vielleicht wegen des tiefen Steuerfusses...

Unser Borgo ist doch wirklich schön. Ascona ist eine kleine Gemeinde, hat aber die Vorteile eines Städtchens. Wer hierher kommt, findet, was er sucht, in jeder Hinsicht, nicht nur einige Franken weniger Steuern.

Ärgert es Sie, Askona mit k geschrieben zu sehen?

Das können nur Leute schreiben, die Ascona nicht kennen. Die deutschsprachige Präsenz hat vieles gebracht, sie war ein Vorteil für alle.

Ihre politische Beziehung zu Locarno?

Zwischen Locarno und Ascona gibt es einen Unterschied in der Führungsmentalität. Wir gleichen eher Lugano, sind unternehmerischer. Die freisinnige Partei von Ascona ist liberaler und weniger radikal als jene in Locarno.

DER MANN, DER DIE TREPPE HOCHSTEIGEN WOLLTE

> Al giorno d'oggi vi sono moltissimi mestieri molto interessanti e che fanno guadagnare molto.
> Però io, ho sempre avuto il sogno di diventare un giorno dottore specialista dei bambini.
> Questo mestiere mi sembra il più adatto a me, perché mi piacciono molto le medicine e niente, come per esempio il sangue, mi impressiona.

Von Beruf ist er Kinderarzt. In der Praxis trägt er weisse Hosen und T-Shirts mit Disney-Figuren, damit sich die kleinen Patienten wohl fühlen. Im Alter von acht Jahren schrieb er in einem Aufsatz, dass er Kinder behandeln wolle. Jetzt hängt dieser Text, unter Glas und illustriert mit einer viel sagenden Zeichnung an einer Wand der Praxis. Doch Luca Pissoglio hatte auch einen anderen Traum: Die Treppe des Rathauses emporzusteigen, etwas für Ascona zu tun. Er glaubte nicht, dass sich dieser Traum verwirklichen und er sogar Bürgermeister werden würde.

Die Politik. Eine Leidenschaft seit der Jugend.

Bei uns zu Hause sprach man oft über Politik. Auch über Gemeindepolitik. Mein Onkel, Giuseppe Rampazzi, war Bürgermeister. Im Alter von 14-15 Jahren fühlte ich mich als Sozialist, ich kaufte *Libera Stampa*.

Was liess Sie zu den Freisinnigen zurückkehren?

Ich habe den Sozialismus aufgegeben, weil in dieser Idee zuviel Wohlfahrtspolitik ist. Denen zu helfen, die es nötig haben, ist gut; jedoch die Hilfsbedürftigen müssen zumindest etwas tun, müssen versuchen, sich selbst zu helfen.

Man wirft Ihnen vor, nicht volksnah, zu wenig 'umgänglich' zu sein.

Jeder hat sein eigenes Temperament, ich bin eher zurückhaltend. Aber das neue Amt wird mir vielleicht helfen, geselliger zu werden.

In der Gemeinde haben Sie die Verantwortung für das Bauamt übernommen.

Für mich ist es wichtig, zu konkretisieren. Jetzt, als Bürgermeister, habe ich Lust, die Dinge in die Hand zu nehmen.

1999 haben Sie beschlossen, dorthin zurückzukehren, wo sie aufgewachsen sind. Warum?

Weil ich aus Ascona bin. Ich kenne die Leute. Ich will nicht auf diese 'Bühne' vor dem See verzichten.

In welcher Epoche Asconas möchten Sie leben?

In der jetzigen. Ich nehme sie als meine wahr und ich setze mich dafür ein.

Und die starke deutschsprachige Präsenz?

Sie hat Ascona dazu gezwungen, weniger Ascona zu sein. Einerseits haben wir etwas verloren, andererseits haben wir gewonnen. Sehr viel.

Die "Energie des Ortes" hat diese Menschen nach Ascona gebracht...

Die ersten, die nach Ascona kamen, schienen sie wahrzunehmen. Sie haben die andern davon überzeugt und positiv auf sie eingewirkt. Es ist ein sehr interessantes psychologisches Phänomen.

Das schöne Ascona ist verschwunden?

Man kann einen Ort nicht im 19. Jahrhundert festhalten, sonst wird er zum Museum. Und ein Museum besucht man nicht mehr als ein- oder zweimal. Die Schönheit muss der Zeit angepasst werden.

Das Projekt des Zwangszusammenschlusses der Gemeinden des Locarnese bedroht

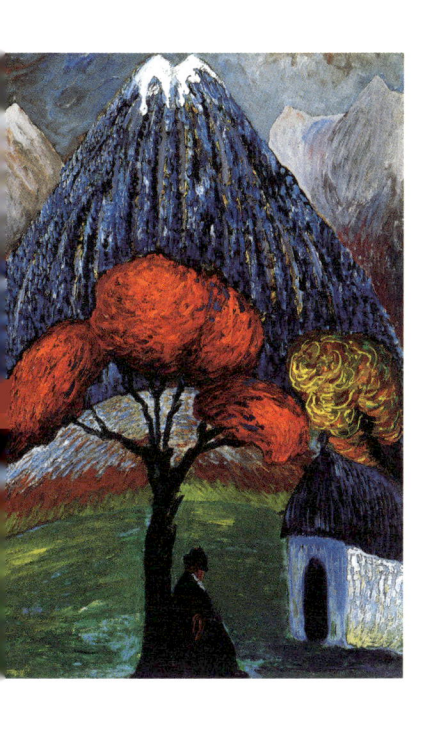

die Freiheit von Ascona?

Sehr. Wir werden mit allen Mitteln dagegen kämpfen. Sollte Ascona im grossen Topf von Locarno enden, würde es seine Qualitäten verlieren.

Vier Jahre lang haben Sie das Kulturamt geleitet. Es ist Ihnen gelungen, die Bilder von Marianne Werefkin für einige Monate nach Moskau zu bringen (und jene von Repin nach Ascona zu holen).

Es war eine wundervolle Sache, von der man schon seit einer Weile redete, aber nicht verwirklicht hatte.

Die Werefkin ist die Ikone des Museo comunale. Welche Vorstellung verbinden Sie mit ihr?

Die Vorstellung einer Grossmutter. Die man gern hat. Die aber eigentlich traurig ist. Sie war wirklich verliebt in Jawlensky.

Welches Bild aus dem Museum würden Sie nach Hause nehmen?

L'albero rosso der Werefkin, wegen der Farbe und der Kraft, die von ihm ausgeht.

Es ist bekannt, dass Sie ein grosser Liebhaber der Malerei sind.

Wenn ich ein bisschen Geld in der Tasche hatte, gab ich es immer dafür aus.

Welche Art Malerei bevorzugen Sie?

Ich begann mit den gegenständlichen Tessinern: Zaccheo, Nizzola, Beretta. Jetzt setze ich auf die Abstrakten: Paolucci, Burri, Fontana.

ASCONA *und die Finanzen*

STEUEREINNAHMEN

17'429'000.- Franken.

Das sind die Steuern, welche die 6800 Steuerzahler 2008 an die Gemeinde Ascona bezahlten.

WER BEZAHLT WIEVIEL

- 1,52 % der Steuerzahler (100 Personen) bezahlen rund einen Viertel der gesamten Gemeindesteuern Asconas (25,44%).

- Oder: 6,29% der Steuerzahler (409 Personen) zahlen rund die Hälfte der Steuern (50,04%).

- Oder: 22,63% der Steuerzahler (1472 Personen) zahlen drei Viertel der Steuern (75,02%).

(Angaben aus dem Jahre 2008, Stand 24.01.2012).

STEUERFUSS 2011

70%.

Im Tessin bestimmt jede Gemeinde ihren eigenen Steuerfuss (im Wesentlichen eine Quote der kantonalen Steuer). Der Steuerfuss von Ascona beträgt gegenwärtig 70%. Das bedeutet, dass jemand, der jährlich 4000.- Franken Kantonssteuern bezahlt, in der Gemeinde Ascona 2800.- Franken bezahlt. Der Steuerfuss Asconas gilt als 'interessant'.

WIEVIEL KOSTET ASCONA

26'347'000.- Franken. Auf diesen Betrag belaufen sich die Gemeindeausgaben von 2010.

GEMEINDEANGESTELLTE

115 (Gemeinde 70, gemeindeeigene Unternehmen 20, Lehrer 25)
2010 kosteten sie die Gemeinde 9'193'783.- Franken.

IMMOBILIENVERMÖGEN

1,57 Milliarden Franken.

Das ist der Schätzwert der in der Gemeinde Ascona gelegenen Immobilien per 30.11.2011. Wert der Gebäude: 824'618'298.- Franken; Wert der Grundstücke: 742'183'532.- Franken. Die Zahl der Besitzer beträgt 4'433. Die Gemeinde nimmt jährlich rund 1,4 Millionen Franken Immobiliensteuer ein.

SOLIDARITÄT ZWISCHEN DEN GEMEINDEN

1,1 Millionen Franken im Jahr 2010.

Diesen Betrag überweist Ascona in die verschiedenen kantonalen Fonds, welche die weniger reichen Tessiner Gemeinden unterstützen. Das entspricht 3097.- Franken pro Tag.

ERBSCHAFTSSTEUERN

66,3 Millionen Franken.

Dieser Betrag entspricht den Steuern, die zwischen 1990 und 2010 von den Erben verstorbener Personen bezahlt wurden, die in Ascona ansässig waren. An den Kanton gingen 59,7 Millionen, an die Gemeinde Ascona 'nur' 6,6 Millionen.

Quelle: Dicastero finanze/Costantino Trapletti

ERINNERST DU DICH, ASCONA, an jene versengten Seiten, vor einigen Jahren, am Ufer der Maggia? Als die Frau ihre Tagebücher der Nacht verbrannte. Wieviele Geschichten von Leben, von bezahlten Liebkosungen, wieviele kleine Augenblicke von Menschlichkeit, die in weissem Rauch aufgingen.

ERINNERST DU DICH, ASCONA, an die Sommerabende, wenn der Caruso aus Brissago auf der Terrasse des Grottos Baldoria Operarien sang? Seine Mia und die Freunde klatschten glücklich Beifall. Das Fotogramm eines Fellini-Films im Ascona des *Booms*.

ERINNERST DU DICH, ASCONA, an den Brand des Collegio Papio am 7. April 1960 (ein zweites Mal am 8. Juni)? So berichtete das *Eco di Locarno* darüber: "Düster heulten die Sirenen heute im Morgengrauen. Das Collegio Papio ein Raub der Flammen. Um 7.30 stürzte auch das Dach der Kirche ein. Die wertvolle Bibliothek vollkommen zerstört".

ERINNERST DU DICH, ASCONA, an das Marionettentheater von Jakob Flach im Vicolo Ghiriglioni? Eine Bühne, 90 Stühle, Aufführungen nur auf Deutsch. Hohe Qualität. Flach schrieb die Texte und dirigierte, Leo Kok komponierte die Musik, Weidemeyer spielte Flöte und ahmte mit seiner lauten Stimme den Matrosen aus dem Norden nach. Ferdinand Grosshard malte die Programme.

ERINNERST DU DICH, ASCONA, an Pietro Pancaldi, der nach Nürnberg ausgewandert war und in den Borgo zurückkehrte, mit seiner deutschen Frau und einer überbordenden Lust, etwas zu tun? Pionier der Fotografie. Mit seiner Leica lichtete er ganz Ascona mitsamt den Einwohnern ab.

ERINNERST DU DICH, ASCONA, an die Eranos-Tagungen von Olga Fröbe-Kapteyn? Wie viele grosse Geister: Jung, Bonaiuti, Suzuki, Kerényi, Neumann. Dann der Abstieg. Jetzt scheint sich die Flamme wieder zu entzünden. Erlöschen diese Flammen denn jemals?

ERINNERST DU DICH, ASCONA, an die Boutique Pavone Bianco, ein kleines Signal für die Luxuszeiten, die sich am Horizont abzeichneten? Pfeiffer und Pamblanc, die etwas Anderes brachten, einen Lebensstil, der auch ein Leben mit Stil war.

ORTE

SEEPROMENADE
FRIEDHOF
BRISSAGO-INSELN
PAPIO
GOLFPLATZ

MUSEUM
OTELLO
ARCHITEKTUR
DAS RELIGIÖSE ASCONA

SEEPROMENADE

Eine sonnenbeschienene Piazza im Schatten der Platanen

1929. Während der Crash an der Wall Street die ganze westliche Welt in Atem hielt, beschloss ein kleiner Borgo am Lago Maggiore, sich mit einer Seepromenade zu versehen. Dazu wurde eine seit Jahrhunderten bestehende Wiese, die sanft zum See abfiel, in ein von einer Mauer umschlossenes weites Rechteck umgewandelt, das die künftige gute Stube von Ascona bilden sollte: die Piazza.

Gehen wir einige Schritte zurück. Vor dem 16. Jahrhundert sank der Spiegel des Lago Maggiore um 4-5 Meter und liess einen neuen Landstreifen zurück, der einerseits vom Wasser und andererseits von einer Häuserfront begrenzt wurde, die sich in den kommenden Jahrzehnten zu dem entwickelte, was man heute sieht. Die Wichtigkeit dieses Stückes Land nahm ständig zu. Dass im Abstand von einigen hundert Metern gleich drei Häfen entstanden, bezeugt die gesellschaftliche und wirtschaftliche Bedeutung der künftigen Seepromenade. Und es ist bezeichnend, dass nach Frankreich ausgewanderte Asconeser 1885 ihrem Heimatort Platanen schenkten (1929 teilweise eingegraben), um das Ufer zu verschönern und Schatten zu schaffen. Vor hundert Jahren war die Seepromenade mit unseren heutigen Augen gesehen eine Art entschwundene kleine Welt, wo man über den See Handel trieb, die Hoftiere sich frei bewegten, Kühe zur Tränke geführt wurden, die Frauen an warmen Abenden Hanf schälten, Fischernetze und Wäsche in der Sonne trockneten. Der 1898 geborene Giovanni Poncini schrieb: "Es war kein Platz, sondern die Tenne einer emsigen bäuerlichen Gemeinschaft". Eine traditionelle Gesellschaft, die sich auch zu vergnügen verstand. Am See, vor dem *friis* (Steinböschung, die bis ans Wasser reichte) war - wie Poncini berichtet - *in l'erba*, im Gras "der ideale Ort, um die schwülen Sommerabende zu verbringen. Hier versammelte sich die weibliche und männliche Jugend (....) und man erprobte auch die Stimme (...) und liess jene, die mehr Glück hatten, im Boot auf den See gehen, um Gitarre und Mandoline zu spielen (...)".

Der Mauerbau von 1929 schien alles beim Alten zu belassen, aber in Wirklichkeit kündete er den Beginn neuer Zeiten an. Materiell verschwanden die Mäuerchen vor den Häusern, die als

Wellenbrecher dienten, und das Erdgeschoss der Gebäude wurde abgesenkt. Doch was sich seit Beginn der Fünfzigerjahre sehr schnell änderte, war die Vorstellung, die man sich über diesen Raum machte. Nach und nach verschwanden die Zeichen der bäuerlichen Welt, und immer mehr Touristen und Einheimische suchten die Sonne und genossen das Nichtstun an dieser Seepromenade, an der sich in der Zwischenzeit zahlreiche Bars und Hotels angesiedelt hatten. Die Seepromenade wurde mit roten Porphyrsteinen gepflastert und diente auch als Strasse für die Autos, die von Brissago nach Locarno fuhren. Und so parkten jene vor den Platanen, die sich einige Stunden am See, ein Getränk und ein bisschen Sonne gönnen wollten, auf dieser Piazza, die inzwischen zum Mittelpunkt Asconas geworden war.

Doch der Begriff "Seepromenade" sollte sich im Laufe der Zeit ändern. Die Autos wurden in den Tunnel verbannt, und kürzlich erhielt die Piazza ein neues, dekorativeres Pflaster, das den *Showroom* von Ascona in schillerndes Licht taucht. Und wer weiss, ob nicht eines Tages jemand das visionäre Projekt des Architekten Abraham verwirklicht, eine zweite, künstliche Seepromenade: eine auf dem Wasser schaukelnde Insel, die dem See einige Meter raubt. Wie ein junger Sohn, der dem alten Vater vorausgeht.

1929. Ein kleiner Borgo am Lago Maggiore beschloss, sich mit einer Seepromenade zu versehen.

Eine Wiese wurde umgewandelt zur künftigen guten Stube von Ascona: die Piazza.

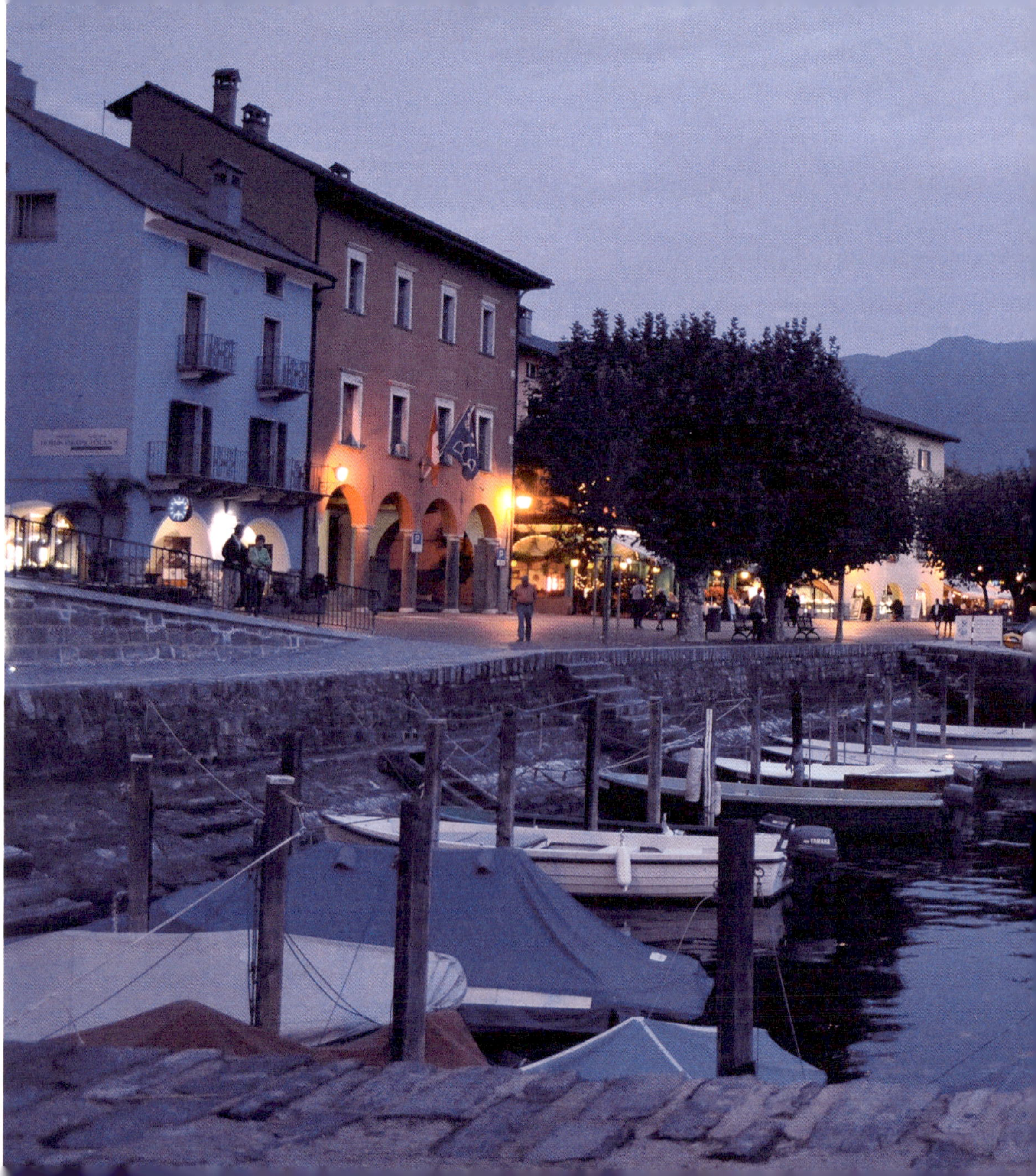

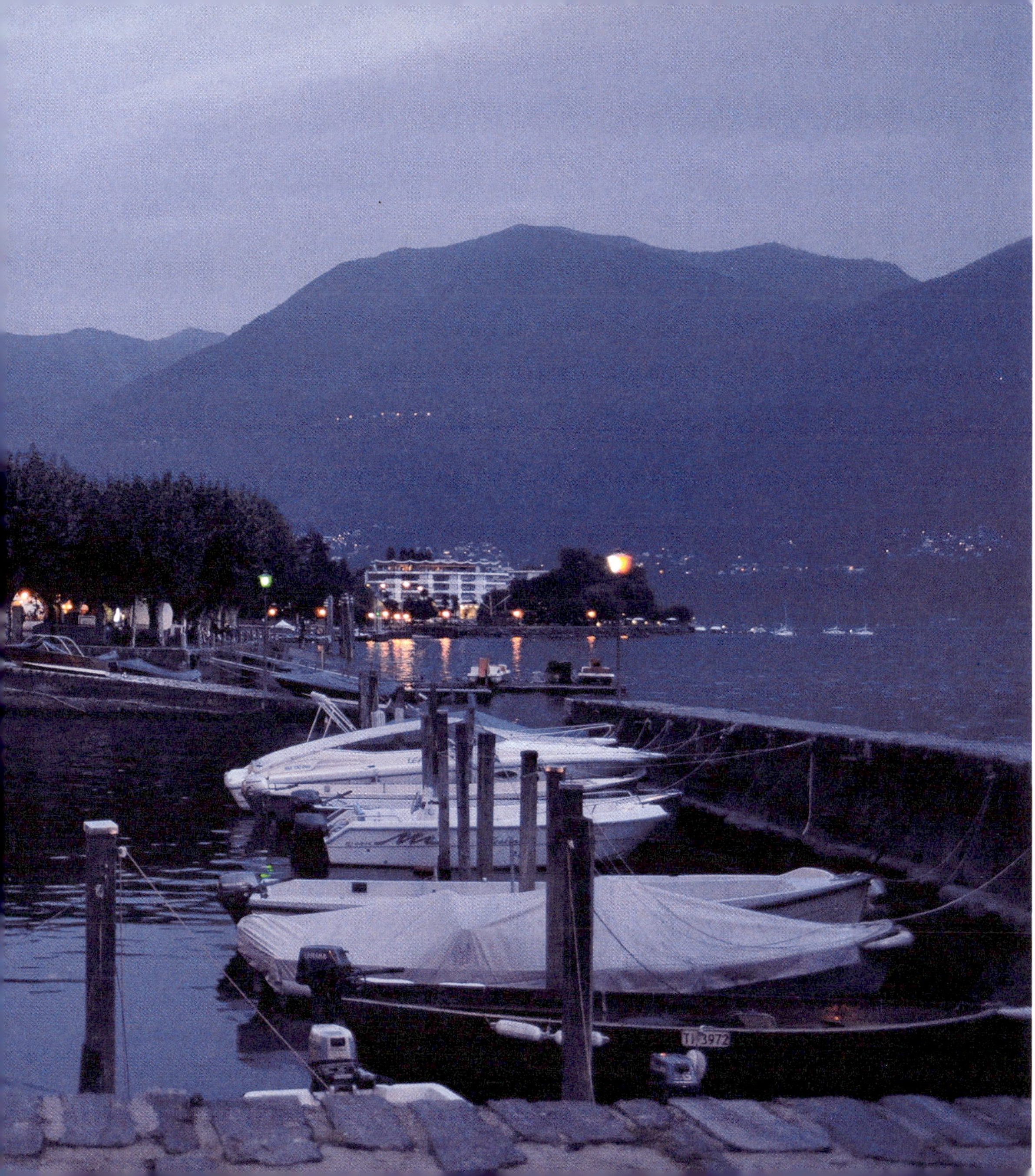
TI 3972

Die kleine Grazie des Ortes

Vor dem Porto drei Betagte, zwei Männer und eine Frau, die ein Sonnenbad nehmen. Die Gläser glitzern leer vor ihnen, die Augen der Frau sind halb geschlossen, ihre Lippen zusammengepresst, der Kopf sanft nach hinten gebeugt. Als wir vor ihr durchgehen, öffnet sie leicht die Lider; sie schaut nicht uns an, sondern vielleicht den See oder die Platanen, oder vielleicht ist es nur eine leere Neugier, eine Kontrolle. Ihre beiden Gefährten hingegen betrachten die Vorübergehenden voller Aufmerksamkeit, stumm und auf ihre Stöcke gestützt. Ich sehe, wie sich ihre kleinen, konzentrierten Augen bemühen; ihre Köpfe wogen leicht von rechts nach links, als wären sie Zuschauer einer Tennispartie. Hinter den noch geschlossenen Sonnenschirmen, wie hinter dem Gitter eines Gefängnisses, die Schultern der sonnenüberfluteten Wand und den Fenstern zugekehrt, in denen sich die Bewegung des Sees widerspiegelt, sind sie ein frühes, aber schon lebhaftes Bild des Sommers. So sitzen sie an diesem Wintertag in ganzer Länge auf ihren Stühlen, beschäftigt, friedlich und geheimnisvoll und leben vom Warten auf den Sommer. Der Quai von Ascona lebt davon; und an diesem Februarnachmittag streckt er sich schüchtern aus, bevor er von neuem ganz erwacht.

Auch die Tische draussen vor den anderen Restaurants sind wieder voller Menschen; ebenso die Bänke vor dem See und die Treppen vor der Bibliothek. Wie schlaftrunkene Katzen schauen wir alle langsam vor uns hin, vielleicht ohne uns gegenseitig zu sehen, eingelullt von den Bewegungen der anderen und des Sees. Wir schlendern, unantastbar und entrückt, in einem Flüstern von Worten, als hätten wir stillschweigend und für ewig eine Abmachung getroffen, einen Pakt gegenseitiger Fügsamkeit oder grösster Distanz. In solchen Augenblicken scheint mir der Quai von Ascona eine Art Refugium, eine vertraute und geschützte Zuflucht. Und das, was sich vor mir ausdehnt, entpuppt sich als eine heimische, schwebende Bucht, wo einzig die sich im Hintergrund öffnende Landschaft vom Berg verborgen wird, der vom Gambarogno her entschlossen in den See stösst und jenen auf der Gegenseite zu berühren scheint. An diesem Punkt schwindet jede Fluchtmöglichkeit. Die konzentrisch von den Bergen umschlossene Landschaft scheint in den Augen des Spaziergängers *endlich*. Es handelt sich aber um eine weite und ungewisse Endlichkeit, wie die Lichter des Hügels am Abend oder die unsichtbare, leichte und lustlose Brise, die aus dem See aufsteigt. Daran erinnern sich auch die Vögel im Flug über dem Wasser; hier ist alles klein und massvoll, doch gleichzeitig zeigt sich im ständigen Wechsel des Himmels und im sich wandelnden Kommen und Gehen des Wassers das Zeichen einer Öffnung ohne Grenzen in einer endlosen Umkehrung des Blicks. Der Quai von Ascona ist denn auch eher ein Fenster auf das Wasser als auf den See. Und unter seiner ruhigen Oberfläche wächst ruhelos das Versprechen des Unendlichen. Doch noch einmal wird sich das Absolute in Gemessenheit kleiden; die Angst vor der Weite wird in der Zurückhaltung vibrieren. Das nicht gehaltene Versprechen wird im Herzen keinen Hunger aufkommen lassen, sondern nur den Wunsch, würdig angehört und gepflegt zu werden.

Die Schritte auf dem Pflaster, die nun lauter sind als die Wellen, rufen mich in die Wirklichkeit zurück. Ich drehe mich um und sehe erleichtert die entspannten, gleichgültigen Gesichter der Passanten, nicht mehr wirklich bedrückt, sondern ermutigt von der kleinen Grazie des Ortes, von seinem gemessenen Glanz. **Jacopo Giovanettina**

FRIEDHOF

Das Haus der Toten

Der Herbst tut den Friedhöfen gut. Das wurde mir zum ersten Mal bewusst, als ich den Friedhof von Ascona aufmerksam betrachtete, nicht von innen, sondern auf der Terrasse des Theaters San Materno stehend, von der aus man schräg gegenüber einen grossen Teil davon einsehen kann. Es war an einem 2. November: Im wachsenden Halbschatten des Abends rote, verstreute Lichter und frische Blumen auf den Gräbern, das, was vom Fest der Toten übrig bleibt. Als ich am folgenden Tag den Friedhof betrat, ging ich lange zwischen den Grabsteinen auf und ab. Einerseits, weil er gross ist, andererseits weil viele beachtenswerte Menschen dort begraben sind.

Beachtenswert und eindeutig berühmt, wie Marianne Werefkin, deren Grab im alten Teil liegt, der weiter entfernt und mit der Zeit ein bisschen verwildert ist: künstliche, aber farbige Blumen auf dem Grab der Malerin, ein grosses orthodoxes Kreuz mit der Inschrift "*Christos woskres*" (Christus ist auferstanden) und ein kleines Schild mit dem Namen. Oder wie Charlotte Bara, die mit ihrem Mann ganz in der Nähe des Theaters liegt, das ihr Vater, Paul Bachrach für sie hat erbauen lassen. Und dann der Architekt Carl Weidemeyer, für den der Tod *terminus vitae sed non amoris* ist, die Künstler Italo Valenti, Otto Bachmann, Walter Helbig, Julius Bissier, der Schriftsteller und Journalist Emil Ludwig, mit dem kleinen nachdenklichen Bronzekopf, halb im Gehölz verdeckt, das auf dem grossen Grab wächst. Und schliesslich Károly Kerényi, Ungar, Philologe und Religionshistoriker, der für die Eranos-Tagungen nach Ascona kam.

Beachtenswert auch, wegen ihrer engen Verknüpfung mit der lokalen Geschichte. Don Pietro Pancaldi, zum Beispiel, ein liberaler Priester, welcher der Gemeinde und nicht der Kirche den Palast geschenkt hat, der heute das Museum für moderne Kunst beherbergt. Lilly Volkart, Gründerin eines Kinderheims, das in den Kriegsjahren vor allem jüdische Kinder aufnahm. Don Alfonso Pura, begraben in der Mitte des Hauptweges im alten Teil: Er wollte, dass die Asconeser über ihn hinweg schreiten konnten.

Oder ganz einfach beachtenswert und nichts weiter, auf eine äusserst subjektive Art. Wegen des Klangs ihres Namens, wegen der Beschaffenheit ihres Grabsteins, wegen der Farbe der Blumen auf ihrem Grab und der Worte, die an sie erinnern. C.M. von Roth, 1854-1920; Walter und Else Lipschütz, Steinchen auf dem Grab, wie es die jüdische Tradition will; Angiolina Chiodi und Leonilla Bolongaro, mit antiken Zügen in Bronze verewigt; Anna Straskraba, 1900-1992, ein grünrosa Grab mit Efeu und Kamelien.

Wie alle Friedhöfe, sagt uns auch jener von Ascona etwas über den Ort, der die Toten aufnimmt. Er tut es durch eine lange Liste von Namen, in der sich die verschiedensten Kombinationen von Silben verwickeln und vereinen. Die historischen Bürgerfamilien, die anderen italienischsprachigen Geschlechter, dann deutsche, russische, ungarische, französische, polnische Familiennamen, in einer beeindruckenden Mischung von Sprachen und Herkunftsorten. Die aussergewöhnliche Zeit von Ascona lebt hier in ihren Toten wieder auf.

Dann stehe ich still. Der Abend sinkt nieder, die Luft ist kühler geworden und vom Himmel fällt leichter Regen. Die nassen Blätter bleiben am Kies der Wege kleben. Ich steige zum letzten Sektor hinauf, der sich gleich über dem alten Teil, in einer etwas peripheren Lage befindet. Von hier aus beherrscht man, wie in einem Versteck, den ganzen Friedhof. Ich blicke mich um.

Friedhöfe sind dramatische Orte, im theatralischen Sinn des Begriffs. Grosse Bühnen, auf denen gleichzeitig mehrere Stücke gespielt werden. Jedes Grab ist eine Skizze, die versucht, den Geist derer, die hier begraben liegen, in Szene zu setzen, das Wichtigste in ihrem Leben: durch Worte, Symbole, Statuen, Fotografien, Kreuze, Steine, Blumen. Sentimentale oder heroische Vereinfachungen, die Charlotte Bara für immer in der Rolle der heiligen Tänzerin verewigen, und Douglas John S. Stevens, ein weisser, eindrücklicher Grabstein im oberen Teil, in der Rolle des *Commander of the British Empire*. Eine Skizze, nicht eine Biografie, die von der Ganzheit des Lebens nur einen Zug, oder zwei, drei, beleuchtet, fast im Flug, im Sprung in das Dunkel des Grabes. Den glanzvollsten oder am stärksten empfundenen, den romantischsten oder stolzesten: das, was Kundera Kitsch nennt, "der Übergang zwischen Sein und Vergessen".

Aus diesem Stoff ist der Friedhof von Ascona gemacht. Ein gutes Tausend Verstorbene, ein gutes Tausend Splitter vergangener Existenzen, nach denen die Besucher unaufhörlich suchen. Und die hier, mehr als anderswo, in den Herbstnächten zu glänzen scheinen. **Demetra Giovanettina**

Der erste war Giuseppe Lorini

Am 27. April 1836 segnete Erzpriester Zenettini den neuen Friedhof "al Sasso Boretto" (es ist der ursprüngliche, gegen Westen gelegene Teil des heutigen Friedhofs). Als erster wurde im neuen Gottesacker Giuseppe Lorini beigesetzt, der am Tag zuvor im Alter von rund 15 Jahre gestorben war. Knapp zwei Monate später wurde auch sein Vater, Ippolito Lorini, begraben, der "beim Betreten eines im Bau befindlichen Hauses von einem (grossen) Stück Holz, das die Arbeiter versehentlich vom Dach hinunterwarfen, am Kopf getroffen wurde und auf der Stelle starb", wie der Pfarrer vermerkte. Die Anlage von Friedhöfen, wie wir sie heute kennen, wurde nach der Einführung des neuen Gesundheitsgesetzes obligatorisch. Vorher begrub man die Toten in Ascona, wie auch anderswo, unter dem Boden der Pfarrkirche. Im Borgo bestanden verschiedene Gemeinschaftsgräber: für die Männer, für die Frauen, für die Kinder, für die Geistlichen, für die Fremden. In den verschiedenen Abteilungen öffnete man eine Luke, liess die Leiche hinunter, streute ein bisschen Kalk darauf und schloss die Luke wieder. Die Knochen der früher Verstorbenen wurden von Zeit zu Zeit herausgeholt und im Beinhaus beigesetzt, das an die Fassade der Pfarrkirche grenzte. Als letzter wurde Paolo Cesare Vacchini, der nur drei Tage alt geworden war, auf diese Weise beerdigt. 1852 wurden die Knochen aus dem Beinhaus neben der Kirche der Hl. Petrus und Paulus in den neuen Friedhof gebracht "mit einer eindrücklichen Prozession, an der, bewegt und weinend, die ganze Bevölkerung teilnahm".

Quelle: Alfredo Poncini

Marianne Werefkin

Italo Valenti

Károly Kerényi

Otto Bachmann

Julius Bissier

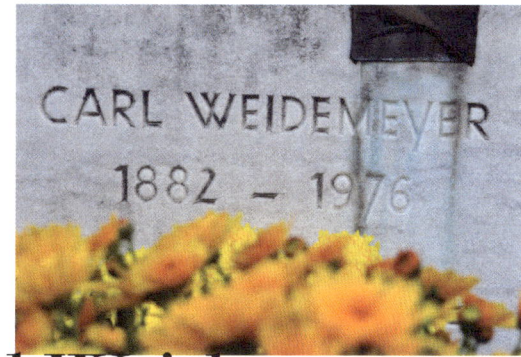

Carl Weidemeyer

BRISSAGO-INSELN

Zwei Geschichten, die Fitzgerald geschrieben haben könnte

Erinnern Sie sich an das grüne Licht im Hintergrund des Hafens von Long Island, New York? Hinter diesem Licht befanden sich die grosse Villa von Gatsby und die Pracht und das Elend einer Welt, die Scott Fitzgerald erzählt hat. Auch Ascona hat seine Lichter: Fünf Laternen mit grünem Glas stehen am Quai Richtung Italien. Im Hintergrund die Inseln. Und zwei Geschichten, in gewissem Sinn wie jene von Fitzgerald, die es wert sind, erzählt zu werden.

Antoinette de Saint Léger (1856-1948), die Baronin, die reich lebte und arm starb

Als sie sich am Ufer des Lago Maggiore niederliess, besass die Baronin Antoinette de Saint Léger die Millionen einer Erbschaft, sprach 5-6 Sprachen, hatte eine *Grand Tour* hinter sich und verkehrte in einer glamourösen Welt. Aber sie war vor allem eine Frau mit Charakter und Initiative, die 1885 entschied, die beiden Inseln in der Mitte zwischen Ascona und Brissago zu kaufen. Was wollte sie damit anfangen? 34.000 Quadratmeter inmitten des Lago Maggiore, mit dünner Vegetation und den Ruinen eines alten Klosters. Viel anderes war nicht zu sehen. Doch Menschen wie die Baronin dienen dazu, Visionen zu haben, die andere nicht haben, Ästhetik und Unternehmergeist zu vermischen und einen Traum in die Wirklichkeit umzusetzen. Und ihr Traum war ein botanischer Garten. Dafür konsultierte sie die besten wissenschaftlichen Handbücher, kaufte Pflanzen und Blumen in allen fünf Kontinenten und beriet sich mit Dutzenden von Spezialisten. Das Ergebnis? Ein wunderbarer Garten, in dem auch eine Pflanze wächst, die das Bild von Ascona und des Tessins verändern wird: die *Trachycarpus fortunei*, oder japanische Palme. Im Laufe der Jahre wird sie zum Symbol der Stadt im Süden des Nordens und prägt die touristischen Vorstellungen von Millionen von Menschen.

Nachdem der Park angelegt war, verwandelte die Baronin die Inseln in ein Begegnungszentrum für Künstler und Literaten. Sie war die Zarin jener Abende, sie war die "Geldgeberin von Ideen", laut einer Selbstdefinition, die den Nagel auf den Kopf traf. Und sie war weiterhin eine Frau von Welt: Sie warf sich in tausend Unternehmungen, suchte Öl, investierte in Immobilien, finanzierte Eisenbahnen, reiste, studierte: mit einem Wort: sie lebte. Sie war in Kontakt mit Menschen aus aller Welt, aber sie hatte eine Vorliebe für Osteuropa. Vielleicht eine Art, sich der Heimat anzunähern, für eine, auf deren Geburtsschein "Herkunftsort: Sankt Petersburg" stand. Ein Bild fasst diese Jahre zusammen: Die Baronin, am Steuer des ersten Trams *à chevaux moteur* von Belgrad, beklatscht vom Königspaar.

Doch die schönen Zeiten auf den Inseln gehen zu Ende: So gross die Leidenschaft und die Neugier gewesen waren, die hinter diesen Investitionen standen, so stark war nun die Verstocktheit, auf bizarren und unglücklichen Geschäften zu beharren. Und so kam die Baronin in wenigen Jahren an den Bettelstab.

Die freie Erforschung der Welt, die sie so sehr gesucht hatte, war schwirig geworden. 1927 wurden die Inseln für 356'000 Franken verkauft. Mehr oder weniger reichte die Summe, um die Schulden zu begleichen. Die Baronin verliess ihre Inseln 1928, wie es sich für Frauen ihres Naturells geziemt: gewaltsam. Fortan lebte sie in Moscia. Die Inseln lagen gegenüber, der Kummer stand ihr ins Gesicht geschrieben. Aber sie war eine stolze Frau und gab nicht auf. Sogar aus dem Zimmer des Altersheims in Intragna vertraute sie darauf, eines Tages zurückzukehren und wieder das zu sein, was sie gewesen war. "Man wird mir Recht geben, ich werde die Inseln Saint Léger zurückbekommen", sagte sie, die Akten mit den Prozessen streichelnd, die sie überall in der Welt gegen Unternehmen angestrengt hatte, die ihr, so glaubte sie, wertvolle Patente geraubt hatten.

Am 24. Januar 1948 starb sie, allein und verarmt, in einem Spitalzimmer, das nach Süden ging, in Richtung Lago Maggiore. Sie war eine grosse Frau gewesen, und das konnte ihr nicht einmal die Armut wegnehmen. 1972 wurden die sterblichen Überreste vom Friedhof Intragna auf die Isola Grande gebracht. Im Grunde genommen war sie zurückgekehrt.

ISOLE ST LEGER

ISOLE S. LEGER
13.11.28
XI
PRESSO LOCARNO

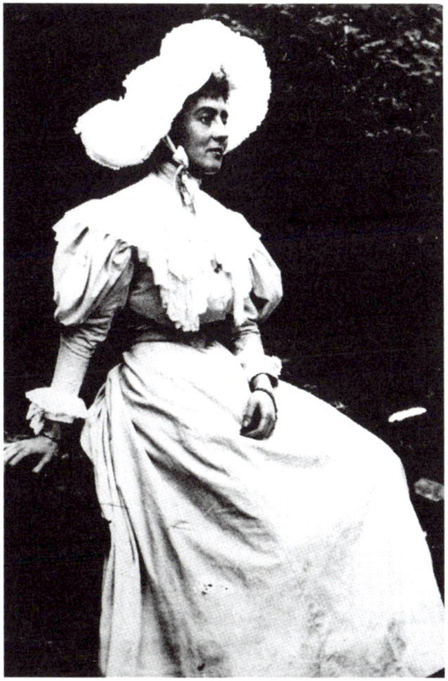

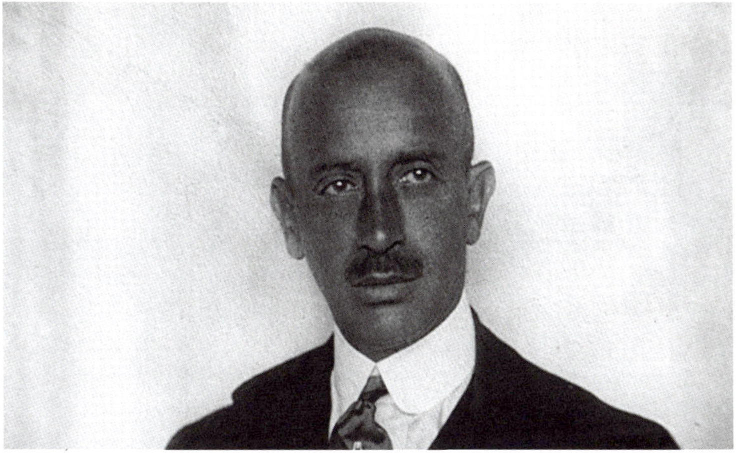

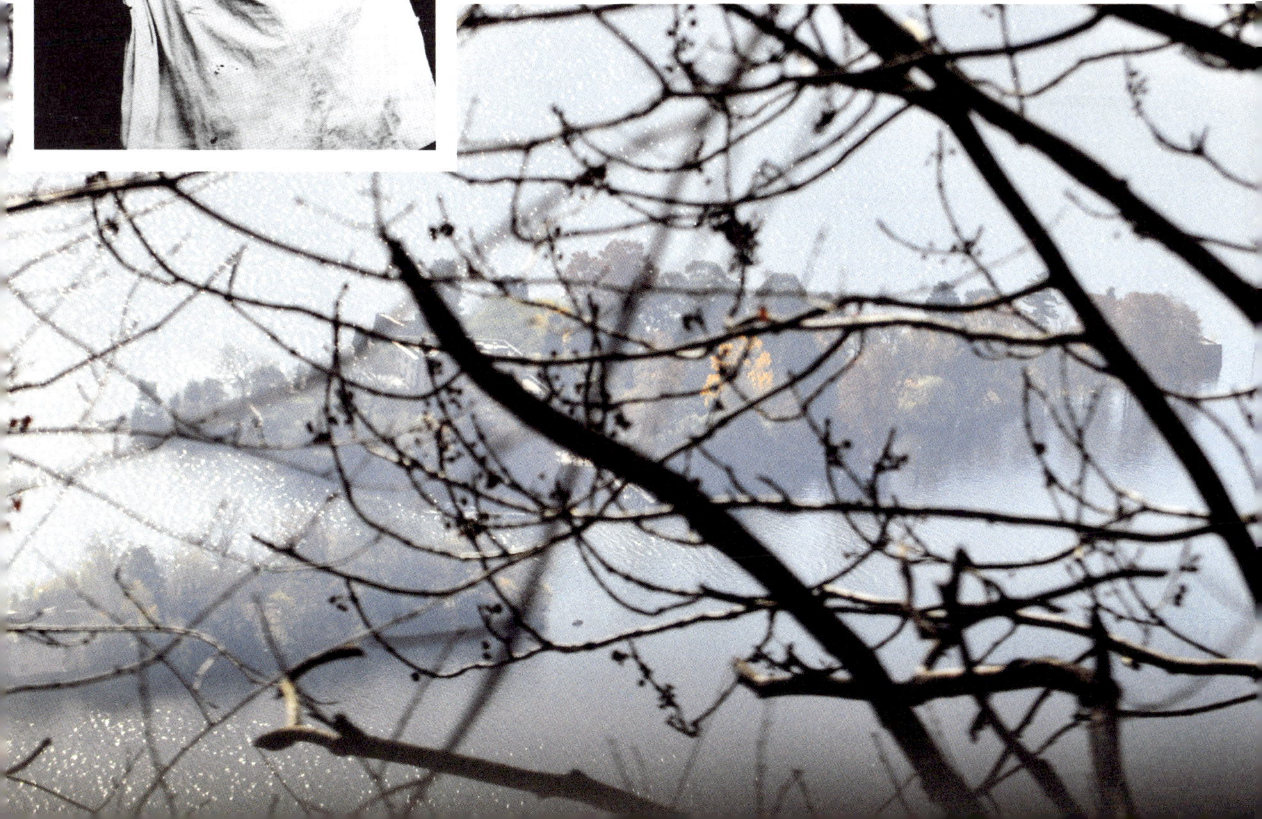

Max Emden (1874 - 1940) kaufte die Inseln 1928 und errichtete dort ein exklusives Paradies

Es lohnt sich, mit einer Fotografie zu beginnen, eine jener Aufnahmen, die eine Epoche festhalten und eine Vorstellung vermitteln, wie man damals lebte.

Die Fotografie, von der die Rede ist, zeigt drei junge Frauen von hinten, nackt, verlockend, mit perfektem Körper. Die "drei Grazien" (so nannten sie die Asconeser) beugen sich über ein Geländer, das auf den Lago Maggiore hinausgeht. Wir sind auf den Inseln: zwischen den Dreissiger- und Vierzigerjahren. Und die jungen Frauen gehören zur Welt von Emden, einem steinreichen Hamburger, der auf dem Monte Verità gewesen war und der, was Geschichte, Geld, Geschmack und Ehrgeiz betrifft, die neuen Asconeser Jahre am besten verkörpert. Auf den Inseln lässt er sich eine grosse Villa in neoklassizistischem Stil erbauen, und wenn auch kein leidenschaftlicher Botaniker, ist er doch klug genug, den Park der Baronin zu bewahren. Sonst ändert fast alles, weil Ascona sich selbst verändert: Es sind nicht mehr die Zeiten der Wahrheitssuche, der Botanik und der Erkundung, des Erstaunens des 19. Jahrhunderts für eine Naturlandschaft von grosser Schönheit. Was nun gebraucht wird, ist eine Bühne für die Sommerfrische der Reichen, und der grosse rosafarbene Palast, in dem sich Emden niederlässt, ist das stärkste Symbol jener Zeit.

Die Inseln werden nun zum bevorzugten Ort von Festen, die ganze Tage dauern, mit illustren Gästen wie Remarque und Aga Khan. Sie werden "ein ganz und gar abgeschirmtes und raffiniertes Eden". Ungefähr zehn Jahre führt Emden ein Leben wie in *Zärtlich ist die Nacht* und wechselt zwischen Festen und seiner Tätigkeit als Industrieller, bevor der Nazismus die Lebenswurzeln jener sorglosen Gesellschaft auszutrocknen beginnt. Doch die Schatten des Dritten Reiches stehen für ihn bald still, denn er stirbt 1940, und die Lichter auf der Insel erlöschen.

Er wird in Ronco sopra Ascona begraben: ein Grabstein aus Granit, der Name und die Lebensdaten. An ihn erinnert auch ein Satz, den er auf dem Dock der Brissago-Insel einritzen liess und der alle Besucher begrüsst: "Auch Leben ist eine Kunst".

Was hat er hinterlassen? Internationale Gäste, die erlesene Suche nach dem Schönen und nach dem Vergnügen, eine Spur von Originalität und ein Fenster im Palast auf den Inseln, das Ascona hinausgeht und von dem Bundeskanzler Konrad Adenauer sagte, es biete eines der schönsten Panoramen Europas. **Niccolò Giovanettina**

www.isolebrissago.ch

Die beiden Brissago-Inseln (San Pancrazio, die grosse - 25'568 m2; Sant'Apollinare, die kleine - 8'126 m2) wurden 1949 von den Erben Max Emdens an ein Konsortium verkauft, das auch den Kanton Tessin und die Gemeinden Ascona (5/24), Brissago und Ronco umfasste.

1950 wurde der Botanische Garten, den die Baronin Saint Léger begründet hatte, eingeweiht. Heute sind im Park 1'700 Pflanzenarten zu sehen.

Die durchschnittliche Jahrestemperatur beträgt 12.4 Grad, ein Grad mehr als in den benachbarten Seegemeinden. Es herrscht ein mildes Klima, mit wenigen Frosttagen. An 164 Tagen ist der Himmel bedeckt und an 120 davon regnet es.

PAPIO

Eine Schule unter den ersten in der Lombardei

Es genügt, im schönen Renaissance-Kreuzgang des Collegio Papio stehenzubleiben und seine Sinne zu schärfen. Dann wird man die Geschichte spüren, die diesen Schulkomplex durchdringt. Heute beherbergt er 300 Schüler, aufgeteilt in Oberstufe und Gymnasium. Die 32 Wappen, die den Bogengang zieren, sind "ein Echo der grossen Geschichte der Kirche".

Alles begann mit einem Glücksfall. Ein gewisser Bartolomeo Papio, ein Asconeser Patrizier, stand in Rom im Dienste der Familie Orsini. Der Zufall wollte es, dass er einen Schatz fand. Damit begann er selbst Handel zu treiben und wurde ebenfalls reich. Als der Augenblick kam, das Testament zu machen, dachte er an seinen Heimatort, an den Borgo, wo er geboren war. Er vermachte Ascona 25'000 Scudi und seinen dortigen Palast, um darin ein Seminar einzurichten.

Als er 1581 starb, musste man das Testament in die Tat umsetzen. Papst Gregor XIII. hatte eine glänzende Idee: In Mailand war Kardinal Borromeo, wer eignete sich besser für dieses Unternehmen als er? Und der Erzbischof erkannte sofort, dass sich ihm eine grosse Gelegenheit bot, "eine starke Festung gegen die Häresie" der Reformation zu bauen. Carlo Borromeo begab sich am 15. Juni 1583 in Begleitung seines Vertrauensarchitekten, Pellegrino Tibaldi, nach Ascona. Er war bald davon überzeugt, dass der Palast an der Seepromenade nicht geeignet war: Die Räume passten nicht und das Geschrei und die blumige Sprache der Schiffer waren unvereinbar mit dem Ambiente eines Seminars.

Er schlug den Asconesern einen Tausch vor: Den Palast gegen die Möglichkeit, an die Kirche der Madonna della Misericordia ein neues Kollegium anzubauen. Und so geschah es. Am 30. Oktober 1584 begann mit der Aufnahme der ersten drei Schüler die Geschichte des päpstlichen Collegio Papio. Der Kongregation der Oblaten fiel dann ab 1619 die Aufgabe zu, eine Vision in eine Schule umzuwandeln, die "es mit den ersten Kollegien der Lombardei aufnehmen konnte" und die, im wesentlichen, zwei Ausbildungsgänge anbot: einen für Laien und einen für zukünftige Geistliche.

Die Ruhe dauerte bis 1798, als in Europa grosse Umwälzungen begannen. Nach dem Weggang der Oblaten kamen schwierige Zeiten: Das Kollegium schien dem Wind der Geschichte zu unterliegen, der von einer anderen Seite wehte. Die Situation erreichte 1852 mit der Säkularisierung der religiösen Schulen ihren Höhepunkt. Das Kollegium überlebte eine Reihe von Widerwärtigkeiten und zweifelhaften Schulprojekten und trat 1924 mit den Benediktinerpatres von Einsiedeln in eine neue Ära. Sie blieben vierzig Jahre und hinterliessen bis heute lebendige Erinnerungen. Und sie bauten ein Gymnasium auf, das einige Jahrzehnte lang das einzige Gymnasium im Sopraceneri blieb.

Ein nicht geradliniger und langer Weg, mit dem Papio, der Stifter, und Borromeo, der Organisator, zufrieden wären. Im Kollegium spürt man ihre Gegenwart sehr stark, auf den Bildern der Sala rossa, in den behauenen Steinen des Kreuzgangs, im Geist. Zufrieden wären Bartolomeo und Carlo auch damit, dass das Papio auch heute noch das Kollegium der Asconeser ist. Ein wichtiger Teil der architektonischen und menschlichen Landschaft Asconas.

COLLEGIO PONTIFICIO
Diretto dai Salesiani

(LAGO MAGGIORE) - ASCONA - (CANTON TICINO)
Scuole Ginnasiali, Tecniche ed Elementari

Während des Mittagessens wurde aus dem Hl. Benedikt gelesen

Es schien ein Tag wie so viele andere zu sein, aber er war es nicht: der 7. April 1960. Mein Vater begleitete mich, wie so oft, mit seinem grünen Wägelchen, mit dem er später das frische Brot an viele Einwohner meines Dorfes verteilte, ins Collegio.

Ich wusste nichts über Ascona, und kannte auch die Aura nicht, die den Ort vom Monte Verità her durchdringt, dank den vielen Vertretern der europäischen Intelligenzija des frühen 20. Jahrhunderts, die mir später die Seele nährten. Ich spürte nur, dass in Ascona etwas lebte, das mit der Ferne zu tun hatte, mit einer sonderbaren Form des Exotismus, die mich erregte und mir gleichzeitig Angst einflösste. Das Collegio Papio stand inmitten dieser emotionalen und imaginären Landschaft wie eine Art uneinnehmbare Festung, in der die Tradition der Gesten und Wörter (wie die Lektüre aus den Schriften des Hl. Benedikt während des Essens im Refektorium oder die Exerzitien, die uns zu einigen Tagen des Schweigens zwangen) einen Damm zur Welt errichteten und den Unterschied dazu markierten.

Das Haus am Morgen zu verlassen und erst bei Sonnenuntergang heimzukommen, den Zug zu nehmen, der mich am Morgen früh nach Locarno brachte und mich erstmals mit neuen Gesichtern aus anderen Dörfern konfrontierte, und endlich ins Kollegium zu kommen, waren die Etappen einer eigentlichen Initiation in diesen ersten Jahren des Gymnasiums. Später fürchtete ich mich nicht, diese meine bescheidene Erfahrung mit jener des jungen Künstlers zu vergleichen, den Joyce in seinen *Dubliners* beschreibt.

Es mag heute sonderbar anmuten, aber für mich waren es Zeiten, in denen Entfernungen und Nähe nicht geografisch, sondern vor allem emotional waren und deshalb einen ganz anderen Geschmack und eine andere Konsistenz hatten als das, was wir heute darunter verstehen. Zum Beispiel nach

Lugano zu fahren, um meine Onkel zu sehen, war ein Fest, als ob man ins Ausland ginge. Ich glaube, dass ich damals keinen so grossen Unterschied machte zwischen dem sehr weiten Anderswo der Onkel in Amerika und dem Jenseits des Monte Ceneri. Es waren Zeiten, in denen mir meine Mutter die guten Kleider, die Sonntagskleider bereit legte, um in die Schule zu gehen. Die Gesten, die Worte und die Gefühle jener Zeit scheinen verblasst, in einer sehr weit entfernten Welt.

Ascona war für mich ein Ort des *Anderswo* und das Kollegium *ein Anderswo des Anderswo*, ein wenig ausserhalb der Welt, als wäre es eine Art Schloss, in dem man ein anderes Leben lebte als das, an das ich gewöhnt war. Die Benediktinerpatres, die es leiteten, waren Zeugen einer grossen Tradition, die sie an uns weitergaben, als sei sie auf magische Weise lebendig. *Jener Tag war jedoch nicht wie die anderen.* Als wir nach Ascona kamen, stand das Kollegium noch in den Flammen, die um 4.44 jenes Morgens ausgebrochen waren. Das war der erste verheerende Brand, dem am 8. Juni bei Sonnenuntergang ein zweiter folgte.

Ich erinnere mich nicht an alle Einzelheiten jenes Morgens, wohl aber an den Tumult und das Stimmengewirr um mein niedergebranntes und verletztes Schloss. Noch heute ist mir das traurige Erstaunen gegenwärtig, das mich ergriff, als ich diese Festung sah, die ich für unberührbar und unangreifbar gehalten hatte und die jetzt zerstört war. Das Bild des Feuers rief den grossen Schrecken hervor, den ich einige Jahre zuvor beim Brand eines Hotels in der Nähe unseres Hauses empfunden hatte. Es war, als sei die zweite geordnete und sichere Welt, mein Zuhause, zertrümmert und von heftigen, zerstörerischen Kräften besetzt, die ich nicht kannte.

Dieses Ereignis war wie eine Schwelle, die das Ende meiner Kindheit markierte. Meine Welt brannte, und Ascona und sein Kollegium wurden am 13. November, als die Schule in der Kaserne von Losone, unter der Leitung des Naturforschers Pater Odilo Tramèr wieder begann, zu jenem magischen und strengen Ausbildungsort, der, auch mit allen Widersprüchen, einen grossen Teil meines intellektuellen Lebens geprägt hat. Ein Ort, der es verstand, die Exzentrizität und faszinierende Andersheit von Ascona, *zumindest wie ich sie erlebte*, in einer Art "*Asconità*" aus Kosmopolitismus und Impulsreichtum, mit der Ordnung und der Strenge jener *studia humanitatis* zu verbinden, die in jenem scheinbar gegen aussen geschlossenen, aber gegen oben offenen Kloster, in das wir im Frühjahr 1961 zurückkehrten, immer eine eigentliche "*virtutis palestra*" fanden. **Graziano Martignoni**

GOLF

"Unser Golfplatz ist ein Park am See"

Der Golfclub Ascona wurde 1928 gegründet, gefördert vom Interessenverbund der Region Locarno (Federazione interessi della regione locarnese, Fir). Bis 1932 verfügte er über vier Löcher, bis 1957 über neun und von da an wurde er zum klassischen 18 Loch-Parcours. Der Golfclub nimmt 10% der Gemeindeoberfläche ein und wird vom Anwalt Luca Allidi präsidiert. Er beschäftigt 25 Mitarbeiter (etwa 50, wenn man auch die indirekten Arbeitsplätze einbezieht). Er hat 800 Mitglieder, davon rund 600 aktive und 50 Junioren. Jedes Jahr wechseln sich auf dem *Green* von Ascona 20'000 Spieler ab, was insgesamt 30'000 Runden entspricht. Im Tessin gibt es 2000 Golfspieler, in der Schweiz 80'000.

An einem Oktobermorgen an der nordöstlichen Spitze des "Golf patriziale" von Ascona. Wenige Meter vom Hafen entfernt. "Das ist der beste Punkt, um den Platz zu überblicken", sagt mir Luca Allidi, während er aus dem *Golf car* steigt. Vor uns liegen 44 Hektaren Park. "Viel von unserem Erfolg, das müssen wir doch eingestehen, hängt von Faktoren ab, über die nicht wir bestimmen. Die Leute kommen wegen des Panoramas hierher, wegen Ascona, wegen der Vegetation. Die neuen Golfplätze sind heute fast alle identisch, sie werden nach Kriterien gebaut, die sich rein nach dem Golf ausrichten. Nicht so unser Golfplatz: Er ist vor allem ein Park, wo jedes Loch verschieden ist und wo es Aussichtspunkte gibt, die man nie mehr vergisst".

Luca Allidi ist 41 Jahre alt und seit dem 11. Januar 2010 Präsident des Golfclubs Ascona. In seiner Grussbotschaft hat er gesagt: "Ich bin sehr bewegt und stolz, Präsident eines Golfclubs zu werden,

Schon 1926 sagte jemand: "Ihr wollt englische Touristen? Baut ein *Green*".

den ich von Kind an kenne und in dem ich fast alle Arbeiten verrichtet habe". Ja, denn Allidi ist ein Golf spielender Präsident. Einer, der wirklich spielt (bestes erreichtes Handicap 4.5) und der den *Glam*-Abenden und dem *Green* als gesellschaftliches Aushängeschild die Diskussionen über die Regeln des *Royal and Ancient Colf Club of St. Andrews* vorzieht. Mit fünf begann er Golf zu spielen. Damals wusste er noch nicht, dass er Linkshänder ist, las aber schon die Comics über den Golfspieler Tom Watson, sein Idol als Kind: Watson brachte ihn fast zum Weinen, als er, schon um die sechzig, um Haaresbreite den Sieg an einem Major verfehlte.

Der Golfplatz ist einer der schönsten Orte Asconas. Auf einer Rangliste belegt er den zweiten Platz unter den besten Golfplätzen der Schweiz. Ein Erfolg, den Allidi so erklärt: "Von 44 Hektaren Land sind nur 22 *Green*. Der Rest ist ein Park mit 45 verschiedenen Pflanzenarten. Buchen, Birken, Blumen, und natürlich auch Palmen, die zum Bild Asconas gehören und von den Leuten erwartet werden". Es ist ein Golf, der ganz und gar von Ascona durchdrungen ist. Sogar die Hügelchen auf dem Gelände erzählen etwas vom Borgo: Es sind die Spuren der Maggia, die hier am Ende des 19. Jahrhunderts durchfloss. Luca Allidi hat eine Idee, um dem allem noch mehr Zauber zu verleihen: "Den Lago Maggiore in den Golf einbeziehen, indem wir den kleinen Teich, der schon besteht, mit dem See verbinden".

Während unserer Unterhaltung zeigt mir Allidi das Club House, die Umkleideräume, das Wartungszentrum, den Maschinenpark, den neuen Eingang zum Golfplatz. Es ist alles erstklassig, und man ist beeindruckt von der Qualität der angebotenen Dienstleistungen. Als wir uns dem alten *Roccolo* nähern, frage ich ihn, was ihn am Golfspiel so sehr begeistert. Er antwortet ohne Zögern: "Das ständige Gleichgewicht zwischen Freiheit und Kontrolle. Normalerweise kann man sich im Sport gehen lassen. Beim Golf hingegen nicht. Es ist wie im Leben. Das fesselt mich am Golf". Und im Grunde genommen ähnelt auch dieser Golfplatz, ein Konzentrat natürlicher Schönheit und menschlicher Professionalität, einem *Swing*: eine wohldosierte Mischung von Kontrolle und Freiheit.

Und es ist klar: Allidis Ziel besteht darin, dass das Golfspiel als sportliche Tätigkeit verstanden wird, nicht bloss als Zeitvertreib und Laufsteg der Reichen, "denn es stimmt nicht, dass es mehr als andere Sportarten kostet, und um 18 Löcher zu machen, braucht man rund doppelt so viele Kalorien wie für eine Stunde Tennis". Wer weiss, ob es ihm gelingen wird. Er ist davon überzeugt, und er legt dabei die gleiche Entschlossenheit an den Tag wie damals, als er mit dem Fahrrad die 48 Kurven des Stilfser Jochs bezwang. **Niccolò Giovanettina**

www.golfascona.ch

“ Wenn es einen Ort gibt, an dem das Misstrauen und das Desinteresse dem Golf gegenüber nicht existieren dürften, ist es Ascona. Denn seit seiner Eröffnung im Jahre 1928 hat dieser Golfplatz den Paragraphen zwei des Clubstatuts immer voll und ganz respektiert: "Den touristischen Bedürfnissen der Gemeinde Rechnung tragen". ”

hole	yards	scratch
1	400	5
2	405	4
3	165	3
4	514	5
5	372	4
6	420	5
7	393	4
8	190	3
9	375	4
Total	3234	37

MUSEUM

Der Kulturtag eines Touristen in Ascona

9 UHR. Es regnet stark. Zum Donnerwetter, schöne Sonnenstube! Ein Tag in den Museen erwartet mich. Es hätte schlimmer sein können.

9:15 UHR. Vor dem Kulturgenuss ein Tässchen Kaffee, ein Cappuccino. Mit Brioche.

10 UHR. Mit der sprichwörtlichen Pünktlichkeit des Schweizers stehe ich fünf Minuten vor der Öffnungszeit vor dem Palazzo Pancaldi in der Via Borgo. Museo comunale d'Arte Moderna. Auf der Fassade eine Mariä Verkündigung aus dem 16. Jahrhundert. Der Eingang ist schlicht: ein Holztor in einer Graniteinfassung. Drinnen merkt man sogleich, dass das Haus den Geist von Marianne Werefkin, der Priesterin der bildenden Künste von Ascona atmet. Das Museum besitzt 90 Bilder von ihr, die abwechselnd ausgestellt werden, ebenso wie die 170 Skizzenbücher. Eine grosse Persönlichkeit, diese russische Marianne, die dieses Museum 1922 ins Leben gerufen hat. Die Gründungsurkunde haben der Schweizer Künstler Ernst Kempter und der Tessiner Antonio Giugni Polonia mit ihr unterzeichnet. Sie baten alle in Ascona ansässigen Künstler, dem Museum mindestens ein Werk zu schenken, und *voilà*, schon war die Pinakothek Wirklichkeit geworden. Achtzig Jahre danach ist die Saat aufgegangen: Die Sammlung umfasst heute 500 Werke, darunter Ölbilder, Aquarelle, Drucke, Gipskunstwerke, Collagen, Skulpturen und Fotografien.

10:15 UHR. Die Schönheit des Museums hat mich ein wenig benommen gemacht, ich muss mich beeilen. An den Wänden Werke grosser Künstler: Alexej Jawlensky (die nie verheilte Wunde Mariannes...), Walter Helbig, Albert Kohler, Arthur Segal, Gordon Mac Couch, Italo Valenti, Otto van Rees, Richard Seewald. Aber genug der Aufzählung: Gehen Sie hin und schauen Sie es sich an.

11:30 UHR. Ich trete wieder auf die Strasse und frage mich, wieso in einem so schönen Museum, so wenige Menschen sind. Ich habe noch eine halbe Stunde, das reicht für einen kurzen Besuch in der Stiftung Gérard, die sich ganz in der Nähe befindet. Der alte Bühnenbildner Rolf hat aussergewöhnliche Begegnungen gemacht, Geschichten gesammelt und in den über hundert Jahren seines Lebens viel gemalt.

12 UHR. Essenszeit. Ich wähle einen bequemen Ort mit W-Lan-Anschluss. Die nächsten zwei Museen auf meinem Programm sind zurzeit geschlossen. Ich greife zur Menükarte und entscheide mich für ein Club-Sandwich und Pommes Frites.

13:30 UHR. Ich schalte das iPad ein und suche: "Stiftung Kurt und Barbara Alten". Diese Solothurner Institution wird in Ascona ab 2014 verschiedene Bilder des deutschen Expressionismus ausstellen. Ein "Paket" im Wert von 40 Millionen Franken, das im mittelalterlichen Kastell San Materno zu sehen sein wird, wo Charlotte Bara lebte und tanzte. Welch ein Glück: Ein Idealfall, um das Gebäude zu retten und es gleichzeitig aufzuwerten.

14:30 UHR. Schlaf. Ein weiterer Kaffee. Der virtuelle Museumsbesuch geht weiter. Ich blättere im "schwarzen Buch", das die Geschichte des Monte Verità erzählt, die Harald Szeemann "neu erfunden" hat, wobei mich vor allem die Fotos interessieren. Eine epochale Ausstellung, *Die Brüste der Wahrheit*. Viel, sehr viel Material, das zum Teil dort oben auf dem Berg, in der Casa Anatta ausgestellt wurde. Ein anderes Museum von Ascona, zudem das meistbesuchte, das noch einige Jahre geschlossen bleiben wird. Ist die Neueröffnung 2015 zu erwarten?

16 UHR. Es bleibt mir noch ein bisschen Zeit, die ich dem Museum Ignaz und Misha Epper, in der Via Albarelle, am See widme. Während ich mich auf den Weg mache, denke ich an die Freundschaft der beiden mit Carl Gustav Jung und an jenen 12. Januar 1969, als Ignaz beschloss, seinem Leben ein Ende zu setzen. Das letzte Leiden eines grossen Künstlers.

16:45 UHR. Ein Spritz, dann ein Spaziergang bis zum Lido. Mit dem Regenmantel.

Neues Kino Otello

Wer Otello sagt, sagt viel: In Ascona weckt der Name, ausser den üblichen Assoziationen, auch jene an ein Kino. Ein moderner Saal, geführt von der Besitzerin Elisa Beltrami, die sich vollkommen mit ihrem Kino identifiziert. Sie führt damit die Arbeit ihres Vaters, Paolo Poncini, fort, der Architekt, Bürgermeister, Präsident des Patriziats und vieles andere war. Die Idee des Kinos entstand 1953, in den Jahren, als Ascona sich zu entwickeln begann.

Otello setzte von Anfang an aufs richtige Pferd (das Fernsehen war noch in weiter Ferne). An den Wochenenden war das Kino ausverkauft. Für die Balkone wurde sogar ein Reservationssystem eingeführt, während im Parterre die Plätze von jenen besetzt wurden, die zuerst kamen. Mit zwei Franken konnte man Filme sehen wie *Marcellino pane e vino* (Marcellino Brot und Wein) oder die entfesselten Bigen von *Ben Hur*.

Doch die grosse Attraktion des Otello waren die Sommervorstellungen unter freiem Himmel, im Garten hinter dem Haus. 150 Stühle en *plein air*, eine Art doppelter Projektionssaal. Wenn es zu regnen begann, flüchteten Zuschauer, Stühle und Spulen überstürzt in den Kinosaal. Und nach einer Viertelstunde ging der Zauber weiter, mit dem Dach über dem Kopf. Eine Asconeser Variante des *Nuovo Cinema Paradiso*. Die inzwischen zur Archäologie geworden ist. Im Otello arbeitet man heute mit Digitaltechnologie und 3D.

Unverändert ist die Einstellung von Elisa Beltrami. Wenn es ihr nur ein wenig aufs Geld ankäme, würde sie augenblicklich schliessen. Doch das Otello ist ein wichtiger Teil ihres Lebens. 1991 hat sie es, nach einigen Jahren der Schliessung, renoviert und neu eröffnet. Sie bewahrt es ("solange ich kann") in jeder kleinsten Einzelheit (seit langer Zeit hat sie dem Popcorn im Saal den Krieg erklärt).

Diese Leidenschaft ist schön. Und schön ist auch zu wissen, dass Generationen von Locarnesern und Touristen in diesem Kino gewesen sind, gelacht, geweint, sich den ersten Kuss gegeben haben. Und mit ihnen viele berühmte Gäste: Alberto Sordi mit seiner römischen *verve*, Paulette Goddard "die ihre Beine auf der Brüstung ausstreckte" und im Otello ein bisschen Hollywood wiederfand. Unter den Besuchern war auch der Maler Walter Helbig, der hier eines Tages einschlief. Für immer.

ARCHITEKTUR

Die weissen Häuser auf dem Hügel

Ein Theater und ein Hotel. Hier die Geschichte von Ascona und einer Gruppe von Architekten (und Auftraggebern), die gegen Ende der Zwanzigerjahre die Formen der modernen Architektur in den Borgo brachten. Alles begann 1927, als das Theater San Materno und das Hotel Monte Verità gebaut wurden. Das erstere von Carl Weidemeyer, das letztere von Emil Fahrenkamp.

1 *Beginnen wir von "unten": das Theater San Materno*

Es wurde kürzlich renoviert, wobei darauf geachtet wurde, ihm die Handschrift Weidemeyers wiederzugeben. Es ist wieder zu dem kleinen Juwel geworden, das es ursprünglich war, ein Miniaturtheater (140 Plätze), das in der damaligen Schweiz seinesgleichen suchte. Es wurde als multifunktionales Gebäude konzipiert: Theater, Konzertsaal, Tanzschule, Wohnung. Und ein Flachdach, das über eine Aussentreppe zu erreichen war und wo Charlotte Bara sich im Tanz übte. Eine massgeschneiderte Bühne: So etwas gab es nur in Ascona.

2 *Im gleichen Jahr ein weiterer moderner Bau. Das Hotel Monte Verità.*

Baron von der Heydt dachte, dass es zur Weiterführung der Vorreiterrolle, die der Monte Verità gehabt hatte, auch eines architektonischen Zeichens bedurfte. Deshalb berief er Emil Fahrenkamp, einen der Stararchitekten der rationalistischen Bewegung. Das Ergebnis war das erste grosse Hotel von Ascona: Eine geometrisch perfekte Konstruktion, die sich an den damals neusten Ideen

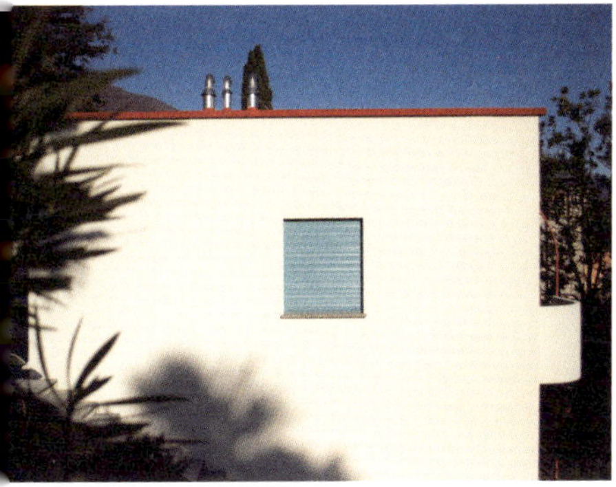
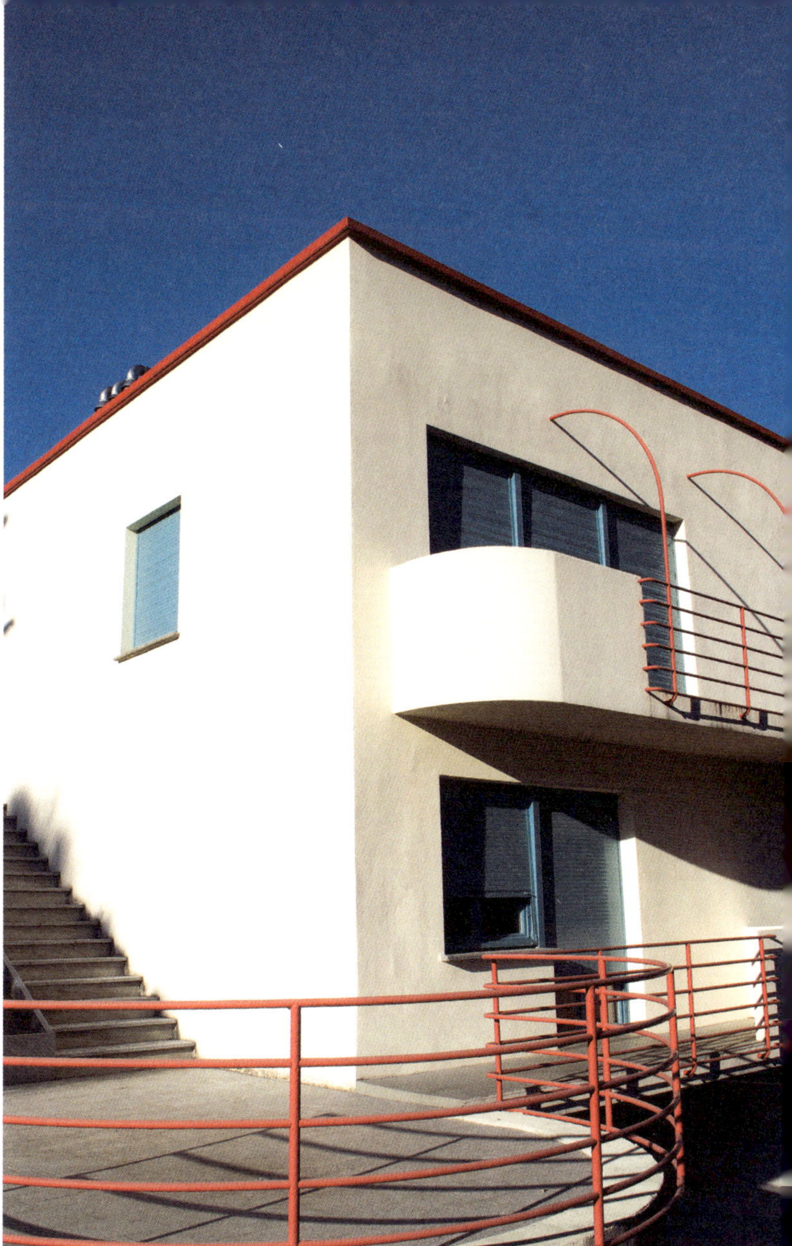

inspirierte und in einigen Elementen (zum Beispiel die auf den See ausgerichteten Terrassen) das Konzept der Sanatorien vom Ende des 19. Jahrhunderts wieder aufnahm.

3 *Fahrenkamp war ein damals sehr berühmter Architekt. Aber Weidemeyer?*

Carl Weidemeyers Leben war persönlich und beruflich stark mit dem Borgo verbunden. Er wurde in Bremen geboren, wo er die Bachrach, die Familie von Charlotte Bara kennen lernte. Sie riefen ihn nach Ascona, sagten ihm aber, er, der Häuser mit Strohdach baute, solle zuerst in Stuttgart vorbeigehen, wo damals die Grossen der modernen Architektur arbeiteten. Er befolgte den Rat, und hatte, als er ins Tessin kam, die beispielhafte Weissenhofsiedlung vor Augen, die nach den Grundsätzen der rationalistischen Architektur erbaut worden war.

4 *So entstand das San Materno. Aber wie reagierte Ascona auf diese architektonische nouvelle vague?*

Die Probleme begannen, als Weidemeyer auf dem Hügel zu wirken begann, deren Häuser auch vom historischen Kern aus zu sehen waren. Erst da nahm man in Ascona diesen neuen Typ von Architektur voll und ganz wahr und brandmarkte ihn als das Produkt eines "nordischen Einflusses", der nicht in den Borgo passte. Deshalb gab sich die Gemeinde 1928 ihr erstes Baureglement, in dem geschrieben stand: "Was die Ästhetik betrifft, werden die Gemeindebehörden darüber wachen, dass der Stil des Dorfes bewahrt wird". Das war ein wichtiger Schritt, denn zuvor konnte man in Ascona bauen, wie es einem beliebte.

5 *Und doch waren auch Weidemeyer und die anderen überzeugt, sich bei ihrer Arbeit am traditionellen Stil der Tessiner Häuser zu inspirieren.*

Das stimmt. Aber vielen gefiel diese Architektur überhaupt nicht. Zu den stärksten Spannungen kam es, als Weidemeyer die Villa Rocca Vispa, ebenfalls auf dem Hügel, zu bauen begann. 1930 erhielt das Projekt die notwendige Genehmigung. Aber dann, als die Mauern in die Höhe

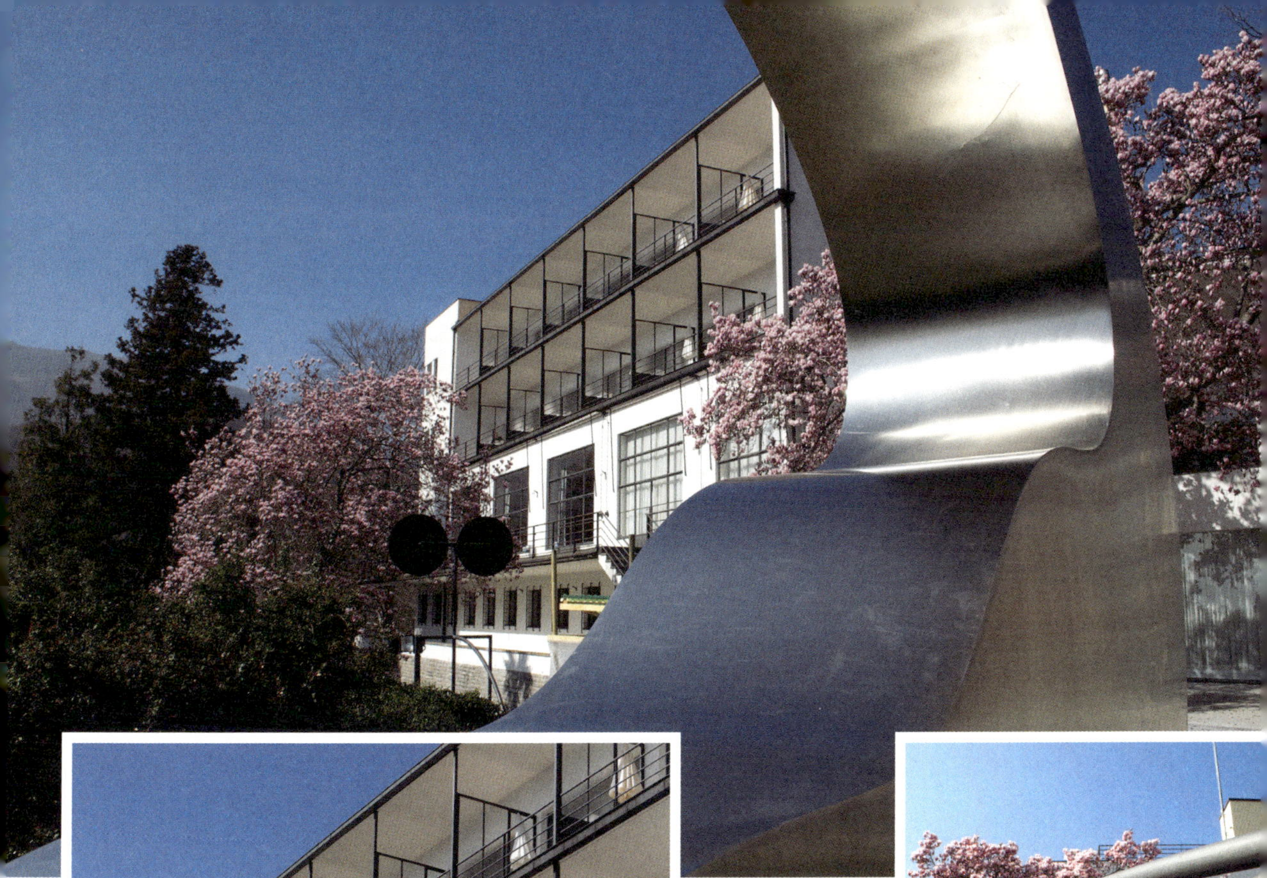

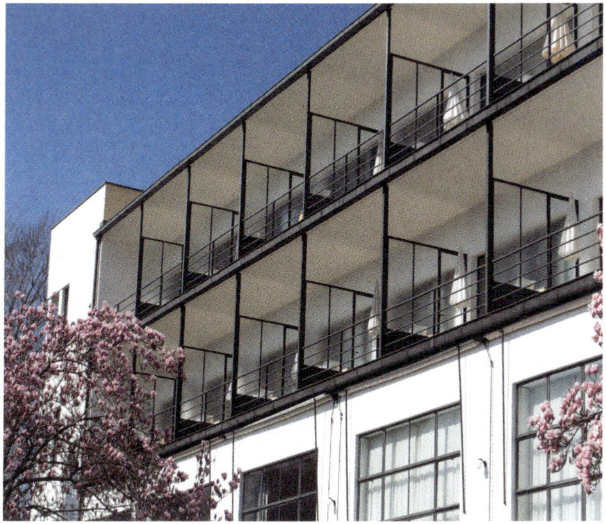

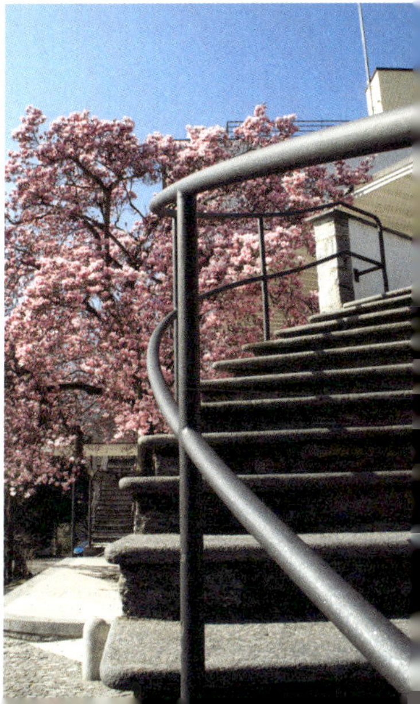

wuchsen, "entdeckte" jemand, dass dieses Haus die Landschaft verschandelte. Monatelang wurde leidenschaftlich gestritten. Einsprachen gegen Einsprachen, die Polizei blockierte die Arbeiten, man verlangte sogar den Eingriff der Regierung und dann des Bundesgerichts. Als das Ganze verloren schien, hatte Weidemeyer eine grossartige Idee. Er schickte Gropius, dem Guru der Bewegung *Neues Bauen* einen Brief und erklärte ihm das Problem. Gropius antwortete: "Sehr geehrter Herr Weidemeyer, ich kenne das Problem nicht in seinen Einzelheiten, aber ihre Entwürfe sind von absolutem Wert". Angesichts des illustren Urteils, änderte die Regierung ihre Meinung. Die Arbeiten konnten vollendet werden.

6 *Ein grosser Sieg, der sich auf die gesamte moderne Architektur im Tessin positiv auswirkte.*

Nach Rocca Vispa realisierte Weidemeyer andere drei Häuser auf dem Hügel. 1936 erreichte die Bauhaus-Architektur in Ascona den Höhepunkt des Erfolgs: Neben den acht Häusern von Weidemeyer und jenen auf dem Monte Verità, inspirierten sich verschiedene andere Architekten am neuen Stil. Der Borgo wurde zum Vorbild für das ganze Tessin. Ein Buch zelebrierte das Phänomen: Es trug den Titel *Ascona Baubuch* (Einband von Max Bill). Der Verfasser war Eduard Keller, Architekt und Polemiker, der sich in Ascona und sein Ambiente verliebte.

7 *"Ein besonderes Ambiente".*

Das vor allem der deutschsprachigen Komponente zuzuschreiben war. Gebildete, reiche Familien aus Nordeuropa, von denen einige im Gefolge der Welle des Monte Verità nach Ascona kamen. Andere sahen, der Zeit vorauseilend, in Ascona den idealen Ort für einen Rückzug in ein südliches Paradies. Sie brachten andere Ideen, einen neuen ästhetischen Geschmack. Und sie gaben bestimmten Architekten für die damalige Zeit ungewöhnliche Häuser in Auftrag: Flachdächer, grosse Glasfenster, Terrassen, weisser Verputz, einfache Volumen.

8 *Doch dann wurde alles anders. Was geschah?*

Wieder einmal begann der Monte Verità. Er hatte mit dem Hotel die Zeiten des Bauhauses in Ascona eröffnet und nahm nun auch deren Ende voraus. Baron von der Heydt, der diesbezüglich einen grossen Weitblick hatte, begriff, dass sich der Geschmack seiner Gäste verändert hatte. Er berief Hermann Schneider, einen Hotelspezialisten, und liess neben dem Bauhaus-Hotel ein Tessiner Gasthaus (1934) errichten: Bewusst in deutlichem Kontrast zur modernen Einfachheit der Bauten von Architekten wie Weidemeyer. Es war die Stunde des "Dorfstils".

9 *Das bedeutete das Ende der weissen Häuser auf dem Hügel.*

Ausser dem Monte Verità und dem Teatro San Materno hat sich wenig erhalten. Man denke nur an die Häuser von Weidemeyer: Ursprünglich waren es acht, und nur zwei davon sind übrig geblieben. Der Grund dafür sind nicht in erster Linie die Baureglemente, sondern der Geschmack der Bewohner. Im Grunde genommen wird die Architektur stark von der Gesellschaft beeinflusst. Man könnte sagen: Es war ein vorübergehendes Phänomen. Man könnte erwidern: Es war ein weiterer Beweis, dass Ascona anders ist. **n.g.**

Villa Rocca Vispa

DAS RELIGIÖSE ASCONA

Von Sabina zum Kardinal

Von Kirche zu Kirche pilgern und religiöse Zeugnisse entdecken, ist eine nicht sehr verbreitete Form des Tourismus in Ascona: Und doch erlaubt sie mehr als viele andere, den Ort zu verstehen, wie die Gesellschaft dieses Städtchens am Lago Maggiore zusammengesetzt war und wie sie funktionierte vor dem Beginn der Moderne, die hier mit dem angehenden 20. Jahrhundert zusammenfällt.

In unserem Rundgang auf den Spuren des religiösen Ascona, den wir Ihnen vorschlagen, haben wir versucht, einige Aspekte zu beleuchten oder zu erzählen, die zeigen, wie eng in der Vergangenheit die weltliche und die kirchliche Geschichte miteinander verknüpft waren. Die Reliquien der Hl. Sabina in der Pfarrkirche (S. 104) berichten uns auch über die Auswanderung der Asconeser nach Rom, die dann später zum Bau des Collegio Papio führte und die herrliche Kunst des Serodine zur Blüte brachte. Die Kirche Santa Maria della Misericordia (S. 107), aufgeteilt in römischen und ambrosianischen Ritus, erzählt uns, wie sich Karneval und Fastenzeit überlagern, wie unterschiedliche kirchliche Kalender zusammenleben und dass diese Auseinandersetzungen damals nicht nur geistig, sondern ganz materiell waren. Die Kapelle der Madonna della Fontana beweist, dass die Faszination eines Wunders (S. 110), das sich im armen Ascona von damals zugetragen hat, im reichen Ascona von heute weiterlebt, und dass die menschliche Seele, im Grunde genommen, immer gleich zerbrechlich bleibt.

Das tragische Ende des Asconesers Pietro Berno in fernen Landen (S. 116) sagt uns, dass die gleiche Geschichte, wie seit jeher, auf vollkommen entgegengesetzte Weise erzählt werden kann.

Und schliesslich San Carlo (S. 114), der Ascona verliess, um zu Hause in Mailand zu sterben. Man schrieb den 30. Oktober 1584. Stellen wir uns einen Tag in der Mitte des Herbstes vor, leicht neblig, an dem die Wasser des Sees Zeuge der letzten Reise des grossen und umstrittenen Kardinals Borromeo wurden.

Stellen wir uns einen Tag
in der Mitte des Herbstes vor,
leicht neblig,
an dem die Wasser des Sees
Zeuge der letzten Reise
des grossen und umstrittenen
Kardinals Borromeo wurden.

Pfarrkirche Santi Pietro e Paolo

1

Die Patrone von Ascona, Santi Pietro und Paolo, sind in den beiden Nischen in der Fassade dargestellt.

Erbaut: in der ersten Hälfte des 16. Jahrhunderts.

Glockenturm: nach 1569 beendet; zwei Jahrhunderte später setzte ihm der Asconeser Gaetano Matteo Pisoni einen Hut in Form einer oktagonalen Laterne auf (s. S. 34).

Die heutigen fünf Glocken wurden 1960 neu gegossen und einige Jahre später elektrifiziert.

Schiffe: drei, nach Osten ausgerichtet.

Sitzplätze: 250.

Sehenswert: das Tafelbild (1633) des Hochaltars von Giovanni Serodine (Krönung Mariens und die Heiligen Petrus und Paulus, die das Schweisstuch der Veronika halten).

DIE FRAU KÜSTERIN

Seit 293 Jahren machen die Küster eine Ausnahme: Wenn sie am Abend die Tür der Pfarrkirche abschliessen, lassen sie zu, dass eine Frau drinnen bleibt, ungestört, die wahre Beschützerin der heiligen Mauern. Es ist die Römerin Sabina, die vor 1800 Jahren gelebt hat, sie ruht in einem Glassarg in einem linken Seitenaltar. Sabina ist in Geist und Glauben lebendig, aber vom Körper der christlichen Märtyrerin ist sehr wenig erhalten geblieben: 20 Gramm Knochenfragmente, die sich in einem Hohlraum im Rücken einer Holzstatue befinden. Die Statue stellt sie ideal als liebenswürdiges Mädchen dar und folgt damit der Vulgata, laut der sie zur Zeit des Martyriums 13 Jahre alt war.

Doch wo begann die gemeinsame Geschichte zwischen der Hl. Sabina und Ascona? Papst Klemens

XI. schenkte 1702 ihre wenigen irdischen Überreste dem Asconeser Bernardo Pasini, der in seinen Diensten stand. Auf die Frage, welches Geschenk er sich wünsche, antwortete Pasini: "Ihre Heiligkeit, geben Sie mir eine Reliquie für die Kirche meines Heimatortes". Die Beauftragten des Papstes gingen in die Cyriakus-Katakomben ausserhalb Roms, nahmen die Reste der Hl. Sabina, die "sowohl unter dem Martyrium gelitten hatten als auch unter der langen Zeit, die nach ihrem Tod vergangen war", und legten sie in eine Holzschatulle. Pasini erhielt auch "einen Glasbehälter mit Blut". 1719 bereitete Ascona der Reliquie einen feierlichen Empfang.

Von da an hat die Hl. Sabina in der Religion und Frömmigkeit Asconas einen festen Platz. Wenn es in der Vergangenheit schwierige Zeiten gab, machte man mit der Heiligen eine Prozession und flehte Gottes Wohlwollen auf Ascona herab. Sie, die in den letzten Erschütterungen des römischen Reiches ihr Leben für Gott hingab.

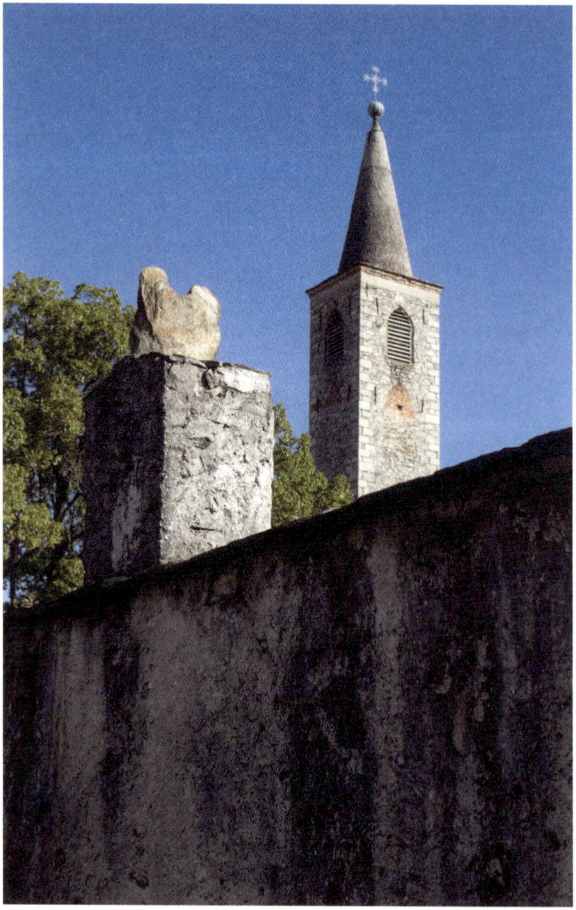

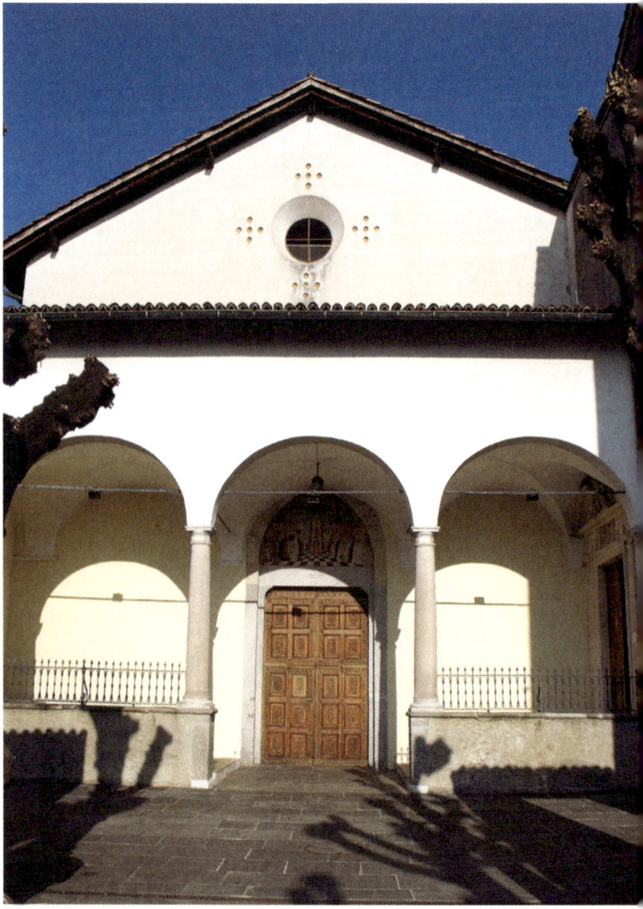

Kirche Santa Maria della Misericordia

2 *Anderer Name: Kirche des Collegio Papio. Man darf wohl sagen, dass es die Asconeser Kirche des Hl. Carlo Borromeo ist.*

Erbaut zwischen 1399 und 1442. Ein Schiff. Sitzplätze: rund 250.

Orgel: Die heutige trägt das Datum 1993 und ist über der Sängerkanzel angebracht; die alte Orgel befand sich im Chor und stammte aus einer Privatvilla.

Glockenturm: aus dem Jahre 1448. Zwei Glocken.

In dieser Kirche und in San Francesco in Locarno finden die Konzerte der Settimane musicali di Ascona statt.

Sehr eindrücklich ist der Freskenzyklus im Chor, der Geschichten aus dem Alten Testament (66 Bildfelder) und dem Neuen Testament (36 Bildfelder) erzählt.

FASTENZEIT IN COMO, KARNEVAL IN MAILAND

Ein "schmaler und unruhiger" Glockenturm zeigt die Kirche des Papio an. Bis vor etwa hundert Jahren war hier offenes Feld. An der Aussenmauer des Chors war eine bildliche Darstellung angebracht, die heute unleserlich ist. Sie war eine Art Willkommensgruss für die Reisenden, die Ascona von dieser Seite her betraten. Stellen wir uns die Szene mit Hilfe von Aldo Lanini vor: "Es muss eine farbige Überraschung gewesen sein, die zwischen dem Grün der Gärten und Reben auftauchte, ein riesiges flammendes Rad von rund 3 Meter Durchmesser, in dem die Büste Gott Vaters in lebhaften Farben thronte".

In Santa Maria della Misericordia kann man viele Entdeckungen machen. Eine davon ist eine Art liturgische *querelle*, die sich über Jahrhunderte hingezogen hat. Versuchen wir, den Dingen auf den Grund zu gehen. Der Bau der Andachtskirche wurde von der Dorfgemeinschaft in Auftrag gegeben, 1442 fertiggestellt und 1510 zwei Dominikanerpatres anvertraut. 1583 gelang es dem Hl. Carlo Borromeo, Erzbischof von Mailand, den für ein Seminar ungeeigneten Palazzo Papio am Seeufer gegen das Recht einzutauschen, an die Kirche Santa Maria della Misericordia das neue Kollegium anzubauen. Nachdem man die Dominikaner verabschiedet und das Schulgebäude errichtet hatte, entstand eine "juristisch kuriose Situation": In der Pfarrei Ascona, die zur Diözese Como gehörte (römischer Ritus), wurde unter der Ägide der Diözese Mailand eine Enklave (nach ambrosianischem Ritus) gegründet.

Die Asconeser wollten Garantien. Sie waren zwar stolz auf das Kollegium, verlangten aber, dass der Raum bis ungefähr zur Mitte des Schiffs, auf Höhe der Seitenkapellen der Madonna della Quercia e del Rosario, der Pfarrei Ascona unterstellt blieb; der Rest gehörte der Erzdiözese Mailand.

Im Laufe der Jahrhunderte fehlte es nicht an Konflikten. Erzbischof Federigo Borromeo verbot in den *Regeln* des Kollegiums von 1620 "jede Einmischung des Bischofs von Como und der Priester von Ascona". Andererseits wurde den Oblaten, die das Papio leiteten vorgeworfen, "die Besitztümer des Kollegiums zu vergeuden, ohne der Gemeinschaft von Ascona darüber Rechenschaft abzulegen, während der Pfarreimessen, die in Santa Maria della Misericordia stattfanden, die Glocken nicht zu läuten und absichtlich die Kirchentüren zu schliessen, wenn sich Prozessionen der Pfarrkirche näherten".

Ein weiteres Problem Nachteil: Wenn die "Römer" schon Fastenzeit hatten, waren die "Ambrosianer" noch im Karneval. Alles im selben Gotteshaus.

Quelle: Michela Zucconi Poncini / Daniela Pace

Kirche San Michele
FÜNFUNDZWANZIG STUFEN AUFWÄRTS

3 "Gebaut um die Mitte des 17. Jahrhunderts auf dem wunderschönen Hügel im Westen Asconas, auf den Ruinen der Kapelle des früheren Kastells San Michele, das von den Schweizern 1518 zerstört wurde". So erzählt Don Siro Borrani in seiner farbigen Prosa.

San Michele ist nicht nur ein Gotteshaus, sondern auch ein prächtiger Aussichtspunkt (Blick auf die Piazza, den Borgo und den See). Wenn man hingegen von der Seepromenade zur Kirche hinaufschaut, ist sie, besonders nachts, ein wichtiges Element des Bühnenbilds, das der Hügel von Ascona bietet. Den hochgelegenen Kirchplatz erreicht man über eine steile Treppe mit 25 Stufen.

Wallfahrtskirche Madonna della Fontana

4 *Errichtet in Erfüllung eines Gelübdes, das die Asconeser während der Pestepidemie in den Jahren um 1580 abgelegt hatten.*

Erbaut 1618. Äusserer Portikus: 1635. Ein Schiff. Architekt: wahrscheinlich Giovanni Serodine.

Es ist das Marienheiligtum von Ascona, ein Pendant zur Madonna del Sasso von Locarno. Jedes Jahr werden dort feierlich das Fest von Maria Himmelfahrt (15. August) und der Tag des Hl. Josef (19. März) begangen.

Die meiste Zeit des Jahres wird die Kirche von der orthodoxen Gemeinde genutzt.

"BITTE KEINE MÜNZEN INS WEIHWASSER WERFEN"

Um den Geist zu verstehen, der zum Bau der Wallfahrtskirche der Madonna della Fontana geführt hat, muss man ins 15. Jahrhundert zurückgehen. Am Anfang… war ein Wunder. So erzählt es Alfredo Poncini: "1428 herrschte eine schlimme Trockenheit. Ein junges, von Geburt an taubstummes Mädchen brachte seine Schafe, die vor Durst zu sterben drohten, zur Weide. An einem Ort angekommen, wo eine bescheidene Kapelle stand, begann das Mädchen zur Muttergottes zu beten. Auf einmal quoll aus dem Boden Wasser hervor, und die Herde war gerettet. Das junge Mädchen begann zu hören und zu sprechen, wenn auch mit einiger Mühe. Einige Wörter blieben ihr im Hals stecken: Deshalb nannten die Asconeser die öffentlich zugänglich gemachte Quelle "Fontana parlengòra" ("Quelle Spricht-im-Hals"). Die Kapelle wurde später vergrössert".

Und heute, im Gnadenjahr 2012? Den ganzen Tag herrscht ein Kommen und Gehen von Menschen und Hoffnungen, von Gläubigen und Ungläubigen, rund um die Kapelle unter der Kirche der Madonna della Fontana. Es ist sozusagen ein kleines Lourdes in Ascona. Einige füllen das Wasser der Madonna in eine Flasche und trinken es später zu Hause. Andere trinken es vor Ort, aus einem ovalen Steingefäss; dabei behelfen sie sich mit einem Schöpflöffel, der mit einem Kettchen am Gitter befestigt ist und beherzigen das Motto, das auf einem Schild steht: "Bitte keine Münzen ins Weihwasser werfen, wir trinken es". Manche zünden auch eine Kerze an. Manche lassen eine Blume zurück. Manche schreiben etwas ins Buch der Erinnerungen, in sehr vielen Sprachen. Manche hängen ein Votivbild für ein erhörtes Gelübde auf. Manche bringen ein Plakat an von anderen wundertätigen Orten, von anderen Marienerscheinungen. Manche setzen sich auf die beiden Holzbänke, um zu beten oder um einen Augenblick innezuhalten.

Besonders eindrucksvoll ist der Portikus mit der Madonna della Fontana jedoch abends, in der weniger schönen Jahreszeit, und das ganz unabhängig von der persönlichen religiösen Überzeugung. Dieses Glitzern brennender Kerzen, dieses Aufleuchten von Fenstern und Bilderrahmen im eiligen Scheinwerferlicht eines Autos, diese geheimnisvolle Aura, bezeugen, jenseits rationaler Urteile, die man über Praktiken dieser Art fällen kann oder nicht, dass man eine bedrohliche Krankheit, ein zu bestehendes Examen oder den schwierigen Weg eines Familienmitglieds auch so angehen kann. Jedem das Seine, würde der Agnostiker Leonardo Sciascia sagen. **magio**

Besonders eindrucksvoll ist der Portikus mit der Madonna della Fontana jedoch abends, in der weniger schönen Jahreszeit.

Am 19. März jeden Jahres pilgern die Einwohner von Gerra Gambarogno von der Ascona gegenüber liegenden Seeseite zur Madonna della Fontana. "Heute per Bus, aber bis vor einem halben Jahrhundert auf einem grossen Floss (ohne Geländer!), angeführt vom Pfarrer von Gerra in liturgischen Gewändern, gefolgt von der Schar der Ministranten. Eine Legende erzählt, dass sie eine grosse leere Kiste mit sich führten, um ein wenig Sonne aus Ascona in den winterlichen Schatten ihres Dorfes mitzunehmen".

Quelle: Alfredo Poncini

Persönlichkeiten **San Carlo Borromeo**

EIN SCHUSS AUS DER ARKEBUSE VON HINTEN

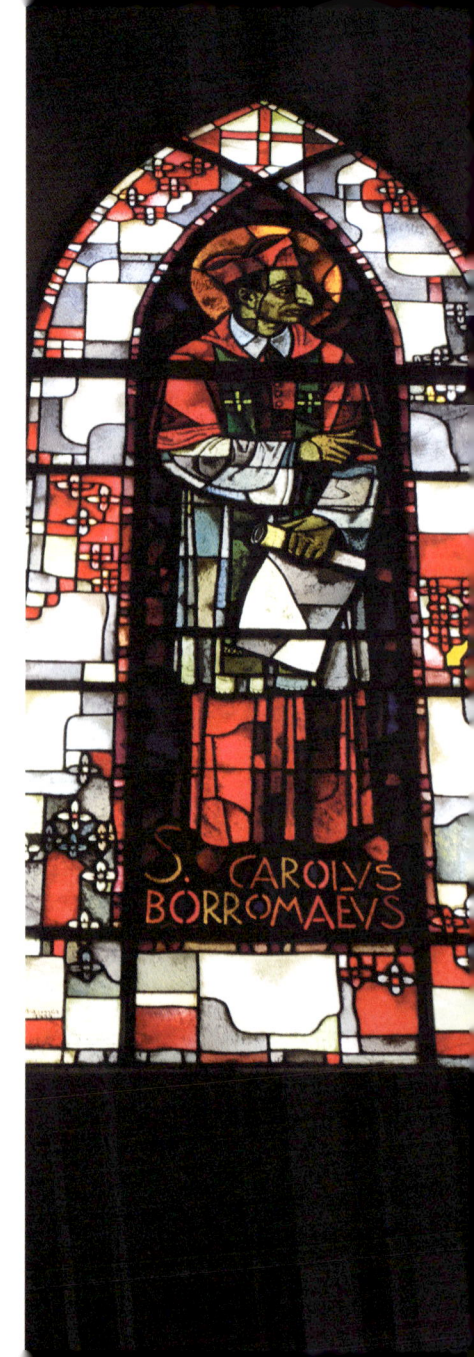

Carlo Borromeo (Arona, 2. Oktober 1538 - Mailand, 3. November 1584) hatte zwei Leben. Das erste war trotz religiöser Titeln 'politisch' und mondän ("mit einem Lebensstil wie in der Renaissance"). Mit 12 Jahren wurde er Abt von Arona, mit 21 promovierte er in kanonischem Recht, mit 22 ernannte ihn sein Onkel Papst Pius IV. zum Kardinal, mit 24 gehörte er zu den treibenden Kräften der Wiedereröffnung des Konzils von Trient. Nach dem Tod des Bruders Federico wählte er nicht eine weltliche Laufbahn, um die Dynastie fortzusetzen, sondern wurde 1563 Priester und im selben Jahr Erzbischof von Mailand. Sein zweites Leben begann, ein Musterbeispiel für den Glauben und die Gegenreformation. In seiner riesigen Diözese versuchte er, die Beschlüsse des Konzils von Trient durchzusetzen und Ordnung in die Kirche zu bringen. Unter seinen Gegnern, die ihm grossen Widerstand entgegensetzten, war Bruder Gerolamo, genannt *Il Farina*, der im Auftrag des danach aufgelösten Humiliatenordens von hinten mit der Arkebuse auf ihn schoss. Die göttliche Vorsehung wollte, dass Carlo unverletzt blieb. Seine 'radikale' religiöse Glut - eine Mischung aus Busse und "nichts für sich beanspruchen" - brachte ihn überall hin - unter die Pestkranken in Mailand (1566-67, sie wurde "Pest des Hl. Carlo" genannt) und in jeden Winkel seiner Diözese, die er von Grund auf erneuerte. Mehrmals besuchte er die italienische Schweiz. Er war ein kompromissloser Verteidiger der Kirche und ihrer Gesetze, er bediente sich der Werkzeuge der Zeit, um seine Ziele zu erreichen: Im Misox hiess er die Verbrennung von rund zehn Hexen gut. Am Samstag, dem 3. November 1584, um 21.40 Uhr, starb er in Mailand "unter seiner ungeheuren Müdigkeit zusammenbrechend". Er war 46 Jahre und 21 Tage alt geworden. Am 1. November 1610 wurde er heilig gesprochen, in Anwesenheit von Papst Paul V. und 33 Kardinälen.

DIE LETZTE REISE NACH MAILAND

Ascona war nur eine Etappe, eine kleine Etappe, im aussergewöhnlichen Leben des Carlo Borromeo. Von seinem Besuch im Borgo bleiben der vergessene Kardinalshut, der heute im Pfarreimuseum aufbewahrt wird, und eine Reihe von Bildern in der Kirche Santa Maria delle Grazie. Und es bleibt natürlich auch das Collegio Papio, das der Heilige mit allen Kräften wollte, weil es ein vollkommener Mosaikstein in seiner Vision der Gegenreformation war: Eindämmung des Protestantismus durch eine Neuorganisation der Kirche, die von den Grundlagen ausging, das heisst von der Erziehung der Jugend. Es gibt einen anderen Ort, der noch heute an den Heiligen erinnert: Die Holzkanzel der Kirche Santi Pietro e Paolo, wo der Kardinal den Asconesern 1583 in einer Atmosphäre voller religiöser Glut im fahlen Schein der Kerzen eine denkwürdige Predigt hielt, um sie zum Bau des Collegio zu bewegen. Carlo Borromeo setzte dafür, auch wenn die Energien schon nachliessen, seine ganze mystische Kraft ein, die ihm im fortgeschritteneren Teil seines Lebens erwachsen war. Heute erinnert eine Tafel mit lateinischer Inschrift an jenen besonderen Augenblick. Am 30. Oktober 1584 kam der Heilige nach Ascona zurück, um den Grundstein zum Collegio zu legen. Es ging ihm schlecht, während der Messe hatte er wieder einen Fieberanfall erlitten, der ihn vollkommen entkräftet hatte. Er bestieg das Schiff, um in einigen Etappen nach Mailand zurückzufahren. In seiner Umgebung spürte man deutlich, dass nicht nur sein Leben, sondern eine ganze Epoche zu Ende ging. Was in Ascona begann und in Mailand endete, war denn auch seine letzte irdische Reise. Auf dem See kam er schon sterbend an der Festung von Arona vorbei, wo er 46 Jahre zuvor geboren worden war, als Sohn der mächtigsten Familie des Lago Maggiore. Auf ihrem Wappen stand der Wahlspruch *Humilitas*.

Persönlichkeiten **Pietro Berno**

DER TOD EREILTE IHN ALS DRITTEN

Die Berno (Berni) sind ein illustres Asconeser Geschlecht, das vor langer Zeit ausgestorben ist. Doch in Ascona ist die Erinnerung an den seligen Pietro Berno sehr lebendig geblieben. Er ist eine Art Ikone längst vergangener Zeiten, und sein Leben (und Sterben) hat sich mit der Legende vermischt. Doch wer war Pietro Berno, der christliche Märtyrer, der 1553 geboren wurde? Nachlesen können wir es in den *Memorie asconesi* von Don Siro Borrani, der den Tod des dreissigjährigen Missionars auf seine Weise rekonstruiert (es gab keine Augenzeugen). Eine sicher etwas lebhafte Interpretation, die als Beispiel dienen will, aber auch starke Emotionen auslöst.

"Erzogen im Geiste des Erbarmens und des Studiums, ging er als Fünfzehnjähriger, der aber schon seit mehreren Jahren geistliche Kleider trug, mit seinem Vater und dem älteren Bruder Guglielmo nach Rom; dort schloss er Kurse in Philosophie und Theologie ab und trat in den Jesuitenorden ein. Dieser schickte ihn, auf seinen glühenden Wunsch hin, in seine Mission in Salsete von Goa, einer Region in Portugiesisch-Indien, wo man den Götzen diente. Nachdem er dort mit anderen Kameraden über drei Jahre gearbeitet und reiche Früchte erbracht hatte, wurden die Söhne des Hl. Ignatius am 25. Juli 1583 von einer grossen Zahl von Heiden überrascht, angegriffen und ermordet. Pietro Berno begegnete als Dritter dem Tod. Ein schrecklicher Axthieb traf ihn im Nacken, ein Pfeil durchbohrte ihm ein Auge und, nach einem Messerstich in ein Ohr, fiel er tot zu Boden. Die Heiden verstümmelten die Körper der fünf Märtyrer auf grausame Weise, warfen sie in einen Wassergraben und deckten sie mit Laub zu. Doch nach drei Tagen wurden sie entdeckt, nach Racciol gebracht und bestattet. Coculin (genau: Cuncolim), das Dorf, wo das Gemetzel stattfand und der Boden vom Blut unserer Helden getränkt wurde, ist schon seit vielen Jahrhunderten eine blühende Christengemeinde".

Eine ganz andere Interpretation des Geschehnisses gibt uns der Historiker Virgilio Gilardoni in seinen *Fonti per la storia di un borgo del Verbano - Ascona*: "Der Asconeser Pietro Berno, ein blutjunger Jesuitenmissionar in Salsete, in Portugiesisch-Indien, wurde mit vier Kameraden von der wütenden Bevölkerung Cuculins niedergemetzelt, weil er mit Erlaubnis des Vizekönigs lokale Tempel niedergerissen, eigenhändig heidnische Kultorte zerstört und eine heilige Quelle beschmutzt hatte".

Das Haupt des 1893 selig gesprochenen Pietro Berno wird heute im Hochaltar der Pfarrkirche von

Ascona aufbewahrt. Man sieht deutlich einen grossen Bruch unter einem Auge. Man brachte ihn 1949 nach Ascona: Mit dem Schiff, das heisst, auf demselben Wasserweg, auf dem Berno nach Rom gereist war.

ERINNERST DU DICH, ASCONA, an den Tag, als Cattomio auf Sasselli schoss? Ein Rückfall ins 19. Jahrhundert, als sich Konservative und Liberale bekämpften. Es geschah am Ende der Via Borgo. Ein paar Spötteleien nach einer gewonnenen Wahl, einige Gläser zuviel, verbitterte Seelen. Es endete mit einer Kugel in einer Lunge, einer Flucht in Frauenkleidern nach Italien, einer Rückkehr nach Ascona, einigen Monaten Gefängnis. Und einer Ziege zur Wiedergutmachung.

ERINNERST DU DICH, ASCONA, an das Kinderheim von Lilly Volkart? Kriegszeit, Waisen oder von den Familien getrennte Kinder, viele davon Juden. Für sie bedeutete Ascona Zuflucht vor dem Gewitter, ein Teller Suppe, ein sauberes Bett und die Möglichkeit, mit andern zusammen zu sein. Eine Insel des Mitgefühls.

ERINNERST DU DICH, ASCONA, an das Ehepaar Löwenstein? Er Bankier des Kaisers, sie Malerin. Aus Deutschland geflüchtet, als die dunkle Nazizeit begann. Die Villa in Berlin geplündert, ihre 100'000 Bücher auf der Strasse verbrannt. Flüchtlinge in Ascona, mit dem Nansen-Pass.

ERINNERST DU DICH, ASCONA, an die lebhaften Versammlungen des Patriziats? Längst vergangene Zeiten, in denen heissblütige und launische Geister an manchen Abenden ins Feuer gerieten. Männer mit grauen Haaren erzählen, wie der Präsident in gewissen Vollmondnächten energisch, aber nutzlos zur Glocke griff, um die Ordnung wiederherzustellen...

ERINNERST DU DICH, ASCONA, an Herrn Philips, ja, der vom Fernsehen, der mit dem Flugzeug ankam, um mit dem Rakettlehrer Pierino Pisoni Tennis zu spielen? Und wie er, andere Industriekapitäne, die auf unsicheren Flügeln vom Norden kamen, um einige Runden zu machen.

ERINNERST DU DICH, ASCONA, an das *Ferienjournal* von Giovanni Ross (und Bettina)? Das Handwerk des Schreibens, die Auslieferung mit dem Handwagen, die Feste nach jeder Ausgabe. Eine kleine lokale Zeitschrift, die manchmal grosse Geschichten von grossen Autoren enthielt. Eine schweizerdeutsche Leseart der Welt von Ascona.

ROSENBAUM
DIMITRI
WEREFKIN
BARA
CARLO RAMPAZZI
BECHTOLSHEIMER
KOK
LUBAN
SHIFFERLI
REVENTLOW
SPINAS
BOBILOFF
GISÈLE RÉAL
ARNABOLDI
ALBIN
SCIUETA
FILIPPINI
CATERINA BERETTA
RESSIGA VACCHINI
DON PURA
PANCALDI

PORTRÄTS

WLADIMIR ROSENBAUM [1894 - 1984]

Der Platz von Wladimir

Im Ascona des 20. Jahrhunderts haben viele Menschen ihre Spuren hinterlassen. Aber sehr wenige solche wie Wladimir Rosenbaum. Im Alter von acht Jahren kam er in die Schweiz, auf der Flucht vor antisemitischen Pogromen in Weissrussland. Er war ein 'laizistischer', aber sehr überzeugter Jude, und hatte ein atemloses Leben. Noch nicht vierzig, war er einer der angesehensten Anwälte in Zürich. Schwierige Prozesse, viel Medienpräsenz, grosse Siege. Er flog sehr hoch. Doch er fiel: 1937 wurde er verhaftet und verlor sein Anwaltspatent, weil er in Zusammenhang mit dem Spanischen Bürgerkrieg eine Waffenlieferung an die Republikaner erleichtert hatte. Er verlor alles: Arbeit, Ruf und eine schicke Wohnung in der Stadelhoferstrasse, die ein gastfreundlicher Treffpunkt von Antifaschisten gewesen war.

Zürich hinter sich lassend, fand er, wie es sich für einen wie Rosenbaum geziemt, in Ascona eine neue Bleibe. Ein Ort, der ihm glich. Er mietete Casa Serodine und begann mit Antiquitäten zu handeln, sehr erfolgreich. Aber das war nicht alles: Er betätigte sich auch als Rechtsberater, spielte Schach, wurde wegen seiner verblüffenden rhetorischen Fähigkeit überallhin gerufen, wo eine Rede gehalten werden musste, war befreundet mit grossen Persönlichkeiten aus der Kultur, die die Eranos-Tagungen besuchten und gerne auf ihn hörten.

Rosenbaum war ein erklärter Gegner von Eduard von der Heydt (und das war nicht anders möglich). Leider ging er einem Betrüger auf den Leim, der sich als Sohn des Barons ausgab. Er erteilte ihm Ratschläge und landete wieder im Gefängnis, in Locarno, wurde aber nach einem langen Prozess freigesprochen. Nie verzog er seinem Instinkt, ihn verraten zu haben.

Dann schlüpfte er wieder in seine Rolle als Rosenbaum, als wäre nichts geschehen. Nonkonformist, auf den ersten Blick vielleicht unsympathisch, blitzgescheit, Kosmopolit von Natur, mit einigen düsteren Zügen. Jetzt ruht Rosenbaum im Friedhof von Ascona, mit Aline und Sybille, der ersten und der dritten Frau. Zwei seiner Frauen. Er, der sich in hohem Alter nach einem Eingriff zur Straffung der Augenlider fragte: "Rosenbaum, wo bleibt dein Charme?".

Ende der Dreissigerjahre. Nach dem Zürcher Unglück wurde Rösel - wie ihn Friedrich Glauser zur Zeit des Kollegiums nannte - von jenen, die seine innere Stärke nicht kannten, als Mann am Ende betrachtet. Mit Aline Valangin - seiner ersten Frau, mit der er lebenslang eine offene, gleichzeitig zarte und mürrische Beziehung lebte - ging er nach Comologno, wo sie in ihrem alpinen Palast La Barca in den schlimmen Kriegsjahren grosse Namen der demokratischen Kultur Europas beherbergten.

DIMITRI [1935]

"Der Clown von Ascona"

"Ascona? Es ist das Dorf, wo ich geboren und aufgewachsen bin und wo ich als Clown debütiert habe. Das ist nicht wenig, oder?" Dimitri fragt es, fast um eine Bestätigung zu erhalten. Nein, es ist nicht wenig. Und er ist glücklich, als ich ihn bitte, mich nach Ascona zu begleiten und dort einen Rundgang zu machen. Vom Berg in die Ebene: um Orte zu sehen und von Leuten zu erzählen. Aber als wir gegen Abend ins Vicolo dei Ghiriglioni einbiegen, wird das Gespräch sentimentaler. Oben an der Strasse, im Haus, wo sich heute das Geschäft des Architekten Carlo Rampazzi befindet, wurde Dimitri geboren. "Es ist ein sehr schönes Haus, mit einem Garten im Innenhof. Hier wohnten wir und hier war auch das Studio meines Vaters, der Künstler war". Ja, Jakob Müller. Maler, Bildhauer, Architekt. Eine der Persönlichkeiten, die dazu beigetragen haben, das anthropologische Gewebe Asconas zu formen. "Wir haben hier einige Jahre lang gewohnt, dann kaufte der Vater ein Gebäude im Bauhaus-Stil in der Nähe von San Materno, das Otto von Ries entworfen hatte. Dort zeichnete er und baute sein Atelier auf. Es war ein Haus voller Sachen, beseelt von einer kreativen Unordnung. Die Gipsabdrücke, die Zeichnungen, viele Dinge. Dort ist er auch gestorben, umgeben von dem, was sein Leben gewesen war".

Vor 52 Jahren hat Dimitri im Vicolo dei Ghiriglioni seine Laufbahn als Clown begonnen. Und obwohl er seit vielen Jahren nicht mehr in Ascona lebt, hat er den Ort nie vergessen, "weil es nicht nur eine sentimentale Angelegenheit war. Ascona, jenes Ascona, gab einem Kind wie mir ständig Anregungen. Da waren die Seiltänzer, die das Seil über die Häuser an der Seepromenade spannten und dort oben auf einem Stuhl sassen, mit einem Tisch vor sich. Einer von ihnen ging einmal vom Hauptplatz bis zur Post. Es gab das Delta, damals ein "verlassenes" Gebiet, weit von Ascona entfernt, wo man ganz besondere Menschen treffen konnte, wie die Kosaken, die dieses Stück Land nutzten, um ihre aussergewöhnlichen Pferdenummern aufzuführen. Und es gab den See: Wir schwammen bis nach Vira Gambarogno und eroberten die Inseln mit dem Ruder. Ja, es war eine wunderschöne Kindheit, glaube ich".

Während wir wieder zum See hinuntergehen frage ich ihn, ob er Dimitri geworden wäre, auch wenn er anderswo aufgewachsen wäre. "Ja, ich wäre Dimitri geworden, auch wenn ich anderswo aufgewachsen wäre. Weil ich an das Schicksal glaube, und das war mein Schicksal. Aber sicher wäre ich ärmer gewesen. Ich hätte weniger Material für meine Kunst gehabt, weniger Inspiration. Ohne Ascona hätte ich vielleicht mehr Mühe gehabt...". Ich möchte ihn fragen, weshalb er dann nicht zurückkehrt. Aber er kommt mir zuvor: "Und doch würde ich nicht mehr zurückkehren. Ich bin stolz, hier geboren zu sein. Und auf alles, was ich hier erlebt habe. Aber heute spüre ich, dass Ascona weiter weg ist".

Der Abend senkt sich auf den Lago Maggiore. Dimitris Lächeln verschwindet, aber das Gesicht bleibt entspannt, glücklich. Ich kann mich nicht erinnern, ihn je mit einem solchen Gesicht gesehen zu haben. Das letzte Licht der Abenddämmerung umhüllt die Statue am Eingang der Seepromenade. Die Statue, die sein Vater geschaffen hat, sich an seiner Mutter inspirierend. Ascona hat jetzt eine uralte Schönheit. Dimitri betrachtet die Statue lange. "Als die Gemeinde beschloss, sie dorthin zu stellen, lebte mein Vater noch, und du kannst dir nicht vorstellen, wie sehr er sich freute...". Das Auge des alten Clowns wird feucht. Er hat Ascona verlassen, doch er hat Ascona mit sich genommen. In jeder seiner Vorstellungen, in jeder seiner künstlerischen Ideen liegen Dinge und Erinnerungen an Ascona. Das Schicksal, sicher. Aber an diesem Abend hier, mit dem See und San Michele im Hintergrund, muss ich unweigerlich an jenes alte Poster denken, das er im Haus von Cadanza aufgehängt hat. Sein Gesicht und darüber der Titel: "Der Clown von Ascona".

Niccolò Giovanettina

Theater des Westens   Sonntag, 2. Dezember,

Auf Grund seines großen Erfolges

dimitri
Der Clown von Ascona

rten: Theater des Westens
d Vorverkaufsstellen

Konzertdirektion
Tel. 92 49 50

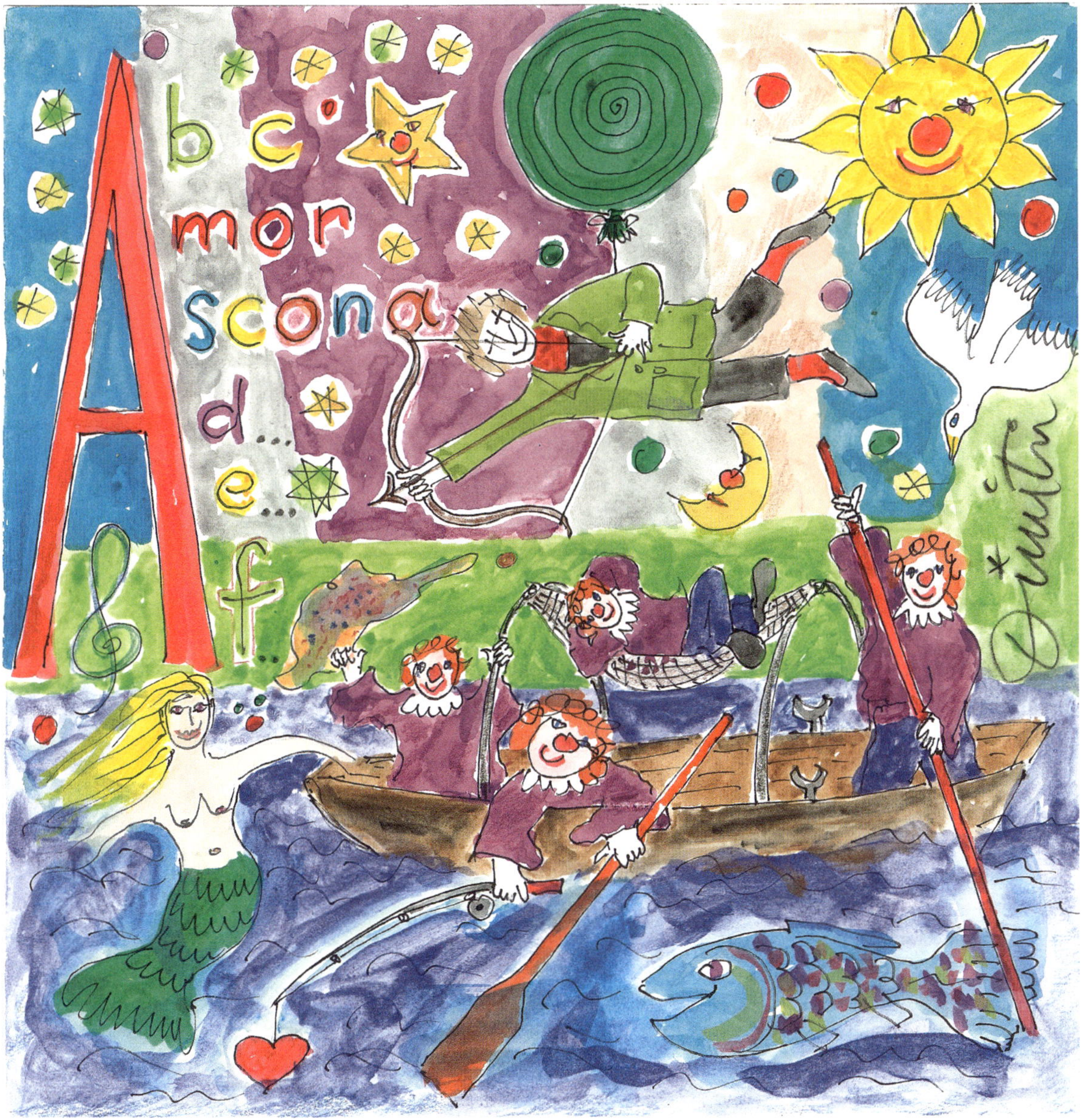
A
bc
mor
scona
d...
e...
f...

MARIANNE WEREFKIN [1860 - 1938]

"Ascona hat mich gerettet"

Die russische Malerin kam 1918 nach Ascona, wo sie bis zu ihrem Tod lebte, zwanzig Jahre lang. Ihr Grab befindet sich im Friedhof von Ascona. Das Museo comunale beherbergt viele ihrer Bilder (die in Wechselausstellungen zu sehen sind), Tagebücher, Skizzenbücher und verschiedene literarische Dokumente.

Eine lange Prozession kleiner gebeugter Gestalten, nicht viel mehr als Farbtupfer, hebt sich deutlich von dem sanft ansteigenden Weg ab, der ganz nach oben, zum schwarzen Kreuz eines Friedhofs führt.

Man glaubt, eine Szene aus einem ihrer Bilder vor sich zu haben: Das Begräbnis der Malerin Marianne Werefkin, die in Russland geboren wurde, aber Ascona zu ihrer Wahlheimat erkor, war aber genau so: Ein magischer Augenblick, in dem Leben und Werk unzertrennlich ineinander zu verschmelzen schienen. Diese vollkommene Vereinigung hatte sie auf ihre Weise vorausgenommen: Ein Kritiker hatte ihr Jahre zuvor vorgeworfen, mit ihren Landschaften der Schöpfung Gewalt anzutun. Darauf hatte sie ihm zur Antwort die tausend Farben der auf Ascona funkelnden Sonne gezeigt und die Szene mit ironischen Worten unterstrichen: "Manchmal ahmt mich der Herrgott nach".

Marianne Werefkin war 1918 nach Ascona gekommen, in Begleitung des Malers Alexej Jawlensky. Das wenige Gepäck liess nicht darauf schliessen, dass Marianne Werefkin einst reich gewesen war: Ihre Familie stand dem Zarenhof nahe, und in der Jugend hatte es der angehenden Malerin nicht an der Unterstützung der Eltern, die ihr ein Atelier schenkten, gefehlt. Ein Akt des Vertrauens, der reiche Frucht brachte: Schon nach wenigen Jahren umjubelte sie ihr Lehrer, Il'ja Repin, als den "russischen Rembrandt", er zollte ihr höchstes Lob und versteckte seinen vergnügten Neid nicht.

Ein tragischer Jagdunfall stellte die Künstlerin jedoch auf eine harte Probe. Ihre rechte Hand wurde verletzt und sie war fortan gezwungen, den Pinsel zwischen dem Mittel- und dem Ringfinger zu halten. Doch dieses Hindernis liess sie nicht von ihren Zielen abweichen: Es war hingegen eine Begegnung, die sie später dazu brachte, mit dem Malen eine Zeitlang aufzuhören.

Marianne Werefkin lernte 1891 Alexej Jawlensky kennen, und sie beschloss auf der Stelle, einen grossen Maler aus ihm zu machen. Mehr noch: Sie wollte, dass er ihre Theorien in die Tat umsetzte. Sie liess die Pinsel liegen, um sich ausschliesslich der Entwicklung des "Künstlers, der in meiner Hand wächst", zu widmen. Zehn Jahre lang malte sie nichts.

Doch sie hörte nicht auf, über die Malerei nachzudenken: Sie zog mit Jawlensky nach München und wurde dort zum Mittelpunkt des bekannten Salons an der Giselastrasse, wo man über die "neue Kunst" diskutierte. Wenn man ihre Schriften aus dieser Zeit liest, wird einem klar, wie sehr sie der Zeit voraus war: Wie ein Blitz traf sie denn auch die Gewissheit, dass "die emotionale Kunst die Kunst der Zukunft ist", und so nahm sie 1906 den Pinsel wieder in die Hand und begann von neuem zu malen.

Während ihre Kunst blühte, brach der Erste Weltkrieg aus. Sie und Jawlensky mussten überstürzt in die Schweiz flüchten. Sie kamen zuerst an den Genfersee, dann ins Zürich der Dadaisten und schliesslich nach Ascona. Die russische Revolution hatte Marianne Werefkin zu einer armen Frau gemacht, und der ruhige Jawlensky, der schwierige Situationen nicht mochte, zog es vor, sich aus dem Staub zu machen; er heiratete die Dienerin, die ihm schon ein Kind geschenkt hatte. Er verliess seine Mentorin nach drei Jahrzehnten gemeinsamen Lebens, in dem sie abwechselnd Verliebte und Freunde gewesen waren. So blieb die verlassene Marianne Werefkin alleine in Ascona. Doch allmählich begann die Künstlerin, die, um zu überleben, Ansichtskarten bemalen, Artikel schreiben und Arzneimittel verkaufen musste, das einfache, karge Leben in Ascona zu schätzen. Der Borgo nahm sie liebevoll auf und nannte sie "Nonna" (Grossmutter). Einige erinnern sich noch an ihre bizarre, vom unvermeidlichen Turban gekrönte Erscheinung und an das Plakat "Nicht sprechen", das sie ins Fenster stellte, wenn sie malte. Sie war es auch, die von der Heydt veranlasste, den Monte Verità zu kaufen, und sie förderte 1922 das Entstehen des Museo comunale, dessen Sammlung durch die Bilder der Künstlervereinigung *Grosser Bär*, einer weiteren Initiative der Werefkin, rasch anwuchs.

Das schmerzerfüllte, feierliche Begräbnis war das letzte Zeichen dafür, dass Marianne Werefkin ganz und gar zu Ascona gehörte: Die Glocken läuteten auf orthodoxe Weise, ihre Nichten sangen, der Pope las die Messe in drei Sprachen und das ganze Dorf folgte dem Sarg über die Piazza und hinauf zum Friedhof. Ein würdiger Abschied für die unermüdliche Künstlerin, die gesagt hatte: "Ascona verdanke ich meine Rettung". **Sara Groisman**

"Alle kannten die Werefkin. Ohne Zweifel war sie die malerischste Figur Asconas und von einer faszinierenden, ich möchte fast sagen gestalteten Hässlichkeit".

Caterina Beretta, *Mein Ascona*, Cosmos Verlag, Muri bei Bern (1983)

2 BILDER

1. Die "emotionale Kunst" von Marianne Werefkin hat immer zwei Seiten: Erst verletzt sie den Betrachter durch den Schmerz, von dem sie durchdrungen ist, doch dann kommt sie ihm zu Hilfe, tröstet ihn und strahlt Hoffnung aus. Eine Doppelgesichtigkeit, die klar im Bild *Zwillinge* zum Ausdruck kommt, in dem zwei in Witwenschwarz gekleidete Damen ihre Arme dem Versprechen reiner Neugeborener öffnen.

Zwillinge, 1909
Tempera auf Karton, 27x36,5 cm.
Stiftung Marianne Werefkin
Museo comunale d'Arte Moderna, Ascona

2. Ein sanft, später steil ansteigender Weg wird zum Sinnbild des beschwerlichen Weges des Menschen: das gehört zu den Lieblingsmotiven von Marianne Werefkin. Wir finden es auch im Bild *Herbst*, wo unter einem orangfarbenen Himmel, der heilige Ehrfurcht gebietet, im Takt der Umrisse von Bäumen eine Gruppe von Kindern einherschreitet.

Herbst (Schule), 1907
Tempera auf Karton, 55 x 74 cm.
Stiftung Marianne Werefkin
Museo comunale d'Arte Moderna, Ascona

"Ich sehe sie immer vor mir: ein rotes Taschentuch um den Kopf geschlungen, in einem einfachen Leinenkleid, ohne Strümpfe, die Füsse in Holzpantinen (Zoccoli), sie spricht gerne und gut französisch. Ihre braunen Augen sind gross und klug. Wenn sie durch die Wälder des Südens geht, begleitet sie sicher der grosse Pan, der nur für sie aus seinem Schlaf erwacht(…)".

Friedrich Glauser, *Dada, Ascona und andere Erinnerungen*, Arche Verlag, Zürich (1967)

CHARLOTTE BARA [1901 - 1986]

Die Nonne des Tanzes

Wer weiss, mit welchen Augen Charlotte Bara um sich schaute. Wer weiss, was in ihrem Blick lag und wie sie sich die Wirklichkeit aneignete, diese innovative, leidenschaftliche, "heilige Tänzerin". Sie schaute vielleicht wie eine Künstlerin schaut: mit verzehrender Glut, mit einem Sinn für Schönheit und Wahrheit. So nahm sie das auf, was ihre Netzhaut speicherte, sie *fühlte* es und dann tanzte sie…

Charlotte Bara wurde 1901 in Brüssel als Tochter deutscher Eltern geboren. Ihre Tanzausbildung begann sehr früh unter der Leitung einer belgischen Schülerin von Isadora Duncan. 1915 war sie in Lausanne: Ihr Lehrer war Alexander Sacharoff, und als seine Schülerin stand sie zwei Jahre später in Brüssel zum ersten Mal auf der Bühne. Dann ging sie für einige Monate nach Holland, wo sie offiziell debütierte und dank dem mystischen Tänzer Raden Mas Jodani den javanesischen religiösen Tanz entdeckte. 1919 kam sie erstmals nach Ascona, in Begleitung ihres Vaters, der dort das alte Kastell San Materno gekauft hatte. Während sie auf den Einzug in das neue Heim wartete, begleitete sie die Eltern nach Berlin. Dort setzte sie das Studium fort, erprobte die ganze Spannbreite des Tanzes, erweiterte ihre Interessen und liess sich von den heiligen Tänzen des Ostens, dem christlichen Mittelalter und der Renaissance inspirieren. Im Alter von erst achtzehn Jahren war sie in Europa bereits eine der aussergewöhnlichsten mimischen Tänzerinnen ihrer Zeit. Ihre langen Haare, die fliessenden Gewänder, die wunderschönen, ausdrucksvollen Hände zogen den Blick und die Bewunderung an, auch von Gabriele d'Annunzio, der in ihren Bewegungen die Duse wieder erkannte.

Wien, Paris, Florenz, Rom… 1922 trat sie erstmals in Locarno auf, 1926 war sie in Ascona. Von grossem künstlerischem Ehrgeiz beseelt, entschied sie zu bleiben, um die Erneuerung des Tanzes fortzusetzen, den die Duncan, von Laban und Mary Wigman einige Jahre zuvor auf dem Monte Verità eingeleitet hatten. Sie waren zu neuen Bühnen aufgebrochen, Charlotte hingegen blieb, so dass sie nach dem Zweiten Weltkrieg das Schweizer Bürgerrecht erhielt. In Ascona liess sie sich ein Haus errichten, wo sie kreativ arbeiten, sich ausdrücken und ihr Wissen weitergeben konnte: Das Theater San Materno, das erste moderne Kammertheater der Schweiz, das ihr Vater Paul Bachrach dem Architekten Carl Weidemeyer in Auftrag gab und das zwischen 1927 und 1928 gebaut wurde.

Charlotte Bara brachte so den Tanz an die Füsse des Monte Verità und nahm sich vor, ihn zu erneuern. Dafür inspirierte sie sich an der Theaterrevolution, die von der Duse zu Beginn des 20. Jahrhunderts in die Wege geleitet worden war. Abgesehen vom Ergebnis ihrer Anstrengungen, stach sie unter den vielen unvergesslichen Persönlichkeiten, die damals in Ascona lebten, vor allem durch die Kraft ihrer Seele und ihr ganz persönliches Glaubensverständnis hervor: Sie glaubte nicht so sehr an eine einzige Religion, sondern an die Heiligkeit, die allen gemeinsam ist, an einen Mystizismus, der sich in Riten, Bildern, Gesten und einem verschwommenen Nebel von Weihrauch ausdrückt. Und sie glaubte an die Kunst, an die bedingungslose Notwendigkeit, sein Leben dem Ausdruck der Schwingungen und der Wahrheit der Seele zu opfern: "Von unwiderstehlichen Kräften geleitet, hat sie sich, statt Nonne zu werden, dem Tanz geopfert" schrieb Anton Giulio Bragaglia, nachdem er sie 1926 in Rom tanzen gesehen hatte.

... Charlotte Bara liess ihren Blick vielleicht manchmal von der romanischen Kapelle des Kastells San Materno hinunter auf den Garten ihres Hauses schweifen, und dann noch weiter hinunter auf den Friedhof, wohin sie 1986 ihren Eltern folgte; dann nach oben auf ihr kleines weisses Theater... Welche Kraft musste dieser Blick besitzen, wenn er, innerhalb eines Nichts, die Orte ihres Lebens umfing, und sie zusammenzuhalten vermochte und immer wieder aus dem Ungesehenen schöpfte. Dieser Blick, und im Mittelpunkt ihre tiefe Künstlerseele. **Demetra Giovanettina**

Charlotte Bara

CARLO RAMPAZZI [1949]

"Mein Kreuzgang in der Sonne"

Ein Garten. Oder besser, der Kreuzgang eines Klosters. Eines Laienklosters. Am Ende der Via dei Ghiriglioni, wenig oberhalb der Seepromenade, befindet sich das grosse Haus von Carlo Rampazzi, das zugleich sein Geschäft ist. Rampazzi ist Einrichter, Innenarchitekt, wahrscheinlich der internationalste Asconeser unserer Zeit. Einer, der mindestens einmal pro Woche von Ascona in die Welt hinausgeht, um seinen Beruf auszuüben.

Die Begegnung mit dem Architekten findet in seinem Büro statt. In wenigen Stunden wird er in Paris sein. Linkes Ufer, wenige Schritte vom Louvre entfernt. "In Paris" sagt er stolz, "habe ich ein wunderschönes Haus". Und doch kehrt er immer wieder nach Ascona zurück. Er korrigiert mich: "Ich komme in dieses Haus zurück, das meiner Familie gehörte und wo ich praktisch mein ganzes Leben verbracht habe. Es ist ein ganz besonderes Gebäude, wo die Arbeiter meines Vaters, der ein Baugeschäft hatte, wohnten, wo aber auch Maler und Künstler wie Dimitri geboren sind. Ich war verliebt in das Haus und wollte es für mich haben. Hier habe ich alles, hier gehe ich sehr selten aus. Heute erlebe ich Ascona in der Klausur dieses Gartens". Ein wenig wie die Finzi-Contini, eine Mauer, die die äussere Welt von der inneren trennt, wo die Geografie der Zuneigungen und der Erinnerungen Gestalt annimmt.

Ich denke an Ascona, das ganz anders ist, und denke an diesen Garten. Eine Insel auf der Insel. "Ascona ist Ascona. Es war eine kleine andere Welt. Und deshalb denke ich heute manchmal, wenn ich es mir anschaue, dass wir etwas falsch machen. Ich bin besorgt, wenn ich von einer Ecke des Borgo den Blick hebe und das sehe, was ich in jeder Peripherie der Welt sehen könnte. Dann denke ich, dass diese Globalisierung von Bildern, Orten wie diesem, nicht gut tut". Denken Sie wehmütig an das alte Ascona zurück? "Nein, das nicht, weil die schmerzliche Erinnerung ein Gefühl ist, das ich mit dem Altern verbinde, aber ich denke, dass Ascona auch schöner hätte sein können, wenn es seine Besonderheiten aufmerksamer gepflegt hätte".

Und doch scheint es unvermeidlich, dass eine gewisse Globalisierung auch von den schönsten Orten Besitz ergreift. "Das ist falsch, wenn ich mich mit einer Einrichtung beschäftige, tue ich es im Gedanken an die Personen, die ich vor mir habe, und nicht im Gedanken an irgendeine Person".

Maison in Paris und Aufträge in allen fünf Kontinenten, aber über Ascona zu sprechen gefällt ihm und er verbirgt es nicht. Er sagt diese Dinge ohne Groll und ohne Polemik. Vielleicht mit einer kaum merkbaren Enttäuschung. Eigentlich hat Ascona diesem Mann mit seiner steilen Karriere viel gegeben. Und vielleicht hat der Borgo ihm die Lust gegeben, seinen Beruf auszuüben.

Ich frage ihn nach dem alten Ascona, nach den Jahren seiner Kindheit, als der Borgo sich in die Welt drängte mit der Unverschämtheit derer, die die eigene Faszination entdecken. Seine Augen leuchten und er entspannt sich. Ohne Zögern sagt er: "Ascona war wunderschön". Er hält inne, schaut zum Fenster hinaus. Erinnert sich. "Es war voller Antiquitätengeschäfte, Kunstgalerien. Überall standen die Türen offen, man hatte keine Angst, dass jemand etwas stehlen könnte. Wenige, aber erlesene Boutiquen. Und die *Night Clubs*... Ein aussergewöhnliches Ambiente, etwas ganz Besonderes. Und ich betrachtete diese Welt mit den Augen eines kleinen Künstlers". Das gleiche Ambiente, in dem der Architekt ein paar Jahre später in der Via Borgo das Einrichtungsgeschäft "Selvaggio" eröffnete. Dieser Name ist geblieben. Was war es, Lust auf Ausschweifung? "Es war Lust auf Freiheit, das zu machen, was ich wollte. Am Anfang hatte ich nicht einmal einen Tisch und packte die Dinge am Boden ein. Und doch verstanden viele Kunden, dass dieses Geschäft die Nase vorn hatte, jenes gewisse Etwas von Unkonventionalität, das den Unterschied ausmachen kann". Ein paar Jahre sind seither vergangen... "Aber ich sehe sie nicht. Ich habe weder zur Vergangenheit noch zur Gegenwart ein zeitliches Verhältnis. Ich bin 62 Jahre alt, aber ich spüre es nicht. Ich entwerfe immer noch, will etwas machen, an neue Dinge denken. Wissen Sie, wenn ich nicht in Ascona wohnen würde, würde ich fest nach Paris gehen, weil Paris der Inbegriff der Stadt ist und die Stadt hält dich wach, es sind die Geschäfte, das *Business*, die Internationalität der Dinge. Die Stadt ist eine dauernde Herausforderung. Und das ist ein Aspekt, der mich fasziniert".

Man spürt, dass sich hinter den farbigen Autos (es sind viele), hinter den bewusst "übertrieben" gehaltenen Schaufenstern, hinter einer gewissen Art, sich zu geben, ein Mann mit breiten Interessen und wacher Intelligenz verbirgt, auswählend, wie es die Menschen von Qualität sind. "Ich glaube, dass ich kreativ bin und ein Farbenmensch", sagt er mir. Es erübrigt sich, ihn zu fragen, ob er diesen Beruf, diesen Weg wieder wählen würde. Bestimmt. Aber vielleicht würde er auch etwas anderes machen: "Was mich wirklich fesselt, ist die Kunst. Ich hätte malen wollen. Künstler oder Galerist werden. Aber damals war nicht die richtige Zeit dazu".

Am Ende unserer Begegnung frage ich ihn, wie es um Ascona bestellt ist, gestern und heute... Was ist Ascona? Er denkt eine Weile nach und erzählt mir eine Episode. "Ich eröffnete mein neues Geschäft in der Via Ghiriglioni und sagte zu einer meiner Kundinnen, einer Frau aus dem alten Ascona, sie solle mich doch besuchen. Sie bereitete sich eine ganze Woche lang vor; sie liess sich eigens ein Kleid nähen und präsentierte sich mir ganz in Weiss, auch mit weissen Schuhen. Tadellos. Sie hatte die Besonderheit dieses Augenblicks betonen wollen. Das war etwas ganz Wunderbares. Das war Ascona". Der Architekt steht auf und tritt auf die Terrasse. "Kommen Sie, kommen Sie und sehen Sie, wie schön dieser Garten in der Morgensonne ist". Ich erhebe mich und folge ihm, und denke an seine Worte: "Das war Ascona". Und ich sage mir: Wenn ein Ort es einmal verstanden hat, einen solchen Augenblick zu schenken, wenn er es verstanden hat, solche Leute hervorzubringen, wird er es auch wieder tun können. Nicht heute, nicht morgen, aber eines Tages... Wenn die richtige Zeit kommt. **Niccolò Giovanettina**

Carlo Rampazzi, Architekt und Inneneinrichter von internationalem Ruf. Alles begann... "Eines Morgens vor vielen Jahren, als ich im *Corriere della Sera* über den Salone del Mobile in Mailand las. Ich sagte mir, da musst du unbedingt hingehen, wenn du ein Einrichtungsgeschäft eröffnen willst. Ich kam mit zwanzig Visitenkarten nach Mailand und was ich sah, veränderte mein Leben: Ich war ergriffen von der Schönheit der ausgestellten Dinge und begann zu kaufen. Sofas, Spiegel, Büchergestelle, Küchen. Als es ans Bezahlen ging, gab ich die Bankdaten meines Vaters an. Ich kam nach Ascona zurück und erklärte die Sache meinen Eltern. Sie hatten eine schlaflose Nacht und sagten mir am nächsten Morgen, das sei der letzte Streich gewesen, den ich ihnen gespielt hatte, aber sie halfen mir, mein Geschäft zu eröffnen".

URSULA BECHTOLSHEIMER [1950]

"Ich trete in eine neue Welt ein"

Ursula Bechtolsheimer wurde 1950 in Deutschland geboren als Tochter von Karl-Heinz und Hannelore Kipp, Besitzer der Tschuggen Hotel Group, die in der Schweiz Hotels in Arosa und St. Moritz ihr Eigen nennt. Und das Eden Roc in Ascona.

Ursula Bechtolsheimer ist früh nach Ascona gekommen und immer wieder zurückgekehrt. Nicht nur, um zu arbeiten, sondern auch aus sentimentalen Gründen. Ich habe mich an einem späten Oktobermorgen mit ihr getroffen. Hotel Eden Roc: ein Salon in "Farben, die an die Côte d'Azur erinnern" und mit Seeblick.

Sie ist pünktlich und erwartet mich in ihrer schlichten Eleganz. Ihre Familie besitzt Hotels in Deutschland, Arosa und St. Moritz. Doch Frau Bechtolsheimer sagt uns gleich zu Beginn: "In Ascona ging es nicht nur um eine finanzielle Investition, sondern vor allem um den Ort, wo wir als Kinder unsere Ferien verbrachten. Meine Eltern besassen eine Wohnung im Eden Roc und waren damit sehr glücklich. Darum beschlossen sie, das Hotel zu kaufen, als sich die Gelegenheit dazu bot". Es war eine Frage der Wahlverwandtschaft, von jenem *sich wohlfühlen*, das Ursula Bechtolsheimer oft über die Lippen kommt, wenn sie an Ascona denkt. Das gilt für sie, das gilt für ihre Kinder, das gilt für ihre Eltern.

Aber was bedeutet "sich wohlfühlen" hier? Sie lächelt: Es ist ein kurzes, sehr feminines, sehr feines Lächeln. "Das ist schwer zu sagen..." Sie scheint fast zu zögern angesichts der Schwierigkeit, etwas zu erklären, das für sie gleichzeitig klar und schwierig ist, und es nicht zu banalisieren. "Das ist Ascona. Das ist speziell. Wenn ich in die Via Albarelle einbiege und plötzlich den See erblicke, die

Berge und dieses besondere Licht, ist es, als würde ich in eine andere Welt eintreten. Man spürt eine innere Kraft, die Ascona zu geben versteht. Und es ist etwas, das jeden Tag neu beginnt, immer neu und gleich". Sie schweigt, in ihrem Blick liest man Bewegtheit. Sie scheint wirklich glücklich zu sein, hier und jetzt. "Ich habe gegenüber dieser Landschaft ein Gefühl, das sowohl ästhetisch geprägt als auch religiös ist, und ich habe gelernt, nichts für selbstverständlich zu halten, jeden Tag zu danken für das, was ich hier sehen kann".

Das Wort, das dies alles beschreibt, spricht sie in ihrem weichen Deutsch aus: Stimmung, Klima, Luft. Daraus besteht die Landschaft von Ascona. Die Spaziergänge, die unterschiedlichen Farben des Wassers ("am Morgen früh ist die beste Zeit"), die Gerüche der Vegetation, das Schwimmen im See ("dieses Jahr bis zum 7. Oktober, mein Mann bis zum 10.") sind die mit allen Sinnen wahrgenommenen, persönlichen Aspekte einer tiefen Verbindung, die bewirkt, dass "Ascona niemals zur Gewohnheit wird, sondern mich immer wieder staunen lässt". Der Erfolg des Eden Roc hängt auch damit zusammen. "Wir möchten, dass unsere Gäste zwei Dinge spüren: sie sollen sich ein bisschen wie zu Hause fühlen, und eigentlich sind meine Eltern die ersten, die das so erleben, und sie sollen die Besonderheit von Ascona erfahren. Deshalb haben wir versucht, im Hotel und im Garten etwas von dem einzufangen, was man draussen spürt".

Während Ursula Bechtolsheimer mir weiter über ihr Ascona erzählt, fällt mir spontan eine Frage ein. Wird die Leidenschaft, die Hingabe, die ihre Eltern für diesen Ort und diesen Beruf hatten, auch in Zukunft anhalten? Die Antwort, die sie mir gibt, ist einfach: "Selbstverständlich. Wir sind eine Familie, die viel zusammen gearbeitet hat und die sehr eng ist". Damit meint sie, dass gewisse Dinge, gewisse Verbundenheiten weitergegeben werden. Am Ende unserer Begegnung frage ich sie, ob sie sich als Asconeserin fühlt. Die Frage überrascht sie. Sie zögert einen Augenblick mit der Antwort. "Ein bisschen schon, ja". Sie sagt es mit einem Anflug von Schüchternheit, als hätte sie nicht das Recht dazu, obwohl die Vorstellung ihr im Grunde genommen gefällt. Der See ist jetzt und aus diesem privilegierten Blickwinkel besonders schön. Zum Abschied möchte ich ihr sagen, dass Ascona aus Erde gemacht ist, aus Dorfgeschichten, aus der Beteiligung aller, die jeden Tag dort leben. Aber auch aus Menschen wie ihr, Ursula B., die dem Licht des Südens, von dem der Hotelprospekt spricht, die Lichter des Nordens hinzufügen verstehen. **Niccolò Giovanettina**

Leo Kok 1893 - 1992

wurde in Amsterdam geboren. Er spielte für Charlotte Bara. Gefangener in Buchenwald. Als die Nazis erfuhren, dass er Pianist war, brachen sie ihm die Finger.

"Nach dem Lager kehrte er nach Ascona zurück, wo das begann, was er sein "zweites Leben" nannte, das Leben, in dem sich die Träume verwirklichen. Sein Traum hatte einen Namen, Libreria della Rondine, ein Schaufenster und eine Tür in der geschichtsträchtigen Casa Serodine, einen Steinwurf vom See entfernt".

Cristina Foglia

Boris Luban-Plozza
1923 - 2002

Arzt und Schriftsteller, 'Seele' der internationalen Balint-Treffen von Ascona. Er engagierte sich sehr stark für das kulturelle Leben des Borgo.

"Boris Luban war einer der letzten Zeugen, die das Ascona des 20. Jahrhunderts verkörpern, durchdrungen und beseelt vom Hauch jenes leuchtenden und gepeinigten Mitteleuropa, das unter vielen Qualen mit der Idee geliebäugelt hat, in die Gefilde der Seele einzudringen, um sie anzuhören und zu pflegen...".

Graziano Martignoni

PETER SCHIFFERLI [1920 - 1980]

Der Verleger, der den Lago Maggiore liebte

In Zürich gründete Peter Schifferli den Arche Verlag. Er gab einige der bedeutendsten Autoren des 20. Jahrhunderts, wie Dürrenmatt und Bernanos heraus. Aber in Ascona lebte er.

Eine grosse Neugierde und eine unerschöpfliche Quelle von Witzen, die er mit Vorliebe in geselliger Runde erzählte. Diese beiden Elemente prägten, laut dem Sohn Christoph, die Persönlichkeit Schifferlis. Und wo, wenn nicht im Café, erfährt man alles über alle? Deshalb sah man ihn in Ascona oft im Café Verbano in der Via Borgo sitzen, dem gewohnten Treffpunkt seines Freundeskreises. Der Gründer des Arche Verlags war ein heiterer Mensch, doch sein Leben war kurz: 1980 starb er, noch nicht sechzigjährig. Ein Nachruf in der deutschen Zeitung *Die Zeit* bezeichnete ihn als einen der interessantesten Verleger der Nachkriegszeit.

Peter Schifferli war grösstenteils in Zürich tätig. Seine Arbeit beschäftigte ihn mindestens vier Tage pro Woche. Aber sobald er konnte, kehrte er nach Ascona zurück. Um mit der Familie zusammen zu sein, um mit Freunden zu plaudern und um nachzudenken, vielleicht auf der Terrasse seines Hauses, das auf den See hinausging, zwischen den Reben und einer alten Kirche. Die Leidenschaft für das Verlagswesen hatte ihn schon im Knabenalter angesteckt. Während seines Rechtsstudiums an der Universität verbrachte er viel Zeit in den Buchhandlungen der Altstadt oder mit dem Schreiben von Buchrezensionen für Zeitungen.

Vater Schifferli musste bald erkannt haben, dass sein Sohn nie Anwalt werden würde. Er fand sich nicht nur mit der Wirklichkeit ab, sondern gewährte ihm auch ein Darlehen, um einen kleinen Verlag auf die Beine zu stellen. Das gelang Schifferli 1944, den schwierigen Zeiten zum Trotz. Das Projekt war ehrgeizig: Er wollte eine Notbibliothek für die unmittelbare Nachkriegszeit schaffen, eine Art Halt, eine Arche. So entstand der Arche Verlag: zwei Zimmer, ein Schriftsetzer und viele Ideen. Im Katalog Werke von Werner Bergengruen, Gottfried Benn, Bernanos, Romano Guardini und Ernst Jünger. Als überzeugter Antifaschist pflegte Schifferli Umgang mit den politischen Emigranten des katholischen Umfelds. Doch in der Stadt des Cabaret Voltaire konnte ihm die künstlerische Avantgarde mit Kurt Schwitters, Hans Arp und Hugo Ball nicht entgehen. Auf der Suche nach Schriftstellern mit freiem Geist, offen für eine Auseinandersetzung mit den Themen der Gegenwart, förderte oder setzte er wieder auf Schweizer Schriftsteller, darunter Friedrich Dürrenmatt, Friedrich Glauser, Hugo Loetscher, Elisabeth Meylan und Adolf Muschg.

Wie in Ascona nahmen die Ideen auch in Zürich in einem Café Gestalt an, im Odeon am Bellevue, im Hintergrund das Rasseln der Trams. Ideen, die dem Arche Verlag Namen zuführten wie Ernst Robert Curtius, Ezra Pound, Gertrud Stein, Silja Walter, Thornton Wilder und Katherine Mansfield, die in der Reihe "Die kleinen Bücher der Arche" erschienen.

Peter Schifferlis Interesse für die moderne Kunst, die in der Schweiz verschiedene herausragende Vertreter hatte, stand hinter der Reihe "Horizont", in der Porträts und Essays von Künstlern, Schriftstellern und Musikern erschienen. Heute sind die kleinen quadratischen Bücher mit den lebhaften, farbenfrohen Umschlägen, von Künstlern wie Mirò, Giacometti oder Arp originell gestaltet, begehrte Sammlerstücke.

Cristina Foglia

FRANZISKA ZU REVENTLOW [1871 - 1918]

Eine Scheinehe

Gräfin Franziska zu Reventlow war Ende des 19. Jahrhunderts die Königin der Münchner *Bohème* und kam 1910 infolge finanzieller Probleme nach Ascona, die sie in ihrem Roman *Der Geldkomplex* beschreibt. Sie starb in Locarno und wurde dort begraben: an ihrer Seite liegt heute ihr Sohn Rolf.

"Mitte Juli gehe ich nach Ascona, um mit Mühsam gemeinsame Raubzüge zu machen. Er hat dort schon ein festes Engagement für mich".

Nein, die Autorin dieser geheimnisvollen Worte ist nicht eine Verschwörerin oder Diebin; es handelt sich um eine Gräfin, Franziska zu Reventlow. Aber lassen Sie sich vom Titel nicht täuschen: Auch wenn sie von reinstem deutschem Adel abstammte, schüttelte sich die Reventlow bald die Strenge, die in der Familie herrschte, ab und begann, auch unter dem Einfluss geheimer Ibsen-Lektüre, von der Freiheit zu träumen. Eine Freiheit, die sie ganz alleine eroberte, wenn sie ihr Zuhause verliess und ins Münchner Schwabing-Viertel zog, wo die *Bohème* ihren Mittelpunkt hatte. Dort lernte sie die "Kosmische Runde" kennen, skandalisierte die gute Gesellschaft mit der Schar ihrer Liebhaber und wurde von einem unbekannten Herrn schwanger, was damals für eine allein stehende Frau wenig erstrebenswert war. Doch die Reventlow liess sich nicht einschüchtern: Während der Schwangerschaft von den Gedichten gestärkt, die ihr Freund Rilke jeden Tag in den Briefkasten legte, gebar sie den Sohn Rolf, der zum treusten Gefährten ihres Lebens wurde. In der Folge wurde sie mehrmals schwanger, aber immer mit tragischem Ende; trotzdem war sie immer voller Leben und unbeschwert.

Dieser Ton beherrscht auch die grösstenteils autobiografischen Romane, die sie in ihrem Leben schrieb. Sie schrieb, sagt sie, "weil ich nichts anderes kann"; und etwas musste sie ja tun, um sich und ihren Sohn Rolf durchzubringen. Doch trotz aller Anstrengungen war ihr Leben eine dauernde "Wirtschaftskrise", und so erachtete sie es als einen Segen, als ein Freund, Erich Mühsam, ihr einen ganz besonderen Vorschlag machte: Er hatte einen baltischen Baron kennen gelernt, der ein Vermögen erben sollte, aber nur unter der Bedingung, dass er eine Adelige heiratete. Die Reventlow erklärte sich also bereit, eine Scheinehe einzugehen und die Beute zu teilen; 1910 kam sie nach Ascona, um den Bräutigam kennen zu lernen, mit dem sie die Erbschaft durch das «feste Engagement» der Ehe "abzuräumen" gedachte. Die Heirat wurde geschlossen ("es war der reinste Karneval. [...] Keiner von uns wusste, wo sich die Kirche befand") und dann begann das lange Warten aufs Geld. Dieses Warten verbrachte sie nicht untätig: In einem *Roccolo* in der Nähe des Monte Verità erlebte die Reventlow ihre produktivsten Tage: Sie übersetzte, unterrichtete Rolf und schrieb ganze vier Romane.

Doch Ascona war für sie nicht nur eine inspirierende Muse: Die Gräfin konnte die Monteveritaner nicht ausstehen: "Sie sind nur Narren und Propheten"; und in Ascona erlebte sie eine herbe Enttäuschung, als die Bank, in der die besagte Erbschaft deponiert war, Bankrott ging. Die Scheinehe endete also in einer Farce, aber die Angelegenheit hatte zumindest den Vorteil, ihr einen festen Partner zu verschaffen, den Anwalt Respini-Orelli, und einen Ort, wo "das hiesige Idyll (...) immer noch besteht - man wird alt und beständig". Alt wird Franziska zu Reventlow hingegen nicht, sie stirbt mit erst 47 Jahren an den Folgen eines Fahrradsturzes, nachdem sie eingestanden hat: "Ja doch, Ascona gehört entschieden zu meiner Biographie". **Sara Groisman**

TINA SPINAS [1926 - 2009]

Simone de Beauvoir an der Wand

Zwischen den Siebziger-und Ende der Neunzigerjahre führte eine ganz besondere Frau die Buchhandlung Al Puntel in Ascona: Elegant, mit einem starken Temperament und kosmopolitisch, zog Tina Spinas in ihrem Laden leidenschaftliche und extravagante Kunden an.

Heute kann man sich schwer vorstellen, was sich in den Mauern an der Ecke zwischen der Via Collegio und der Carrà dei Nasi befand. Eine Holzdecke, ein Schreibtisch, eine Wendeltreppe und... Bücher, Bücher überall: auf den Gestellen, auf den Stühlen, am Boden. An den Wänden einige Porträts: Simone de Beauvoir und der Buchhändler Leo Kok, dessen Raritätengeschäft sich wenige Gehminuten von hier befand. Doch das war vor vielen Jahren. Und am Schreibtisch, eine Flasche Mineralwasser immer in Reichweite, sie, Tina Spinas: sehr elegant in ihren gewagten Farbverbindungen, die Finger mit Ringen geschmückt, echte Antiquariatsstücke aus der Zeit des Jugendstils.

Tina Spinas, eine verbissene Leserin, immer mit einer Zigarette im Mund, verwandt mit den Familien der grossen Hotellerie des Engadins; sie verband ihre Faszination für das Existentialistische-Französische mit einer farbigen Mehrsprachigkeit, die manchmal abdriftete und in der gröbsten unflätigen Rede Schiffbruch erlitt. Ihre tiefblauen Augen kontrastierten mit der immer gebräunten Haut. Eine scharfe Zunge und eine grosse Kultur verbanden sich mit einer Spur von Snobismus, mit dem sie alle erfolgreichen Verlage mit Verachtung strafte und die Klassiker bevorzugte. In ihrer Buchhandlung funkelten die renommierten Reihen wie Juwelen: La Pléiade, die Bände des Verlegers Guy Levis Mano, so wie die Werke der grossen deutschen und österreichischen Autoren.

Die Buchhandlung Al Puntel (das heisst Treffpunkt) war auch ein Ort der Begegnung für Persönlichkeiten eines schrägen und originellen Asconas. Künstler, Dandy, Müssiggänger und *femmes fatales* waren bezaubert von der Persönlichkeit dieser Buchhändlerin *sui generis*, die, wenn sie schlechte Laune hatte, auch mürrisch und unfreundlich sein konnte.

Während fast dreissig Jahren hielt Tina Spinas durch, nicht ohne Schwierigkeiten, auch dank der Hilfe junger Bücherliebhaber, die von ihrer Persönlichkeit wie von einem Magneten angezogen wurden. Ivo Fantoni, der in den Neunzigerjahren für sie arbeitete, erinnert sich in seiner Erzählung "Librerie Petruschka" mit vergnüglicher Zuneigung an sie, umgeben von der bunten Schar ihrer Kunden: die drei holländischen Schwestern, die sich auch in fortgeschrittenem Alter an Weihnachten wie Engel herausputzten, mit regelrechten Flügelchen auf den Schultern, der Politiker Jean Ziegler oder die Zauberin mit dem schweigsamen Mann im Schlepptau.

Ursprünglich war das grosse Zimmer, in dem sich die Buchhandlung befand, wohl die Werkstatt eines Schmieds gewesen: An den Deckenbalken sah man noch angenagelte Hufeisen, und das Gitter vor dem Fenster bestand aus aneinander geschweissten Metallstücken. Der Mietvertrag, so erzählt man sich, war vom Besitzer, dem Koch Ivo Balestra, dessen Restaurant sich auf der gegenüberliegenden Strassenseite befand, an Ort und Stelle auf einem Bieruntersatz geschrieben worden. Andere Zeiten, in denen man noch träumen konnte, von einer kleinen Buchhandlung zu leben. In einen Wald von Publikationen und Schulden verstrickt, die ihr über den Kopf wuchsen, entschied Tina Spinas, das Handtuch zu werfen. Doch manche erinnern sich noch daran, dass man bei ihr unter einem Stoss von Büchern eine Perle, eine seltene Ausgabe oder einen vergriffenen Titel entdecken konnte. **Cristina Foglia**

SENTA BOBILOFF

Senta, die weiter rauchte

Senta Bobiloff verkaufte Knöpfe in der Via Borgo in Ascona. Die gebürtige Bernerin war indonesische Holländerin geworden, hatte einen Russen geheiratet, der sie verliess und später zum Sterben wieder nach Hause kam und von ihr bis zum letzten Tag gepflegt wurde. Senta war vielleicht Kommunistin, vielleicht besass sie den Ausweis mit Hammer und Sichel; vielleicht hatte sie einen grossen religiösen, manchmal fast kindlichen Glauben. Sie rauchte wie ein Schlot. Wer die Türe ihres Ladens öffnete, wurde von weissem Tabaknebel eingehüllt. Als sie mit 70 Jahren im Spital lag, gaben die Ärzte sie auf: Leukämie. Doch sie rauchte weitere zwanzig Jahre. Senta war arm, sie wohnte zwischen der Via Ferrera und der Via Vorame. Die Küche hatte einen Lehmfussboden. Vom Dach regnete es hinein.

Senta hatte einen Sohn. Er hiess Dimitri und war jung und schön, wie alle Fantasiehelden. Er besuchte das Lyzeum im Papio und war ein fanatischer Antifaschist. Er gehörte zu jenen, die am 8. Mai 1945 den Sympathisanten der Achsenmächte auflauerten. Dimitri wollte das Dach flicken und damit der Mutter helfen. Er wurde Schmuggler, als viele Schmuggler waren, um etwas zu essen zu haben. Vielleicht rutschte er auf dem Eis aus. Er starb vor Hunger und Durst auf dem Ghiridone. Als man die Leiche fand, hatte Dimitri weisse Haare. Man brachte ihn Senta, die sich um ihn kümmerte. Und dann rauchte sie weiter. So entstand die Legende der Bobiloff. Alle, die sie gekannt haben, erzählen ihre Geschichte mit kleinen Variationen. Auf dem Grat zwischen Wirklichkeit und Fantasie. **magio**

GISÈLE RÉAL [1900 - 1971]

Die Lichter von Paris in einer Ecke der Peripherie

Locarno, Via Cittadella. Es ist Mai 1952. Längs der Strasse einfache Läden für die täglichen Bedürfnisse jener, die in diesem Stadtteil wohnen und arbeiten: eine Käserei, eine Bäckerei, ein Geflügelgeschäft, der Schuhmacher. An der Nummer 8 ein Geschäft ganz anderer Art, das an jenem Tag eröffnet wird: Es ist die Galleria Cittadella. Darin steht eine besondere Frau mit bunten Kleidern, einem lebhaften Blick hinter der Brille und entschiedenen Gesten, die Ketten und Armbänder klingeln lassen. Es ist Gisèle Réal, 1900 in Yverdon geboren, die sich in ihrem Leben an der Sonne vieler anderer Orte gewärmt hat. Mit ihrem Mann, der Philologe und Hellenist war, lebte sie in Alexandria und in Griechenland, nach seinem Tod zog sie nach Lausanne. 1951 lässt sie sich in Ascona nieder und vier Jahre später verlegt sie auch die Galleria Cittadella dorthin, in ein Lokal mit Mezzanin gegenüber der Casa Serodine. Andere Orte, gleiche Leidenschaft: Gisèle reist regelmässig nach Paris und baut eine Art kulturelle Brücke zwischen Ascona und der Stadt, die in jenen Jahren der Mittelpunkt der westlichen Kultur war, "zufrieden, dieser Ecke der Provinz eine Dimension über die Grenze hinaus zu geben", notiert der Schriftsteller Angelo Casè. In den damaligen Kunstgalerien Asconas verkörpert die ihre am stärksten den Pariser Geist, es weht ein Wind künstlerischer Avantgarde, vibrierend von Diskussionen und ausserordentlich anregend für die jungen Kunstbegeisterten, die dort ein- und ausgehen: Darunter ist der Maler Pierre Casè, er besucht Gisèle und Wladimir Rosenbaum in seiner "Werkstätte" archäologischer Objekte, in der Casa Serodine, "um Kunstgeschichte zu trinken". Eben in der Cittadella wird er im Alter von zwanzig Jahren seine erste Ausstellung machen.

Gisèle Réal war eine hartnäckige und konsequente Frau, die nur ihrem sicheren Instinkt vertraute. Natürlich gefiel sie nicht allen, das versteht sich von selbst: 1962 war sie wegen finanzieller Probleme erneut gezwungen, mit ihrer Galerie umzuziehen, diesmal ins Kellergeschoss ihres Hauses in den Saleggi. Aber im Grunde genommen genügte sie, Gisèle, um den Ort zu schaffen. **d.g.**

FABIO ARNABOLDI [1950 - 2005]

Ein kleiner Rebstock

Manchmal gehe ich auf den Friedhof von Ascona, um Fabio Arnaboldi zu besuchen. Wenn ich sein Grab betrachte und den kleinen Rebstock, der darauf wächst, denke ich an das seltsame Schicksal dieses Mannes. Gerade in der heutigen Zeit, in der die Menschen oft weniger wert sind, als es scheint, schien er weniger, als er wirklich wert war. Ein unaktueller Mensch. Fabio hatte einen für Ascona typischen Lebenslauf: Schule im Papio, lange Jahre Turner in der Unione sportiva Ascona, sommerliche Bäder im Lido und jenes durch den Borgo Schlendern, mit den Händen in den Taschen, das man nur als Kind lernen kann. Er entschied sich, Önologe zu werden und trat in das Familienunternehmen ein: das Weingeschäft Chiodi, das seine Eltern, Cécile und Attilio Arnaboldi, in den Fünfziger Jahren gekauft hatten.

Fabio führte das Geschäft in der Übergangsphase von der Strohflasche und vom 'einfachen' Wein zu teureren, aber weniger populären Flaschenweinen. Er erfand Etiketten wie *Tre Terre* und *Rompidée*, ein Barrique-Wein, der seinen am Bordeaux geschulten önologischen Idealen nahe kam. Bordeaux war sein zweites Zuhause, er kannte den historischen, kommerziellen und Liebhaberwert von Hunderten dieser grossen Marken auswendig. Doch trotz dieser *allure* vergass er nie, woher sein Geschäft kam: aus einem einfachen Weinhandel. Fabio ging zu allen Kunden. Er, der die Seele des Weins kannte, suchte etwas, das darüber hinaus ging, vielleicht eine Art, das Leben zu verstehen, um mit den andern zusammen zu sein, mit allen anderen.

Er starb Ende Januar 2005, bei einem ungewöhnlichen Autounfall. Vor der Tastatur liegt, während ich schreibe und an ihn denke, eine alte Etikette eines seiner Einliter-Merlot. Eine etwas naive Zeichnung des Borgo. Die Seepromenade, die aneinander gereihten Häuser, ein weisser Hintergrund, den man als Licht interpretieren kann, vielleicht dasselbe Licht, das Ascona und Bordeaux verbindet. Licht des Sees und Licht des Meeres. **magio**

LA CAGE AUX FOLLES

"Ich bin die erste Frau, die in Ascona wählt"

Unter den populären Gestalten der Nachkriegszeit in Ascona verdient auch Albin eine kleine Erwähnung. Er war schwul, schwul und Kellner. Er stellte seine "andere" Sexualität gerne zur Schau - manchmal mit Diskretion und einer Spur Verspieltheit, manchmal laut und Aufsehen erregend. Auf irgendeine Art hat auch er sich, vielleicht unbewusst, eine der positiven Forderungen von 1968 zu eigen gemacht: das Recht auf das Anderssein. In Ascona erinnert man sich an einige seiner berühmt gewordenen Episoden, die zum Lächeln anregen und keinen bitteren Beigeschmack hinterlassen.

Beispielsweise präsentierte er sich, bevor 1969 die Tessiner Frauen das Stimmrecht erhielten, an den Gemeindewahlen in einem kurzen Rock, feinen Strümpfen und Schuhen mit Absatz. Stolz und provokativ sagte er zu den verblüfften Stimmenzählern: "Ich bin die erste Frau, die in Ascona freisinnig wählt". Worauf der Bürgermeister wütend wurde: "Geh nach Hause und zieh dir mindestens Hosen an". In den Genuss eines anderen unvergessenen Gags kamen die Kunden des Restaurants, in dem er arbeitete. Als ihn der Koch, der an jenem Tag sehr nervös war, aufforderte, rasch einen Teller Fenchel zum Tisch Nr. 5 zu bringen, antwortete er geziert: "Kannibalen".*

Wer ihn gekannt hat, glaubt ihn heute noch am Fenster seiner Wohnung an der Seepromenade zu sehen, in einen weissen Bademantel gehüllt, ein Handtuch als Turban. Er scherzte mit den jungen Männern, die unten vorbei gingen und ihm zuriefen, denn er war Teil der menschlichen (und toleranten) Landschaft des damaligen Ascona. Es waren dieselben jungen Männer, die ihn ein andermal am Lido wegen unlauterer Konkurrenz ins Wasser schmeissen wollten: Er stand wie ein kleiner König inmitten einer Gruppe schöner junger Frauen.

Albin hiess eigentlich nicht Albin. Sein Name tut hier nichts zur Sache. Wir haben ihn Albin genannt, weil er ein bisschen Michel Serrault im Film *La cage aux folles* glich. **magio**

* italienisch "finocchio": Fenchel und Homosexueller (Anm. der Übersetzerin)

SCIUETA [1908 - 1998]

Irving dort oben am Horizont

"Sciueta" bedeutet im Tessiner Dialekt Eule. Es war auch der Übername und dann der *de facto* Name von Irving Giese. Sciueta war amerikanischer Herkunft und der Bruder von Caterina Beretta, die *Mein Ascona* geschrieben hat. Für den Maler Pierre Casè "glich er Popeye. Wie kann man so einen vergessen?".

Irving war ein waschechter Matrose, ein Schiffszimmermann, doch er zog dem Schaum der Meere die ruhigen Wasser des Lago Maggiore vor. Er war eine urwüchsige Asconeser Persönlichkeit. Auch wenn er wegen seiner 'besonderen' Haltung dem Leben gegenüber Gefahr lief, in die Kategorie der Käuze verbannt zu werden. Aber man erinnert sich an ihn, es reicht, Sciueta zu sagen, um in vielen Asconesern die Erinnerung wach werden zu lassen.

Er war Besitzer und Erbauer der Sciueta II, des Schiffs, mit dem die 'Piraten' an der Piazza anlegten (siehe Seite 190). Er, der nicht schwimmen konnte, war der Held Hunderter von Abenteuern auf dem See. Und auf dem Meer. Wie damals, als er zwischen Genua und Saint-Tropez - mit dem Antiquar Peter Kohler und Carlo Vester junior - in einen gewaltigen Sturm geriet und Schiffbruch erlitt. Mit knapper Not gelang es ihnen, sich zu retten. Wieder in Ascona antwortete er denen, die ihn fragten, wie denn das schreckliche Abenteuer gewesen sei: "feucht".

Wer ihn gut gekannt hat, sagt ohne Zögern, dass Sciueta ein wahrer Künstler darin war, das Leben mit Fatalismus zu nehmen, mit jener Dosis von Gleichgültigkeit, die zwischen Weisheit und Bedenkenlosigkeit liegt. Was ist aus Irving geworden? Er starb am 19. Oktober 1998, kurz vor seinem 90. Geburtstag, aber ab und zu scheint man ihn zu sehen, am Horizont, am Steuer seines Schiffes, zusammen mit seinen Freunden, den Süsswasserpiraten. Dann geht er an Land und bestellt seinen sprichwörtlichen "*cafelacion*" (grossen Milchkaffee). **magio**

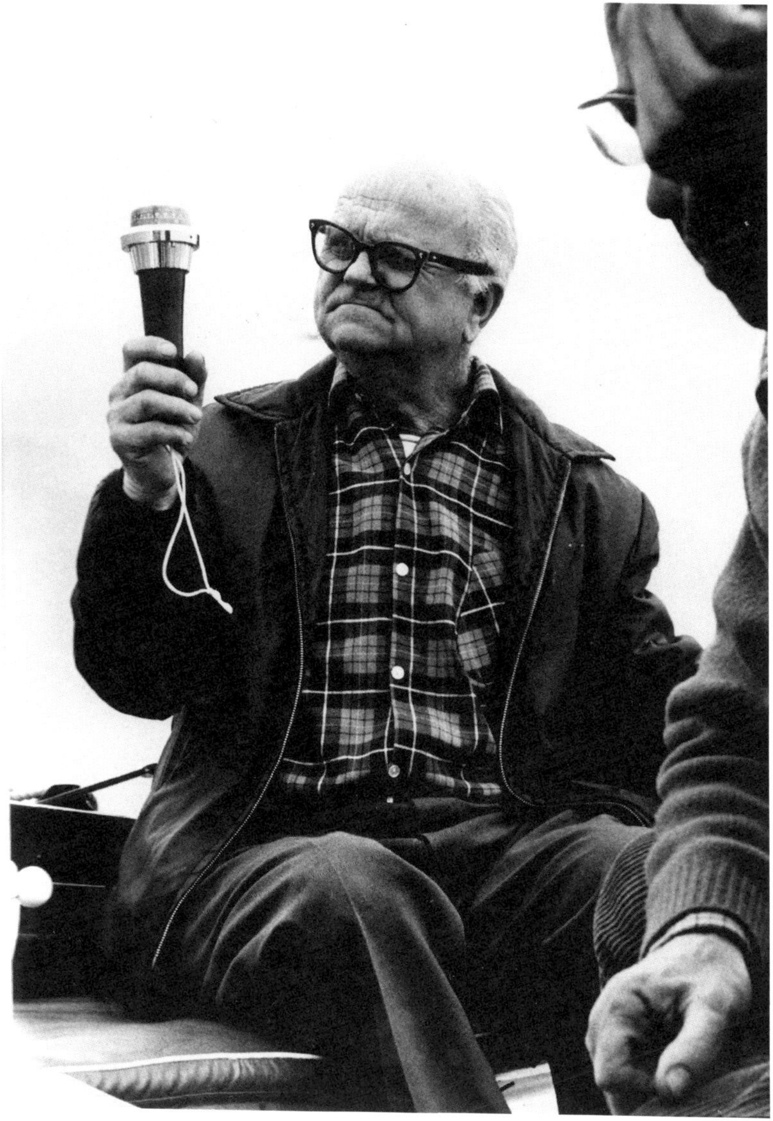

NANNI FILIPPINI [1932 - 1988]

Der Lehrer auf der Lambretta

Nanni Filippini ist durch das Leben Asconas geflitzt wie ein Windstoss an einem heissen Sommerabend. Er, der später ein grosser Intellektueller der italienischen Kulturszene (Germanist, Editor, Kulturjournalist bei *Repubblica*) werden sollte, war im Schuljahr 1958-59 Grundschullehrer in Ascona. Eine sonderbare Wahl für einen, der wenig später vom Verlag Feltrinelli in Mailand angestellt wurde. Einer seiner ehemaligen Schüler in Ascona erzählt: "Es gelang ihm nicht, bis zur Pause ohne Gauloise durchzuhalten, er öffnete das Fenster und rauchte begierig".

Im Locarnese war er schon als Junge bekannt. Der Gott der Intelligenz und der Grenzüberschreitungen hatte ihn geküsst, er war eine brillante Persönlichkeit, weit über dem Durchschnitt. Man verstand, dass ihn ein anderes Schicksal erwartete. Luciano Fornera (mit dem er befreundet war) erinnert sich an den grossen Erzähler, der manchmal auch zu schauspielern verstand: "Er fuhr ein MG Kabrio, spielte im Schiff Schach mit Rosenbaum, machte abends und nachts lebenshungrig die Runde der Lokale und trug einen Rollkragenpullover wie die Existentialisten".

Nanni hatte Charme. Eine damals junge Frau erinnert sich an "sein schönes, freches Lachen. Er brachte mich mit seiner Lambretta nach Hause und während der Fahrt sprach er über Husserl, Marx und viele andere. Mir wehte der Wind entgegen und ich verstand kein Wort. Aber er gefiel mir wahnsinnig". **magio**

CATERINA BERETTA [1903 - 1999]

Sehnsüchtige Erinnerungen an ein verschwundenes Dorf

Caterina Beretta kam als Zehnjährige und mit dem Familiennamen Giese nach Ascona. Von Amerika auf den Hügel des Monte Verità, wo sich ihre Familie 1920 in einem kleinen Chalet, das einem Naturmenschen gehört hatte, endgültig niederliess. In Ascona lernte Caterina zuerst Deutsch und dann Italienisch. Sie heiratete Efrem Beretta, dem sie zwölf Kinder schenkte. Während ihres Lebens, das sich fast über ein ganzes Jahrhundert erstreckte, schaute sie von ihrem "Elfenbeinturm" auf Ascona, das sich verwandelte. Die Freundschaften, die Geschichten und ein bisschen von jener Sehnsucht, die man allen zugesteht, die viele Erinnerungen haben, sind in das autobiographische Buch *Mein Ascona* eingeflossen (Cosmos Verlag, Muri bei Bern, 1983; italienische Originalausgabe: *La mia Ascona*, Edizioni Casagrande, Bellinzona, 1980). Nachstehend zitieren wir einen Ausschnitt daraus.

"Hatten die Kriegsjahre das Zerbröckeln der Naturmenschenkolonie und den Einzug der Künstler auf dem Monte Verità gesehen, so war doch der Charakter des Dorfes unverändert geblieben. Der Ort gehörte den Bauern, Handwerkern und Fischern. Und wo sich heute Boutiquen und Restaurants vermehren, lagen damals Scheunen und Ställe. Wie in einer gemächlichen Prozession kehrten jeden Abend die Kühe auf der Dorfstrasse von der Weide zurück. Sie weideten auch auf der "Pra di prevat", der heutigen Parzivalwiese, diesem wundervoll grünen Dreieck zwischen den hohen Bäumen unterhalb des Monte Verità. Die Kühe dort oben gehörten Signor Gianini, einem alten Bauern, der gut und gern Französisch sprach. Er unterhielt sich oft mit meinem Vater und zitierte auch Molière. "Tu l'as voulu, George Dandin" sagte er ihm, als er im hohen Gras nasse Füsse bekommen hatte".

FRANCESCO RESSIGA VACCHINI [1948]

Ein Grenadier verteidigt die Unabhängigkeit des Borgo

Cece Ressiga Vacchini hat sich seinen Namen selbst gegeben. Da Francesco für ihn als Kind unausprechbar war, wich er auf Cece aus. Genau wie Philip Pirrip in *Grosse Erwartungen* ("so nannte ich mich Pip, und Pip wurde ich dann auch genannt").

Er ist Enkel und Sohn von Bürgermeistern und bekleidete dieses Amt selbst während vier Jahren. Heute ist er noch immer Gemeinderat und bekannt als stolzester Verteidiger der Unabhängigkeit Asconas, die vom Wind der Fusionen rundum gestreift wird. Die 'Freiheit' des Borgo ist seine Leidenschaft, für die er sich mit Leib und Seele einsetzt. Und er legt dafür sein ganzes natürliches Charisma in die Waagschale, und auch seine Fähigkeit, direkt auf die Probleme und Gegner zuzugehen. "Ich betrachte mich als bürgerlichen Antikonformisten, dem es nicht gelingt, in der Herde zu bleiben". Er hat in Zürich Wirtschaftswissenschaften studiert und besitzt eine eigene Treuhandgesellschaft in Lugano, "so kann keiner sagen, dass ich ein persönliches Interesse in der Politik von Ascona habe".

Sein Horizont umfasst nicht nur Ascona, im Gegenteil. "Beileibe nicht, wenn ich an die Geschichte meiner Familie denke, woher wir kommen und wo ich überall gewesen bin... Ich habe Walserwurzeln. Ressiga kommt von Säger. Mein Vorfahre Gioani ist zu Beginn des 17. Jahrhunderts von Fusio nach Ascona hinuntergestiegen und hat hier eine Duni geheiratet. Und durch Heirat hat die folgende Generation den Nachnamen Vacchini angehängt". Dann, während zweihundert Jahren, war die Familiengeschichte eine Art ständiges Hin und Her zwischen Ascona, Europa und auch Südamerika ("Maria Teresa Ressiga Vacchini ist in Mendoza, Argentinien, begraben").

Aber in seiner Welt ist, wie für viele Asconeser, vor allem viel Frankreich. Bewegend die Erinnerung an den Cousin Jean Taupin, der mit 18 Jahren mit den Arditi (Sturmtruppen) kämpfte, Verdun lebend überstand und dann auch mit heiler Haut von den Schlachtfeldern des Zweiten Weltkriegs heimkehrte. Er fixiert mit Genugtuung die Fotografie von Jean, dem Überlebenden. "Das war ein Kerl, schau ihn dir an". Zu 'seinem' Frankreich gehört auch Bartolomeo Antonio Tiberio Ressiga Vacchini, der als napoleonischer Offizier am 2. Dezember 1805 in der Schlacht von Austerlitz fiel.

Mit Cece kann man leicht stundenlang sprechen. Er weiss viele Dinge und erzählt mit Begeisterung. Sein Haus ist eine Art Museum der Reiseandenken seiner Mutter, der Journalistin Pia Pedrazzini ("Eines Tages, ich war zwölf Jahr alt, brachte sie die Sängerin Mina nach Hause, die mir eine Mundharmonika schenkte").

Jetzt kommen Cece Gedanken an die Pensionierung. Das heisst Zeit, die Interessen eines ganzen Lebens zu pflegen. Die Musik: "Ich höre vor allem klassische Musik, ich ging überall hin, um Konzerte zu hören. Am stärksten berührt hat mich der Organist Jean Langlais, als er in Magadino einen herrlichen Bach spielte". Die Berge: "Jahrelang habe ich vom Matterhorn geträumt, dann 1970 habe ich es das erste Mal bestiegen". Die Reisen: "Vier unvergessliche Tage auf dem Berg Athos, mit dieser byzantinischen Welt fühle ich mich geistig verbunden. Bevor ich sterbe, möchte ich nach Santiago de Compostela pilgern. Aber es eilt nicht", lässt er sich mit einem sardonischen Lächeln entschlüpfen. Er steht auf und ist dabei ganz der beeindruckende alte Grenadier von 190 Zentimetern Grösse. Er zeigt auf etwas: "Siehst du diese Vitrine? Dort sind meine Pfeifen eingeschlossen". Er musste aufhören, aber an gewissen Abenden würde er viel hergeben für ein paar Rauchwölkchen. Graue. Blaue. Um die Spannungen zu vertreiben.

ALFONSO PURA [1907 - 1996]

Ein Priester aus anderen Zeiten zwischen Demut und Stolz

Don Alfonso Pura war von 1942 bis 1996, fast 20'000 Tage lang Erzpriester des Borgo. Eine sehr lange Zeitspanne, die ihn zu einer unvergesslichen Figur des 20. Jahrhunderts von Ascona werden liess. Don Pura gefiel nicht allen. Das ist das Schicksal jener, die starke Überzeugungen, eine kämpferische Art und eine Herzenskraft haben, die über das übliche Mass hinausgehen. Aber alle respektierten ihn für sein Leben im Dienste Gottes.

Doch woher stammte dieser so ungewöhnliche Priester? Francesco Ressiga Vacchini erinnert sich an ein Gespräch, das er mit dem Historiker Giuseppe Mondada über Pura führte. "Don Pura wurde 1907 in Brione Verzasca geboren, als Sohn einer ledigen Mutter, deren Eltern ihr aus Scham das Haus verboten, während der Vater des zukünftigen Erzpriesters nach Amerika auswanderte. Die Schwester der zur Armut verurteilten Frau solidarisierte sich mit ihr; sie lebten zusammen in einem Stall, unterstützt von den Priestern des Verzascatals, die sich selbst besteuerten, um der unglücklichen 'Familie' unter die Arme zu greifen. Vielleicht auch als eine Form der Dankbarkeit, wählte der Knabe Alfonso bald das Priesterseminar".

Don Pura kam 1942 nach Ascona, nachdem er im Priesterseminar von Lugano unterrichtet hatte. Er war ein Mann (besser gesagt ein Priester) der Tat und schon in jenen schwierigen Jahren begann er zu zeigen, was sein Naturell war. Abgesehen von allen subjektiven Urteilen ist heute ganz klar, wieviele Werke er für die Pfarrei Ascona verwirklicht hat. Er liess Häuser mit bescheidenem Zins und Altersheime errichten, renovierte Kirchen und realisierte hundert Dinge. Eine pausenlose Aktivität, die oft Kritik und Verdächtigungen hervorrief, auch weil Pura die Buchhaltung vernachlässigte, was sich von denen, die ihm feindlich gesinnt waren, leicht ausnutzen liess. Doch als drei Sachverständige, die von Pura verwalteten Stiftungen einer Kontrolle unterzogen, ging aus dieser grossen Unordnung nicht nur hervor, dass er nichts gestohlen, sondern sogar eigenes Geld investiert hatte. Und nicht wenig.

Don Pura ist im mittleren Weg des alten Friedhofs begraben, damit die Asconeser und Besucher über ihn hinwegschreiten können, falls sie es wünschen: Eine Geste der Bescheidenheit und des Stolzes, die seine Persönlichkeit gut umreisst. **magio**

GUIDO PANCALDI [1920-2011]

Ein Leben wie ein Feuerwerk mit Spiel ohne Grenzen

"Lebe wohl Pancaldi. Er wird im Himmel schon als Schiedsrichter von *Spiel ohne Grenzen* arbeiten". So würdigte die Zeitung *La Stampa* am 5. Oktober 2011 den verstorbenen Schiedsrichter einer Spielshow, die Millionen von Zuschauern hatte und dazu beitrug, dass die Europäer Europa kennen lernten. Die *Jeux sans frontières* waren, so sagt man, von General De Gaulle angeregt worden, und sind noch heute im Gedächtnis der Menschen.

Wer erinnert sich nicht an die unbeschwerte, einprägsame Erkennungsmelodie, die Probe des *fil rouge* und den Augenblick, in dem die verschiedenen Mannschaften den Jolly spielten? Oder an die Worte: "*Attention. Trois, deux, un*", denen ein vibrierender Pfiff des Neuenburgers Gennaro Olivieri oder seines unzertrennlichen Gefährten Guido Pancaldi folgte? Sie waren eigentlich Schiedsrichter im Eishockey und von 1966 bis 1982 bei *Spiel ohne Grenzen*.

Spiel ohne Grenzen kam eines Tages auch nach Ascona. Es war im Jahr 1979, Gennaro und Guido ritten auf einer zahmen Elefantin des Circus Knie in die am Lido aufgebaute Arena ein. Wer weiss, was Pancaldi dabei empfand, der damals zu den angesehensten Persönlichkeiten in Ascona gehörte. Er war Präsident des Fremdenverkehrsvereins, ein ausgezeichneter Golf- und Bridgespieler und ein vielseitiger Fischer, der seinem Hobby in den Tessiner Bergseen und Seen, aber auch in Alaska nachging. Guido Pancaldis Leben glich einem Feuerwerk mit tausend Ästen. Und mit Feuerwerken beschäftigte er sich auch persönlich durch die Gründung einer Gesellschaft, die unter anderem viele Male den Nachthimmel über dem Lago Maggiore erhellte. Oder den Himmel von Montreal, den er in einem internationalen Wettbewerb in ein leuchtendes und knallendes Matterhorn verwandelte. Deshalb hätte ihm das Feuerwerk an seinem Begräbnis gefallen.

Ascona '79
Spiel ohne Grenzen
Guido Pancaldi und Gennaro Olivieri

JA, ICH ERINNERE MICH, dass mein Vater über die Grippe von 1918 sprach. "Er erzählte von einem Burschen, der einen Toten weiss gefärbt hatte (eine sanitäre Massnahme, um die Ansteckung zu verhindern, Anm. des Autors), sich kurz umschaute und sah, dass der angeblich Tote sich auf die andere Seite gedreht hatte". (Hetty de Beauclair)

JA, ICH ERINNERE MICH an das Verschwinden der italienischen Schüler. "Es war 1940. Im Schulzimmer meiner Lehrerin, der Signora Broggini, standen einige Bänke leer. Fast alle italienischen Mitschüler waren gezwungen worden, die faschistische Schule im Konsulat von Locarno zu besuchen. Da wurde mir klar, wer Tessiner war und wer nicht". (Hetty de Beauclair)

JA, ICH ERINNERE MICH an Beniamino, den Tarzan in den Saleggi. "Er lebte auf einem Baum im Delta und trainierte die Zehen, um besser klettern zu können. Er hiess Steingruber. Er wollte wie Tarzan sein. Dann ging er wirklich nach Brasilien, in den Urwald. Ich sah ihn ein letztes Mal, als er mich im Theater besuchte". (Dimitri)

JA, ICH ERINNERE MICH an die vier Betriebe, die Ascona hatte. "Die Swiss Jewel, die Mühle Farinelli, die Teigwarenfabrik von Pancaldi Bain, die Bonbonfabrik Perucchi. Es waren vier, und jetzt haben wir nichts mehr". (Bianca Pedrotta-Rampazzi)

JA, ICH ERINNERE MICH an die kleinen Geschäfte früher in Ascona. "Wenn ich einen Zauberstab hätte, würde ich sie alle wieder auferstehen lassen". (Elenita Baumer-Spertini)

JA, ICH ERINNERE MICH an die Geschichten über die Stummfilme, die in der Carrà dei Nasi gezeigt wurden. "Mein Onkel Piero begleitete die Filme mit der Mandoline und mit Worten. Wenn ihn Schlaf überfiel, rief ihm das Publikum zu: "Pancaldi, wie geht die Geschichte weiter..." (Adriana Pancaldi)

Ascona
D'ANTAN

DER KRIMI DES JAHRHUNDERTS
OPEL ASCONA
DER FLUGPLATZ
AMARCORD

stern
magazin

HEFT NR. 42 HAMBURG, 10. OKTOBER 1971 · 1,50 DM · AUSGABE F: C 8…

B. Busch testet das neue Mercedes-Coupé

Mord in Ascona

stern deckt die

164

DER KRIMI DES JAHRHUNDERTS

Der Fall Zylla

Das, was vom verwesten Körper Egon Zyllas übrig geblieben war, wurde am 19. September 1971 in einer Böschung in Locarno Monti gefunden. In einem schlecht verschnürten Jutesack, aus dem "der rechte Fuss mit Schuh" herausschaute. So begann der Krimi, der mehr als jeder andere die kollektive Vorstellung jener Jahre beschäftigte. Egon Zylla war ein 1912 geborener deutscher Millionär, der in wenigen Monaten seines ganzen Eigentums beraubt wurde. Zur Zeit des Mordes hatte er gerade noch acht Franken und 40 Rappen auf sich und besass einen alten Cadillac mit der Nummer HH-EZ-454, den man am Seeufer in Muralto fand, mit dem Schlüssel im Armaturenbrett.

Zylla hatte das Auto dort abgestellt, um sich zur Verabredung mit dem Tod zu begeben, der ihn am 20. August, einem heissen Freitag im Spätsommer um 21 Uhr in Gordemo erwartete. Zylla wurde zuerst betrunken gemacht, dann läutete er, im Glauben an einem kleinen erotischen Fest teilzunehmen, an der Tür eines Einfamilienhauses. Gedämpftes Licht, intime Atmosphäre, ein bisschen Musik. Er ist guter Laune und macht schwankend einige Schritte. In der Mitte des Korridors hört er, wie jemand auf ihn zukommt, dann schnürt ihm etwas den Hals zu. Dann spürt er nichts mehr. Er gleitet in den Tod durch Erwürgen, "den Händen eines Killers jenen Teil des Körpers überlassend, der den Kopf trägt" *(Il Dovere)*.

Kehren wir zum 19. September 1971 zurück. Dank einer in Zyllas Hose eingenähten Etikette des neuropsychiatrischen Spitals von Mendrisio, in dem der Millionär eine Alkohol-Entziehungskur gemacht hatte, konnte die zersetzte Leiche unverzüglich identifiziert werden. Es begann eine gerichtliche Ermittlung, die zur Sensation wurde. Wer konnte ihn umgebracht haben? Man musste im Morast suchen, in dem der reiche und arme, kranke und ausschweifende Egon zu ertrinken gedroht hatte. Man nahm die Night Clubs, Lokale, Bars und das Nachtleben in Ascona unter die Lupe. Die Polizei drängte auf Ergebnisse. Wer nichts mit dem Fall zu tun hatte, aber verdächtigt wurde, bemühte sich, aus dem Dunstkreis des Verbrechens herauszugelangen. Es kamen die ersten vertraulichen Zugeständnisse von *entraîneuses*, Tänzerinnen und sogenannten Freunden: "Ja, ich kannte Zylla, er schenkte mir ein Collier, der Ärmste, er war grosszügig, aber wie er sich gehen liess". Das war die richtige Spur. Man versuchte zu verstehen, wer die Drahtzieher waren. Am 27. September wurde Doktor Willy Geuer verhaftet, wohnhaft in Minusio, der aber im gleichen Ascona wie Zylla verkehrte. Ein ehemaliger Wehrmachtsoffizier, bis 1949 Kriegsgefangener in Russland.

Seine Partnerin war Gisela Kemperdick, mit ihrem Willy Königin der Asconeser Nächte, gegen die der deutsche Staat einen Haftbefehl wegen Steuervergehen erlassen hatte. Als der Richter sie von den Ferien an der Amalfiküste zurückrief, landete auch sie sogleich im Gefängnis. Laut Anklage hatten sie und Willy, gemeinsam mit Romolo Stoppini, einem anderen Vertreter jenes faulen Nachtlebens, den verblödeten Millionär beraubt und dessen Ermordung beschlossen, um ihm und den Behörden über das entzogene Geld nicht Rechenschaft ablegen zu müssen. Doch Gisela und Willy (von der Presse als "teuflische Geliebte" bezeichnet) hatten auf dem Weg des Todes, in den sie Egon getrieben hatten, einen Berg von Indizien, verdächtigen Intrigen und plump verschleierten Diebereien hinterlassen. Und vielleicht hatte ihnen jemand verraten, dass Zylla ein paar Tage zuvor, entschlossen, das ihm unrecht entzogene Eigentum zurückzugewinnen, zu einer *Barmaid* gesagt hatte: "Keine Angst, der kleine Egon weiss, was er zu tun hat".

Im Locarnese, das von dieser aussergewöhnlichen Justizaffäre emotional überhitzt war, brach das letzte Gewitter los. Handschellen auch für Wolfgang Manser, der Zylla in seinem Haus von Gordemo eigenhändig erwürgt hatte. Er tat es für 50'000 Franken und aus Gründen, die auch den psychiatrischen Gutachtern verborgen blieben. Wie das andere Mal, zwanzig Jahre zuvor, als Manser, "um einem Freund einen Gefallen zu erweisen" einen Mann mit vier Pistolenschüssen erledigt hatte. Als der Oberstaatsanwalt Luciano Giudici am 4. Oktober 1971 vor die Presse trat, um der Öffentlichkeit über die Geschehnisse zu berichten, sprach er von "einem der grausamsten Verbrechen, die je in unserem Land verübt worden sind". Das hörten Dutzende von Journalisten, viele davon Sonderkorrespondenten der wichtigsten deutschen Zeitungen und Zeitschriften. "Mord in Ascona" titelten die *Bildzeitung* und der *Stern* auf der ersten Seite. Bei uns war es und ist es jedoch der Fall Zylla. **Martino Giovanettina**

"Ein mitleidsvoller, bewegter Gedanke für den armen Zylla".

Der Anwalt Ferrari, Verteidiger von Geuer und Kemperdick

Der Tod von Ascona
Bild am Sonntag AKTUELL SERIE

Mord in Ascona

Ein toter Millionär im Jutesack erschreckte die reichen Deutschen am Lago Maggiore

Als der Hamburger Egon Zylla vor zwei Jahren nach Ascona kam, war er dreifacher Millionär. Als er starb, hatte er 600 000 Mark Schulden. Er wollte Freunde finden, doch alle wollten nur sein Geld. Seine Erben hatten sich vorgenommen, ihn entmündigen zu lassen. Als seine Tochter Petra nach Ascona kam, war Egon Zylla tot. Ermordet.

Die Viererbande

EGON ZYLLA [1912-1971]

Reich, aus Hamburg gebürtig, drei Kinder, nach dem Tod der Ehefrau liess er sich in Ascona die Villa Anseatica bauen, wo er sich immer wieder lange aufhielt. Während des Kriegs gehörte er der deutschen Abwehr an, die von Admiral Canaris geleitet wurde. In den Sechzigerjahren hatte er es, dank seinen Geschäften und dem erfolgreichen Verkauf einer Immobilie, zu einigen Millionen Mark und einer Reihe von Immobilien gebracht. Während der letzten Monate in Ascona, die von schweren Alkoholproblemen gezeichnet waren, wollten ihn seine Kinder entmündigen lassen. Deshalb übertrug er Geld und Eigentum jenen, die er später als "Schweine, Ausbeuter und Betrüger" bezeichnete. Damit unterschrieb er sein Todesurteil. Er wurde von Wolfgang Manser in Gordemo umgebracht.

WILLY GEUER [1920 - 2002]

Er hatte "angeblich einen Doktortitel" und gab sich als Geschäftsmann aus, der mit nicht weiter definierten Waren handelte, und als Grossmeister eines amerikanischen Zweigs des Ritterordens von Malta. Er wohnte in Minusio und war im Nachtleben von Ascona zu Hause. Der *Giornale del Popolo* beschrieb ihn in der Berichterstattung über den Prozess wie folgt: "Mit seiner noch immer hageren Gestalt und seinem eisigen Blick verkörpert er den deutschen Offizier, wie wir ihn aus Kriegsfilmen kennen". Laut Anklage und laut allen Gerichten, die sich mit dem Fall befassten, war er, zusammen mit der Lebenspartnerin und späteren Ehefrau Gisela Kemperdick, der Auftraggeber des Mordes. Verurteilt zu lebenslänglichem Zuchthaus. Er wurde 1986 entlassen.

GISELA KEMPERDICK [1929]

Die wahre Heldin und vielleicht auch der Kopf des Falles Zylla. Frau von Welt, tadellose Kleidung und Aussehen, schlau, intelligent und eine starke Persönlichkeit. Kaum hatte Zylla sie kennengelernt, hielt er um ihre Hand an. Gisela beteuerte immer ihre Unschuld (und jene von Geuer) und beschritt alle juristischen Wege. Vergeblich. Sie wurde in erster Instanz zu 18 Jahren verurteilt, vom Appellationsgericht zu lebenslänglichem Zuchthaus. Sie wurde 1986 entlassen und nahm selbstverständlich das Leben mit Willi wieder auf.

WOLFGANG MANSER [1928]

Der Bildhauer (und Killer) lebte in Gordemo. Nachdem er einige Wochen zuvor in Deutschland "nicht den Mut" gehabt hatte, wurde er nun zum unmittelbaren und geständigen Mörder von Egon Zylla. Hätte er den Sack mit der Leiche nicht an den falschen Ort geworfen (fünfzig Meter weiter, in eine Felsspalte, wäre besser gewesen), und somit das Auffinden erleichtert, wäre der Fall Zylla vielleicht anders verlaufen. Das psychiatrische Gutachten definierte ihn als "eine verwirrende Persönlichkeit, unbewusst naiv; beispielhafter Gefangener". Er wurde zu 18 Jahren verurteilt und kam 1981 von einem Urlaub nicht mehr zurück. Von da an verlieren sich seine Spuren, auch wenn es Gerüchte gab, er sei nach Mexiko geflohen.

ROMOLO STOPPINI [1937]

Einziger Italienischsprechender in der ganzen Geschichte. Er handelte, unter anderem, mit Teppichen. Er lernte Zylla in Nachtlokalen kennen und wurde nach kurzer Zeit sein Freund und Vertrauter. Stoppini begleitete ihn nach Gordemo, zur Verabredung mit dem Tod. Alles in allem war er, trotz der schwerwiegenden Verantwortung, eine zweitrangige Figur in dieser komplizierten Geschichte. Im Gefängnis schrieb er seine Erinnerungen in Romanform. Er wurde zu 18 Jahren verurteilt.

Der Tag des Urteils

In den 135 Jahren seiner Geschichte hatte der Palast der Sopracenerina, an der Piazza Grande von Locarno, schon Vieles gesehen. Als aber dort am 5. November 1973 der Prozess Zylla begann, war das alte Gebäude von Stolz erfüllt: Wieder war es ihm gelungen, die Blicke aller auf sich zu ziehen.

Als erster erschien an jenem Montag der Richter Gastone Luvini, eine strenge Magistratenfigur, die an alte Zeiten erinnerte. Als zweiter der Oberstaatsanwalt Luciano Giudici, eine Brille mit beeindruckender Fassung, eine Mappe voller Dokumente und im Gesicht die Spannung der schwierigen Ermittlungen. Dann betraten die Anwälte der Verteidigung den Saal, vielleicht die besten auf dem Platz: Franco Pio Ferrari für Geuer und Kemperdick, Gabriello Patocchi und die junge Praktikantin Carla del Ponte für Manser, Pino Bernasconi für Stoppini. Hinter ihnen das Publikum: Mindestens 200 Personen, neugierig und ein bisschen laut, die den Saal bis zum letzten freien Stuhl füllten.

Doch im Grunde genommen warteten alle auf die Angeklagten, die seit zwei Jahren im Gefängnis sassen. Und endlich zeigt sich die Viererbande. Jetzt sind es Menschen aus Fleisch und Blut, nicht mehr schlechte Fahndungsfotos, die jeder Dutzende von Malen in der Zeitung gesehen hat. Als erster kommt Manser, apathisch. Ihm folgt Stoppini, dem es vielleicht erst jetzt bewusst wird, dass er eine für ihn zu grosse Rolle gespielt hat. Dann tritt Geuer ein, und er scheint etwas weniger sicher, als man angenommen hat. Schliesslich Gisela Kemperdick, und das Murmeln wird lauter: das Publikum hat schon beschlossen, wer die eisige Königin des Bösen sein wird.

Man spürt die Aufregung im Saal. Die Fotoapparate blitzen pausenlos. Der Prozess weckt grosses Interesse im Tessin und in der Schweiz, mehr noch in Deutschland und sogar in den Vereinigten Staaten. Rund vierzig Journalisten verfolgen ihn: Für sie hat man einen Pressesaal mit fünf Telex und zwölf Telefonlinien eingerichtet. Noch nie hat man so etwas im Tessin gesehen.

Bis am 4. Dezember kämpfte man verbissen um eine Anklageschrift von 21 Seiten, in der die Rede ist von Anstiftung zum Mord (und von Mord für Manser). Zylla wurde umgebracht, um den Raub an seinem Eigentum zu verdecken: Vom 22. Februar bis zum 1. Juli 1971 entzog ihm Geuer 950'000 Franken und Stoppini 200 Tausendernoten. Gisela? Nun, sie teilte mit Geuer und liess sich ausserdem ein lebenslängliches Nutzungsrecht auf die Villa Anseatica geben, deren Schlüssel sie Zylla sogar entwendet hatte.

Der Prozess ist gross angelegt: 45 Zeugen, eine Reihe von Angeklagten und kleineren Vergehen im Hintergrund, dramatische persönliche Auseinandersetzungen auch innerhalb derselben Familie, dreiste und gierige *Barmaid*, Fragen und Antworten nicht selten auf Deutsch, und der *magister ludi* Gastone Luvini, der die Fäden eines sehr komplizierten und unvermeidlich zu emotionalen Prozesses zusammenhält.

Der 26. November ist der Tag des Oberstaatsanwalts, Luciano Giudici. Er spricht fünf Stunden. Er ist kein grosser Redner, aber ein guter Rechtsarchitekt: Stein für Stein baut er ein Schloss von Beweisen auf, das sich als erdrückend erweisen wird. Vor einer sehr schwierigen Aufgabe stehen die Anwälte der Verteidigung. Vor allem Franco Pio Ferrari, der die beiden heissesten Eisen hat. Sechs Stunden reichen nicht, um das Gericht vom Unmöglichen zu überzeugen: dass Geuer und Kemperdick nicht die Auftraggeber des Mordes sind. Der Anwalt Ferrari sagte: "Dieser Prozess ist beinahe zu einer Theateraufführung geworden, zu einer erbarmungslosen Theateraufführung". Über das Recht hinaus.

CHI ERA VERAMENTE EGON ZYLLA?

Continuano senza sosta le difficili indagini per far luce sul misterioso delitto di Bré

Il crimine ha suscitato vasta eco anche in Germania — Fino al 1945 la vittima aveva fatto parte del servizio di spionaggio del Reich — Come ha trascorso le ultime ore prima dell'appuntamento con la morte? — Giunte ieri l'altro a Locarno le due figlie del defunto — Sta per restringersi il campo d'azione della polizia?

ECO DI LOCARNO

Il crimine del germanico ucciso e rinchiuso nel sacco

Hanno confessato tutti: anche l'assassino

Cinismo dei mandanti e dell'assassino — Quale il movente che ha spinto al delitto? — Il figlio della vittima ha deposto in polizia — Terremoto nelle file dei Cavalieri di Malta — Cosa diventeranno tutti i cavalieri nominati a fior di quattrini dal Geuer e dalla Kemperdick?

> "Sie hat mit ihm geleugnet, meher als er, und wird im Schweigen den schwerwiegenden Preis von soviel ruchloser Solidarität bezahlen".

Der Richter Gastone Luvini über Gisela Kemperdick ("er" ist Willy Geuer)

Der Kommentar: Wenn man die Geschichte des Falles Zylla wieder liest, versteht man sehr gut, wer die Hauptperson war: Frau Kemperdick. Die anderen waren 'gewöhnliche' Kriminelle, sie war 'speziell'. In ihrem Gefängnis-Tagebuch schrieb sie: "Ich bin ganz anders als die Südländer. Ich bin hart wie Stahl". Eine unpassende Angeberei, die sicher nicht dazu beitrug, ihr die Sympathie der Leute einzubringen. Aber die, im Grunde genommen, dem Bild entsprach, das sie selber von sich geben wollte: stolz, ungezähmt, resolut. Auch wenn eine ganze Reihe von Gerichten ihr widersprach und feststellte, dass kein vernünftiger Zweifel an ihrer Schuld bestand.

Ein scheinbar unerschütterlicher Wille, der aber vielleicht nur eine Maske war. Das erstinstanzliche Urteil hält denn auch fest, dass Gisela "Gefühle hat, die sie unerwartet in einem Mitleid erregenden, schmerzlichen Licht erscheinen lassen". Keine Drahtzieherin also, sondern die "Liebessklavin" von Sacha Geuer, "ihrem Sklavenhändler", dem sie in guten und in schlechten Zeiten treu blieb, bis zum letzten Tag. Damit beschwor sie den Zorn ihrer Mutter herauf: "Geuer hat tausend mal verdient, seiner Lebtag im Gefängnis zu bleiben, er hat das Leben meiner Tochter Gisela zerstört".

Frau Kemperdick weinte, als diese Worte im Verlauf des Prozesses vorgelesen wurden. Und hatte sich gleich wieder unter Kontrolle. Auf die Aufsehen erregende (und für sie schädliche) Zeugenaussage ihrer Tochter erwiderte sie mit eisiger Stimme: "Mit deiner Aussage lieferst du mich an den Galgen". Ein gesellschaftlicher Tod für die, die "vor der Verhaftung mit ihrem Charme bestimmte Kreise in Ascona beherrschte" und die vom Tag ihrer Verhaftung an von diesem Milieu ausradiert wurde. Als das Publikum bei ihrer Verurteilung klatschte - was Richter Luvini zu Recht ärgerte - wurde ihr bewusst, dass ihre mondäne Rolle ausgespielt war. Und dass diese Hände nicht der Durst nach Gerechtigkeit bewegte.

OPEL ASCONA

Ein Name für einen Lebensstil

Der Opel Ascona hat den Namen des Tessiner Borgo in der ganzen Welt verbreitet. Zwischen 1971 und 1988 war er das Flaggschiff des deutschen Autoherstellers und wurde 4'453'733 mal verkauft. Sein Vorgänger - und das wissen nur wenige - war der Opel Rekord Ascona, der von 1956-63 in Biel ausschliesslich für den Schweizer Markt vom Band lief.

An einem milden Wintertag machen sich in den wichtigen Schweizer Städten 38 Journalisten in 22 Autos auf den Weg. Sie durchqueren Täler, flitzen über Autobahnen und fahren an Seen entlang. Viele Kilometer danach kommen sie in Ascona an und biegen in die Seepromenade ein. Treffpunkt ist das Restaurant Al Porto. Zufrieden steigen sie aus. Die letzten Sonnenstrahlen fallen auf die Karosserien der Autos, und die Buchstaben des Namens "Ascona" funkeln im Licht. Es ist der 11. Februar 1971, und diese Journalisten haben soeben bewiesen, dass die jüngste Kreation aus dem Hause General Motors sich perfekt an das Schweizer Gelände anpasst: Die Rede ist vom Opel Ascona.

Einige Monate zuvor, am 27. Oktober 1970, war eine Delegation aus dem Borgo, unter der Führung des Bürgermeisters Arturo Lotti, nach Turin an den Autosalon gefahren, wo zum ersten Mal ein Wagen vorgestellt wurde, der "den Namen Ascona in die Welt tragen wird" (so titelte der *Giornale del Popolo*). *La Stampa* beschrieb das Ereignis so: "Grandios die Lancierung des *Ascona*, für den Opel den Palazzetto dello Sport gemietet hat. Der Wagen wurde von einem Ballett in der Art von Canzonissima begrüsst, von bunten Ballons, Lichtern und Musik, Pantomimen. Ein Kolossalfilm amerikanischen Geschmacks".

Aber warum wurde das neue Modell Ascona genannt? Das erzählt uns Klaus Brommecker, der über Opel praktisch alles weiss. "Man muss ins Jahr 1956 zurückgehen, als General Motors Suisse, 14 Jahre vor dem berühmten Modell, das dann in ganz Europa verkauft wurde, beschloss, für den Schweizer Markt eine Variante des *Rekord* zu produzieren. Man suchte nach einem sympathischen Namen, der den Süden evozierte und einen gewissen Lebensstil repräsentierte. Man dachte an *Rimini*, dann schlug ein Ingenieur *Ascona* vor. Das war perfekt: Süden und Schweiz in einem".

Wie war denn der *Rekord Ascona*, den wir dank Brommecker dem Vergessen entreissen?

"Es war eine mit allem Komfort ausgestattete Luxuslimousine, der man den Namen *Ascona* beifügte, eben um ihre Exklusivität zu betonen. Vom Modell aus dem Jahre 1956, das 8250 Franken kostete und rund 400 mal produziert wurde, bleibt nicht einmal eine Fotografie". Nur einige Werbeseiten in der Zeitschrift *Automobil Revue* vom 23. Mai 1956. Eine Zeichnung, die ein wesentliche Botschaft enthält: das Auto, die Seepromenade, eine Palme. Andere *Rekord Ascona* folgten. Immer noch in sehr beschränkter Produktion, und immer noch ausschliesslich für den Schweizer Markt. Die Versionen von 1957 und 1958 (es existiert noch ein Modell), von 1961 und 1963 (ein Coupé). Nach und nach verminderte sich der Unterschied zum *Rekord*, der in Serie hergestellt wurde. Der *Ascona* war ein immer normaleres und weniger luxuriöses Auto geworden.

Ein Wagen wie kein anderer!

Ascona — das Ferienparadies am Lago Maggiore — gab ihm den Namen! Asconas lachender Himmel und südländischer Charme inspirierte sein frohes Aussehen!

Welche Farben! Neuartig, lebhaft sind die Zwei-Ton-Kombinationen der Karosserie. Geschmackvoll ist die Polsterung aus zweifarbigem Kunstleder darauf abgestimmt.

Welche gepflegte Ausstattung! Der «ASCONA» bietet: Reifen mit weißer Seitenwand, Rückfahrlampe, Zweiklanghorn mit Hornring, Radzierscheiben, Auspuffblende... all dies zusätzlich zur ohnehin schon reichen REKORD-Ausrüstung!

Welche makellose Ausführung! Keine Mühen, keine Arbeit wurden bei der Bieler Montage gescheut, um Ihnen das Fahren im neuen «ASCONA» zur reinen Freude werden zu lassen!

Lassen Sie sich durch seine Eleganz, seinen Komfort, seine Leistung überraschen! Sehen Sie sich den neuen OPEL REKORD «ASCONA» beim nächsten OPEL-Vertreter unverbindlich an.

OPEL REKORD «ASCONA»   Fr. 8250.—

OPEL der Zuverlässige — von General Motors in Biel montiert   inkl. Frischluftheizung und Entfroster

Weitere Modelle ab Fr. 6870.—

GM-Festpreise. Vorteilhafter GM-Teilzahlungsplan

Aber jemandem in Deutschland musste aufgefallen sein, dass man in Biel die gar nicht üble Idee gehabt hatte, einem Auto diesen Namen zu geben. Man verbot General Motors Suisse, ihn zu verwenden. Es gab andere, viel ehrgeizigere Pläne. So gelangt man zum zweiten *Ascona*, an den sich viele erinnern. Ein Modell auf halbem Weg zwischen dem *Kadett* und dem *Rekord*, das 1971 auf den wichtigen europäischen Märkten verkauft wurde und 18 Jahre lang das Flaggschiff von Opel war. Und mit 4,5 Millionen produzierten Exemplaren ist der Opel Ascona nicht nur das zweite nach einem Ort benannte Auto, sondern rangiert auch punkto Verkaufszahlen an zweiter Stelle, überflügelt nur gerade vom Seat Ibiza.

Wird der Name "Ascona" wieder auf der Karosserie eines Autos erscheinen? Wer weiss. Vieles ist heute anders, und die Geographie des *Glamour* hat sich erweitert. Aber man kann nicht ausschliessen, dass sich früher oder später eine leichte Brise der Sehnsucht vom Lago Maggiore erhebt und bis in die hohen Sphären der GM vordringt. Sehnsucht nach der Zeit, als die Autonamen noch etwas erzählten.

Niccolò Giovanettina

Wird der Name "Ascona" wieder auf der Karosserie eines Autos erscheinen? Vielleicht wird sich eines Tages die leichte Brise der Sehnsucht vom Lago Maggiore erheben.

DER FLUGPLATZ

Lello und sein Flugplatz

Die Entstehung des Flugplatzes von Ascona im Jahre 1947 beweist, was damals im Tessin möglich war. Es brauchte einen Mann mit überdurchschnittlichem Unternehmergeist, der beim Anblick einer verlassenen Wiese, dem ehemaligen Flussbett der Maggia, auf die Idee kam, diese in eine Flugfeld zu verwandeln. Und das konnte auch verwirklicht werden.

Dieser Mann war Lello Bianda. Er mietete das Areal, das dem Patriziat gehörte, liess es planieren, legte eine 600 Meter lange und siebzig Meter breite Graspiste an (seit 1960 asphaltiert), und schon war alles bereit für den Flugplatz des Borgo. Der Ort war fertig, nun brauchte es die ersten Nutzer. Lello ging nach Neapel, um im Lager der *US Army* zu stöbern, und kam mit zwei Piper L-4 nach Ascona zurück: Kleine Flugzeuge, die für den neuen Flugplatz gut geeignet waren. Eines erhielt den Namen *Ciao Pep* und blieb vielen, die damit ihre Lufttaufe erlebten, im Gedächtnis.

Den Flugplatz von Ascona nutzten vor allem Deutsche, da der deutsche Luftraum nach dem Zweiten Weltkrieg bis 1955 im Wesentlichen gesperrt blieb. Unter den vielen, die das Flugbrevet unter Bianda erwarben, war auch Herbert von Karajan. Wer lernte, den als schwierig geltenden Flugplatz von Ascona anzufliegen, hatte anderswo keine Probleme.

In Ascona - vielleicht auch nur für einen kurzen Ausflug am Wochenende - landeten grosse Persönlichkeiten aus der Finanzwelt, der Politik und Kultur. Er war nicht nur der kleine Flugplatz des Borgo, von dem aus man mit dem Lufttaxi in zwanzig Minuten die Mailänder Flughäfen erreichen konnte und, in kurzer Zeit, auch viele andere europäische Destinationen (und umgekehrt). Es war auch ein Ort, wo das Leben pulsierte: Restaurant mit vier Zimmern, Nachtlokal, Treffpunkt zwischen der im Entstehen begriffenen Society Asconas und des Tessins und dem internationalen Jetset.

Dann, genau fünfzig Jahre später, am 31. Dezember 1997, erlosch Biandas Traum. Der Flugplatz schloss seine Pforten, und das Areal ging in den Besitz des Patriziats zurück. Die Zeiten hatten sich geändert, vor allem aber fehlte seit 1990 Lello.

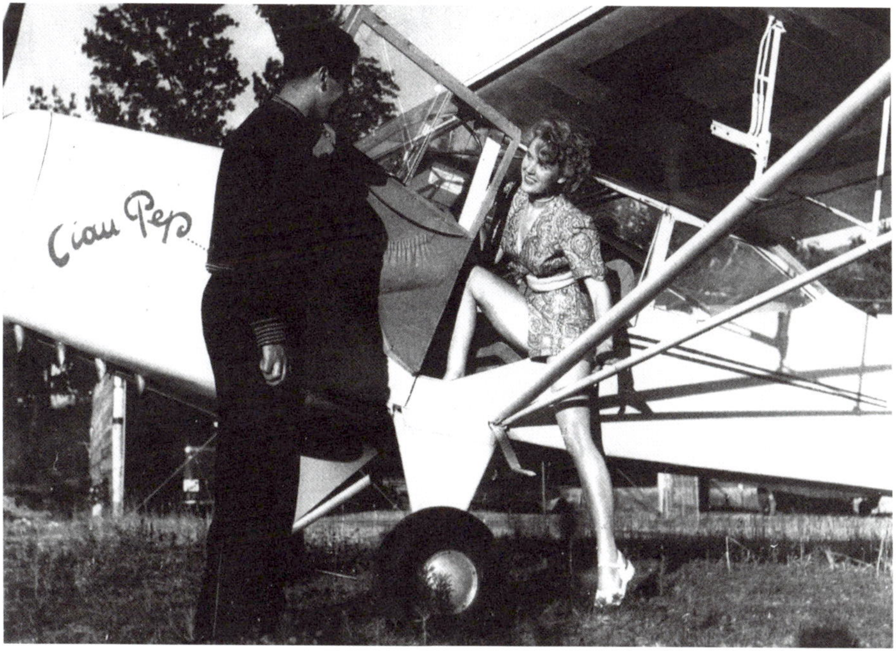
Ciau Pep

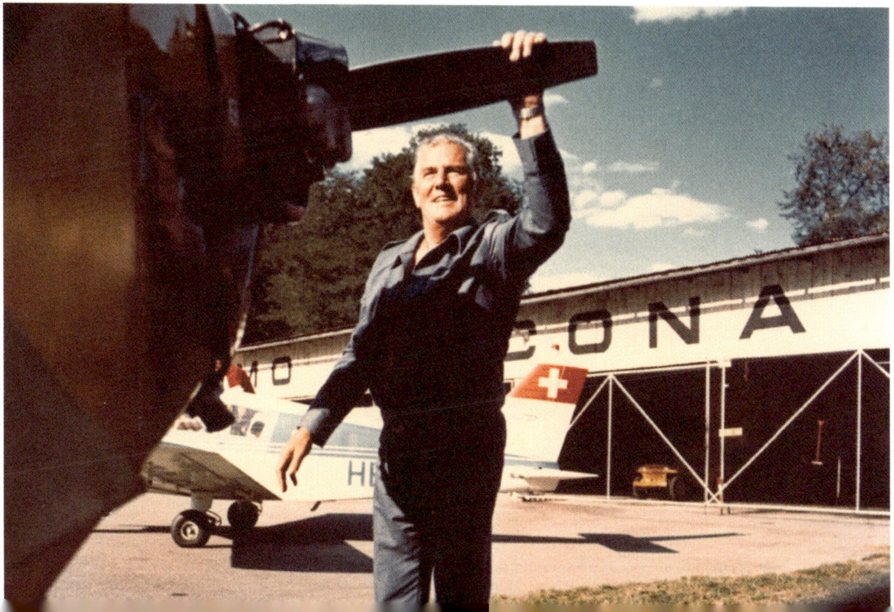
CONA
HB

Lello Bianda 1912-1990

Er besass Pioniergeist. Er machte alles: Pilot, Fluginstruktor, Direktor des Flugfeldes. Aber er war auch 'König der Poulets' (am Spiess), Wirt, musikalischer Animator in seiner Lello Bar. Vor allem war er Botschafter des touristischen Ascona, das sich damals zu entwickeln begann.

Die Tragödie der Cessna 170

Das Leben von Edmond Dougoud, Fluginstruktor auf dem Flugplatz von Ascona, das ganz der Fliegerei gewidmet war, endete mit einem Drama. Am 29. August 1954 streifte sein Flugzeug, eine Cessna 170 HB-CAY, ein Seil für den Holztransport und zerschellte unweit der Hütte auf dem Pass der Forcora im Val Veddasca. Mit ihm starben zwei deutsche Touristen, Otto und Ingeborg aus Düsseldorf, 29 und 28 Jahre alt. Am Unglückstag Ende August gingen sie zum Flugplatz von Ascona, weil sie ihren Ferien mit einer Runde über dem Lago Maggiore die Krone aufsetzen wollten. Dougoud liess sich nicht zwei Mal bitten, es war seine Arbeit und seine Leidenschaft. Doch sie kehrten nicht nach Ascona zurück.

AMARCORD

Das Mädchen aus Cannobio

Im heutigen Ascona der Designer-Logos gibt es einen Raum, der mit beiden Beinen in der Vergangenheit steht. Es ist ein (privater) historischer Saal, in dem die Erinnerungsstücke der Familie Chiodi vereint sind. Alte Mauern, die viel erzählen könnten. Und die auch ein wenig erzählen. An den Wänden eingerahmte Porträts und Dokumente, im Mosaik des Fussbodens das Schweizer Kreuz, der grosse Kamin, alte Möbel.

Es gibt hier viele Spuren von Emilia, geborene Magistris, aus Cannobio, die im Ascona von gestern eine starke Frau war. Sie heiratete mit 19 Jahren Emilio Chiodi, brachte acht Kinder zur Welt, vier davon starben, als sie noch klein waren. Mit vierzig wurde sie Witwe und musste ein Weingeschäft weiterführen, was eigentlich als männliche Angelegenheit galt. Sie schaffte es.

Emilia hatte das Zeug zur Politik, doch die Schweizer Frauen erhielten das Stimmrecht erst 1971. Also setzte sie sich im sozialen Bereich ein, besonders für die Betagten: Das bezeugen Ernennungen und Danksagungen, welche ihre Enkelin, Lisali Spielmann-Gianoni, überzeugte Hüterin von Emilias Welt, sorgfältig aufbewahrt. "In eben diesem Saal zündete Grossmutter Emilia an Weihnachten das Feuer im Kamin an und lud ihre zahlreichen Patenkinder zum Mittagessen ein. Dieser Raum war ihr Reich, und hier leben die Erinnerungen an so vieles, was in Ascona passiert ist".

Lisali schaut gerne zurück. Auf das Jahr 1870, als Urgrossvater Giuseppe, nachdem er in Disentis die Grundlagen des Bierbrauens erlernt hatte, das Haus kaufte und die Firma Chiodi gründete, die heute in anderen Händen ist. "Grossvater Emilio war auch Postmeister und versah seinen Dienst bis Domodossola. Einmal, als er unterwegs war, um den Briefträgern die Löhne zu bringen, schoss man auf ihn. Ohne ihn zu treffen".

EMILIA CHIODI [1876 - 1955]

Der historische Raum der Chiodi befindet sich am Ende der Via Borgo im Komplex, der heute das Hotel Antica Posta beherbergt. Es ist ein modernes, herausgeputztes Haus, aber Lisali kennt seine Vergangenheit. Sie weiss zum Beispiel, dass während der Grippenepidemie von 1918 in acht Zimmern des Hotels kranke Soldaten gepflegt wurden. Und dass Emilia von hier aus die Partisanen in ihrem Heimatort, unterstützte ("ich habe gesehen, wie sie die Toten und Verletzten beweinte"). Nach Kriegsende kehrte sie nach Cannobbio zurück und organisierte ein Mittagessen mit den ehemaligen Kämpfern. "Ich bezahle alles, wenn wir zuerst zur Messe gehen und ihr alle kommuniziert". Es ist keine Weigerung dagegen überliefert. **magio**

Ein Ort für romantische Rendezvous

Es gibt Orte, an die man sich, auch wenn sie verschwunden sind, weiter erinnert, als würden sie noch existieren. Und sie gehen in die kleine lokale Mythologie ein. Ein solcher Ort ist das Grotto Chiodi. Das Gebäude war nichts Besonderes, es lag im Cantonaccio (Moscia), unter der Kantonsstrasse, einige Meter weiter als die Stelle, wo heute der Tunnel Richtung Brissago endet.

In den Erinnerungen von Carletto Abbondio "war es ein Ort, wo man Feste feierte und seinen Liebste traf (wenn es gut lief), ein Ort, wo die Leute ungezwungen zusammen sassen, wo man deutsche Mädchen finden, tanzen, freier sein konnte als anderswo".

Wirt des Grotto Chiodi in den Glanzjahren (von den frühen Vierziger bis zum Ende der Fünfziger Jahre) war Giulio Hügel, Handharmonikaspieler und Komponist von Volksliedern. Im Grotto gab es an jedem Sommerabend Musik. Die Erinnerungen der Besucher sind alle gleich: ein kleines "einheimisches" Orchester unter einem Dach, eine Tanzfläche für rund fünfzig Personen, einige Tische mit Sicht auf den See. Lucia, in Tessiner Tracht gekleidet, war die treue Kellnerin, eine Persönlichkeit unter den Persönlichkeiten.

Abbondio: " Der Eintritt kostete 50 Rappen, das Bier 60, die Musik spielte von halb neun bis elf. Am Schluss sangen alle "... wenn die Glocken des Grotto Chiodi läuten, Bim Bam Bum, Guten Abend, Gute Nacht". Wir Jungen aus Ascona trugen knielange Hosen und leichte Hemden, nach der Polizeistunde ging man zur Taverna oder man badete nackt im See, während auf der schwach beleuchteten Uferpromenade nur noch sehr wenige Leute waren".

Unter die Fotos auf der nächsten Seite, die mehr als Worte sagen, könnte man die Bildlegende setzen: "Grotto Chiodi, Sommerort zum Tanzen und Treffen, der Italienisch- und Deutschsprechende vereinte und jenem Ascona bei Nacht den Weg bahnte, das in den Sechziger-und Siebzigerjahren so berühmt war". Eine Anmerkung, lieber Leser: Suchen Sie nicht nach dem Grotto Chiodi, es wurde 1990 abgebrochen. **magio**

Auf der Ostseite des Grottos war eine Schrift angebracht: "Wein und Bier von Chiodi, das Grotto bietet einen Schluck an".

Giorgio vom Lago Maggiore

In Hilversum, im Norden von Holland, war der 12. März 1958 ein kalter Tag. Doch das fiel wenigen auf. Alle dachten an den bevorstehenden grossen Abend, an dem in den Avro Studios der Stadt die Ausscheidung der dritten Ausgabe des Euroschlagerfestivals stattfinden würde. Zehn Länder, zehn Lieder kämpften um den ersten Platz. Eines davon war *Giorgio del Lago Maggiore*, gesungen von Lys Assia. Es gewann nicht, belegte aber den zweiten Rang, nach dem französischen *Dors, mon amour* und vor *Volare*, gesungen von Domenico Modugno.

Giorgio, ein sprachliches *Pastiche* zwischen Italienisch und Deutsch, ist ein leichter, augenzwinkernder Schlager, der sich ausmalt, wie sich in Ascona eine lebhafte Touristin aus dem Norden und Giorgio, ein Mannsbild vom See, begegnen. Romantisch zusammen in Ascona, mit einer Mischung von Postkartenklischees: Chianti, Risotto, Polenta, dann die Piazza, die Berge, der Mond, ein Boot auf dem See, Palmen, Mimosen, "mit Liebe, viel Liebe". Eine Hymne auf das süsse Nichtstun am See, die grossen Erfolg hatte und für den italienischen Markt von Fred Buscaglione und Fatima Robin's aufgenommen wurde.

In unserer heutigen Sichtweise könnte man *Giorgio* als Kitsch-Schlager bezeichnen, der in massiven Dosen die üblichen Klischees über das Tessin besingt. Aber damals gefiel er, weil er im Grunde genommen banal und klar den Traum vom Ausbrechen erzählt, den Millionen von Männern und Frauen im Norden von Ascona träumten.

Ah, ich vergass: Jenen Giorgio, der die Inspiration zum Schlager geliefert hatte, gab es wirklich, in Fleisch und Blut. Sein Familienname war Reggiori, aber alle nannten ihn Giorgio del Lago Maggiore.

Ein mondänes Schiff

Als sie sich Rita Sasselli nannte, war ihr Haus das Caffè Verbano. Durch Heirat wurde sie eine Wildi und zog ins Hotel Schiff. Von der schattigen Via Borgo zur sonnigen Piazza, derselbe Weg vieler deutschsprachiger Kunden, die immer empfänglicher wurden für den Ruf nach Licht und See.

Die Geschichte des Schiffs beginnt 1924, als Clara und Alfred Wildi Senior aus Wohlen ein Haus an der Seepromenade kaufen, um darin ein Restaurant mit Pension einzurichten, anstelle des Ladens Tajana und der Trattoria del Lago. In jenen Jahren ist die Piazza noch immer nur ein Ort nahe dem See. Unmittelbar nach dem Zweiten Weltkrieg übergibt Clara, die inzwischen Witwe geworden ist, das Schiff an ihren Sohn Alfredo Wildi Junior, der 1958 Rita heiratet. Frische Kräfte und verheissungsvolle Zeiten: Der Touristenboom beginnt. Der richtige Zeitpunkt, um das Niveau des Hotels anzuheben und die externe Terrasse zu bauen.

Anfangs der Sechzigerjahre war Il Battello zum neuen trendigen Treffpunkt Asconas untertags geworden, wo auch Schach gespielt wurde. Im Schiff war Wladimir Rosenbaum zu Hause. Remarque kam zum Frühstück, und oft schauten auch andere Persönlichkeiten vorbei: der Architekt Weidemeyer, der Bildhauer Werner Müller (Vater von Dimitri), Otti Bachmann, Maurice Frido, Max Frisch, Robert Siodmak, Walter Feilchenfeldt, Hans Habe - um nur einige zu nennen. Neben der Familie Wildi wurden sie von der treuen Kellnerin Gritli (Margrith von Ah) und später Annamaria Allidi begrüsst.

Rita Wildi ist heute eine lebhafte Pensionärin mit schnellen Reaktionen. "Wie kann man jene Jahre vergessen, wie schön war Ascona damals", sagt sie mit ein wenig Rührung in der Stimme. "Zum Glück gibt es die Erinnerungen". Und wirklich ist es so, als lebe ein Teil von ihr, die vom Caffè Verbano kam und die ganze Szene Asconas kannte, bis heute im Schiff.

Fede, die Jimmy heiratete und mit ihm durch die Welt zog

Fede und Lucia. Von Beruf Kellnerinnen. In Ascona, während der guten Jahre. Als im zwanglosen mondänen Gewirr auch die Figuren einiger Kellnerinnen Platz fanden, Vestalinnen eines Ritus der Gastfreundschaft und Vertraulichkeit, der gut zu diesem Ambiente passte.

Beginnen wir mit Fede, in die Geschichte eingegangene Kellnerin des Kaffees Verbano im Besitz der Familie Meraldi, das zwischen den Zwanziger-und Fünfzigerjahren zum beliebtesten Treffpunkt jenes bunten Völkchens von unterschiedlich bekannten Künstlern, Schriftstellern und Persönlichkeiten wurde, die rund um das Ascona *felix* von damals schwirrten. Fede war Tessinerin, unbefangen und beliebt bei den Kunden, die vor allem aus dem Norden kamen und auch Zeit hatten, sich auf einen kurzen Schwatz einzulassen.

Verschieden Fotos zeigen sie mit berühmten Persönlichkeiten, darunter dem Baron von der Heydt und Marianne Werefkin. Dann eines Tages kam der Traumprinz. 1935 heiratete sie Jimmy Wilson, Golflehrer in Ascona und in vielen anderen Orten der Welt. Hochzeitsreise nach Nizza, dann folgten sie dem *Green* überall hin. Auch ins Hotel Minha House, mit Blick auf die Pyramiden. Sie starb in Venezuela. Jimmy kam zurück, um seinen Lebensabend in Ascona zu verbringen, "dem Ort, wo es ihm am besten ergangen war".

Von der Via Borgo nach Moscia, ins Grotto Chiodi. Hier begrüsste einen das nette Gesicht von Lucia Seitz, die mit ihrem blühenden Aussehen, dem Kopftuch über dem Haar, den Zoccoli an den Füssen und den Kleidern, die vielleicht eine Tracht waren, genau jenes Tessinertum darstellte, nach dem auch damals viele suchten. Lucia, in ihrer typischen Aufmachung, lächelnd, mit weissen, starken Zähnen, das Boccalino nebensich und die Strohflasche in der Hand, scheint heute, wenn man die alten Bilder betrachtet, ein Stück Vergangenheit, das nur gerade hinter der Ecke verschwunden ist.

magio

Lucia Seitz aus dem Grotto Chiodi

Links:
Fede und Jimmy Wilson in Nizza
Fede mit dem Baron von der Heydt

Raub der Sabinerinnen

Anno Domini 1969. 21 Uhr. Im sommerlichen Geplauder, das die Seepromenade von Ascona einhüllt, gehen seltsam gekleidete Gestalten hin und her: Es sind vier oder fünf Soldaten, sie haben die grossen Flinten geschultert und ihre ein wenig zurechtgestutzten Uniformen sind schwierig zu identifizieren. Ihre Garnison liegt in der Nähe des Rathauses und wartet sogar mit einer Kanone auf, die mit Schwarzpulver geladen ist. Kurze Zeit danach - es ist inzwischen Nacht geworden - stürzen aus einem 'Segelschiff', das vor dem Hotel Schiff angelegt hat, rund zehn mit Krummsäbeln bewaffnete Piraten. Ohne zu zögern rauben sie mit Kriegsgeheul und äffischer Gewandtheit vier oder fünf schöne Mädchen, die an den Tischen sitzen und schreien. Die Touristen sind ganz verstört: Was passiert? Ist es ein Film? Oder ist die Sonne des Südens wirklich zu heiss, löst sie Halluzinationen aus? Ein paar flugs zu Helden gewordene Touristen versuchen, die jungen Frauen zu verteidigen, werden aber unzimperlich ins Wasser geworfen. Piraten und Opfer steigen aufs Schiff, das wegen des Übergewichts nur mit grosser Mühe ablegen kann. So entstand die Geschichte der Piraten von Ascona. Und der Raub der Sabinerinnen. Es war natürlich ein Streich des Kapitäns Gottardo Bacchi und seiner Kumpane, mit denen er viele unglaubliche Abenteuer teilte. Bacchi besass das Restaurant Borromeo, zu jener Zeit ein Nest von Spassvögeln. Es endete damit, dass die Piraten von Ascona als wirkliche Schauspielertruppe eine gewisse Berühmtheit erlangten. Sie wurden an beide Seeufer gerufen, um ihr Schauspiel à la Salgari in Szene zu setzen. Und immer fuhren sie mit dem von Irving Giese gebauten Schiff Sciueta II zu den Aufführungen. Aber diese Geschichte haben wir auf Seite 152 erzhält.

Piraten und Opfer steigen aufs Schiff, das wegen des Übergewichts nur mit grosser Mühe ablegen kann.

Dieses Fresko eines unbekannten Malers, das sich im ehemaligen Caffè Forni befand, dessen Stelle heute die Apotheke Pancaldi in der Via Borgo einnimmt, ist ein Konzentrat aus Persönlichkeiten und Orten, die das mondäne und kulturelle Ascona der Vierzigerjahre sehr gut zusammenfasst. Hier einige Punkte.

(Foto von Adriana Pancaldi)

1. Die Brissago-Inseln zur Zeit von Max Emden und das Schiff mit den drei Grazien.

2. Die beiden Kirchtürme und der Turm des Schlosshotels.

3. Baron von der Heydt fährt in seinem Auto mit Chauffeur durch Ascona.

4. Im Eingang zur orientalisch angehauchten Via Borgo diskutiert Karl Vester mit Piero Pancaldi.

5. Ronco sopra Ascona.

6. Die Kirche San Michele.

7. Der Schriftsteller Emil Ludwig.

8. Villa Rocca Vispa, ein Beispiel für die Bauhaus-Architektur. 1976 abgerissen.

9. Der Monte Verità: Casa Anatta, Semiramis und das Hotel.

10. Der Architekt Weidemeyer am Steuer seines Pakard (deutlich sichtbar ein Stapel Entwürfe).

11. Der Bürgermeister von Locarno Giovan Battista Rusca auf Besuch in Ascona.

ERINNERST DU DICH, ASCONA

JA, ICH ERINNERE MICH an Paulette Goddard. "Sie hatte wunderbare Augen. Es waren die Augen eines Kindes. Man vergass alles um sich herum und dachte nur an diese Augen. Sie konnte einem alles sagen mit diesen Augen". (Carlo Rampazzi)

JA, ICH ERINNERE MICH daran, wie ich als Kind den Pedalovermietern half. "Ich musste über die Touristen lachen, die fragten: "Quanto costare Insule Brissagio?" Mamma mia, wenn man alle diese Akzente hörte, deutsche, holländische, englische". (Dimitri)

JA, ICH ERINNERE MICH an die Zeiten, als ich die Musiker der Settimane musicali betreute. "Nachdem ich Murray Perahia zum Zahnarzt begleitet hatte, konnte ich alleine seiner Probe in der Kirche San Francesco beiwohnen. Das werde ich nie vergessen". (Elenita Baumer-Spertini)

JA, ICH ERINNERE MICH an die Malerin Germaine Verna. "Sie erwarb die Villa Ludwig und füllte sie mit Katzen und Hunden. Sie trug Röcke aus durchsichtiger Spitze, die sie auf dem Flohmarkt in Paris gekauft hatte, und ein Hütchen. Ihre langen Nägel waren rot lackiert und hatten einen schwarzen Rand von den Farben". (Eva Lautenbach)

JA, ICH ERINNERE MICH an Margherita Osswald Toppi, die in der Casa San Cristoforo wohnte. "Sie war eine richtige Matrone. Und ihre hausgemachten Nudeln waren vorzüglich". (Elenita Baumer-Spertini)

JA, ICH ERINNERE MICH an die Zeit, als ich Kind war und auf dem Monte Verità wohnte: "Rund um mich herum waren alle Ausländer, ausser der Familie Giacchetto. Es war schön, ich dachte, die Welt sei gross und beschränke sich nicht auf die üblichen wenigen Personen". (Caterina Wolf-Beretta)

JA, ICH ERINNERE MICH an Carletto Abbondio, den ersten 'Zeugen' dieses Buches, der uns verlassen hat. "Ich traf ihn zweimal im Haus der Chiesa-Bacchi. Er erzählte mir von einem Mispelbaum unter dem Schlosshotel und von einer ungarischen Tänzerin, die er jede Nacht für 5 Franken auf die andere Seeseite brachte. Kleine Perlen in den Erinnerungen eines alten Mannes". (Martino Giovanettina)

ASCONAS ESPRIT

NEW ORLEANS JAZZ
SETTIMANE MUSICALI
TOURISMUS
ASCONA IN WORTEN
DIE FÜNFSTERNHOTELS
DIE NACHTVÖGEL

JAZZ
New Orleans Jazz Ascona

1985 entstanden, ist es eines der weltweit bekanntesten Festivals, die dem klassischen Jazz und dem New Orleans Beat gewidmet sind.

Um Ende Juni, mitten im Jazz Festival auf der Seepromenade von Ascona zu flanieren und glücklich zu sein, muss man nicht unbedingt Jazz lieben. Es genügt, die schlendernden Menschen zu beobachten, sie gehen wie du auf und ab, ab und auf, von einer Bühne zur andern, trinken etwas, grüssen Bekannte, verlangsamen den Schritt, schweigen für einen Augenblick, betrachten den See und seine Lichter. Oder man folgt den Gassen im Innern Asconas, ausserhalb der Gitter, welche die Seepromenade abschliessen. Man späht vom Dunkel der Gassen in die Küchen der Restaurants, hört dem Klappern von Kochtöpfen und den Stimmen der Gäste auf der Terrasse zu. Dann kehrt man ins Zentrum zurück, wo die Leute noch immer flanieren - auf und ab, ab und auf - und vor einer der Musikgruppen stehen bleiben. Ein Trompeter setzt zu seinem Solo an: Die andern Musiker haben aufgehört zu spielen, treten zur Seite, und nur das Klavier und der Kontrabass setzen diskret die Begleitung fort. Wie sonderbar der Jazz doch ist, dieser Mann, der in sein Instrument bläst und dabei seinen ganzen Atem verbraucht, an die Grenze zu kommen scheint und doch nicht aufhören kann, während seine Kollegen ihn anschauen und zustimmen und sich im richtigen Augenblick bewegen, mit Gesichtern, die zu sagen scheinen: Ja, genau das ist es, es tut fast weh, zu sehen, wie recht deine Trompete hat. Es ist, als gehorchten diese Musiker einer Art ungeschriebener Pflicht, die sie aber umso deutlicher spüren und die sich nicht in Worte übertragen lässt, sondern in Pulsschläge und steigende Spannung. Etwas, dem man nicht widerstehen kann, gleichzeitig lässig und diszipliniert, das die Muskeln des Gesichts verformt und keine Luft in der Lunge lässt, eine innere Melodie, die nach Ausdruck verlangt, wahrhaft für alle, ausreichend und richtig... Vielleicht muss man Jazz nicht lieben, um sich hier gut zu fühlen. Schliesslich liebt man ihn doch, wenn auch nur für einen Abend. **Demetra Giovanettina**

www.jazzascona.ch

Vielleicht muss man Jazz nicht lieben, um sich hier gut zu fühlen. Schliesslich liebt man ihn doch, wenn auch nur für einen Abend.

Jedes Jahr:
190 Konzerte
400 Stunden Musik
300 eingeladene Musiker
70.000 Besucher

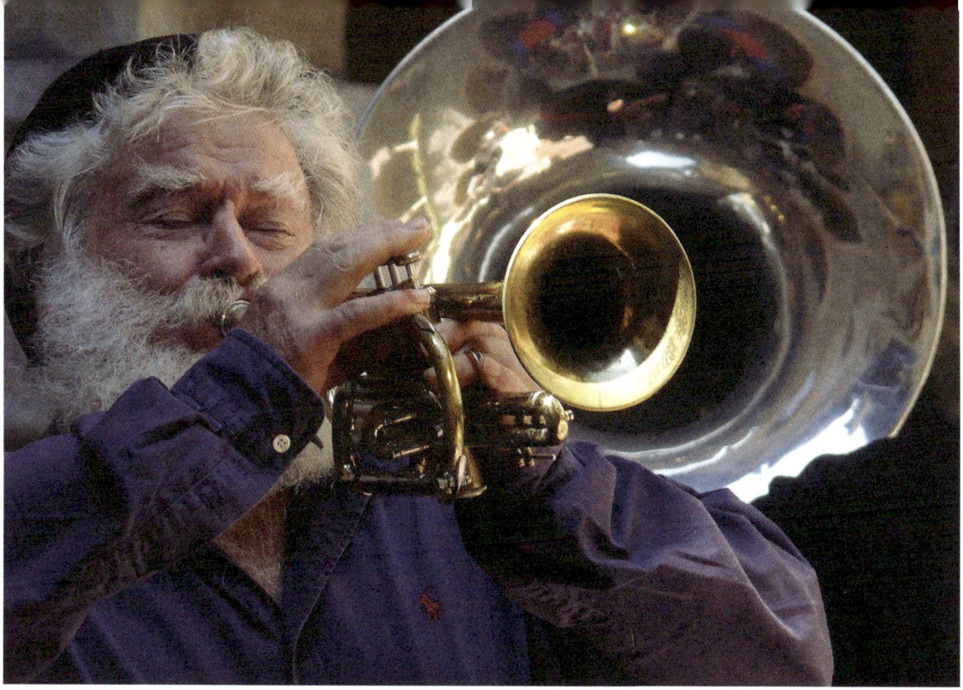

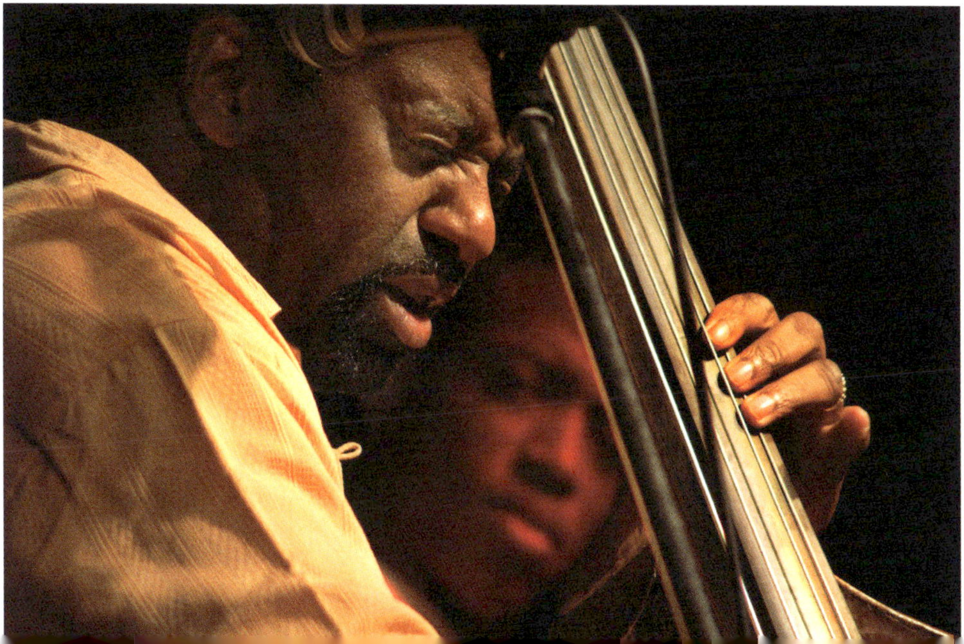

SETTIMANE MUSICALI

Mstislav von Ascona zur Berliner Mauer

Das erste (symphonische) Konzert der Settimana musicale di Ascona (später Settimane) fand am 25. April 1946 im *Dancing* La Taverna statt. Die Settimane musicali di Ascona gehören nach dem Festival von Luzern zu den bedeutendsten Festwochen klassischer Musik in der Schweiz. Die Ausgabe 2012 ist die 67. Solange noch kein endgültiger Konzertsaal zur Verfügung steht, finden die Konzerte in der Kirche des Collegio Papio in Ascona und in der Kirche San Francesco in Locarno statt.

Man schreibt das letzte Jahr des Zweiten Weltkriegs. Ein kleiner Saal im Hotel Tamaro an der Seepromenade. Eine Gruppe deutschsprachiger Einwohner Asconas trifft sich hier und in Privathäusern regelmässig zu Abenden klassischer Musik. Als die totalitären Regime fallen, wird auch der kleine, zwanglose Kreis von Ascona von einer Welle des Optimismus ergriffen. Da die Zeiten günstig sind, schlägt der Anwalt Leone Ressiga Vacchini, einer der ganz wenigen Tessiner Teilnehmer, dem deutschen Pianisten Alexander Chasen vor, diese Treffen in öffentliche Konzerte umzuwandeln. Chasen, dem sich später der Komponist Wladimir Vogel anschliesst, handelt sofort: Finden Sie mir ein Orchester, und ich organisiere Ihnen ein kleines Festival. Der musikliebende Anwalt nimmt die Herausforderung an und verpflichtet das Radioorchester der italienischen Schweiz. So entsteht 1946 die Settimana musicale di Ascona.

Nach einigen Jahren ohne festen Sitz finden die Konzerte ab 1950 in der Turnhalle der Gemeinde statt, inmitten von herunterhängenden Ringen und Sprossenwänden, und dann, ab 1968, in den Kirchen. In Ascona sind fast alle Spitzenstars der klassischen Musik aufgetreten. Solisten, Dirigenten, Orchester: Eine lange Liste von Namen, die das Goldene Buch eines Festivals füllen, das fast zufällig entstand.

Geza Anda

Das Erinnerungsbuch spricht für sich. Darin haben sich, unter vielen anderen, die Dirigenten Claudio Abbado, Wladimir Ashkenazy und Sir Thomas Beecham verewigt; die Violinisten Isaac Stern, Anne Sophie Mutter, Viktoria Mullova; die Cellisten Natalia Gutman, Yo Yo Ma und Misha Maisky; die Pianisten György Cziffra, Geza Anda, Murray Perahia; der Gitarrist Andrès Segovia; der Harfenist Nicanor Zabaleta; die Sängerinnen Victoria de Los Angeles und Cecilia Bartoli.

Trotz dieser berühmten Namen haben die *Settimane* beschlossen, 'klein' zu bleiben. Mit einer Million Budget und acht- bis zehntausend Zuhörern pro Jahr, setzen sie ganz auf die Faszination des Ortes und eine familiäre Beziehung zu den Künstlern. Diese kommen oft auch privat ins Locarnese, sei es, um sich dort niederzulassen oder ihre Ferien zu verbringen, und schätzen diese Nische, weil sie im Vergleich zu den grossen Konzertstädten zwangloser ist.

Und sie benehmen sich entsprechend. In der 2005 herausgekommenen Festschrift erzählt Dino Invernizzi etwa, wie Martha Argerich inmitten einer Gruppe von Ausflüglern aus der Centovalli-Bahn stieg. Die grosse Pianistin hatte nichts bei sich als eine Plastiktüte, in der sich ein zusammengerolltes Kleid und die Abendschuhe befanden. Kein Gepäck, aber ein grosses Konzert. An Mstislav Rostropovich, der den *Settimane* sehr verbunden war, erinnert man sich nicht nur wegen seines unvergesslichen Konzerts in der Kirche San Francesco, als er drei Bach-Suiten spielte (wie später vor den Ruinen der Berliner Mauer), sondern auch wegen der Geschichten über die Sowjetunion zur Zeit Brežnevs, die er während des Abendessens erzählte.

w w w . s e t t i m a n e - m u s i c a l i . c h

EIN JUNGER MANN, DER DIE MUSIK LIEBTE

Dino Invernizzi ist seit 1977 Präsident der Settimane Musicali. Er ist 1943 geboren und in Ascona aufgewachsen, wo er während acht Jahren das Collegio Papio besuchte. Nach dem Literaturstudium in Mailand war er Lehrer und Direktor in einer Mittelschule. Im Alter von 21 Jahren nahm er Einsitz in die künstlerische Kommission der Settimane.

Wie hat alles angefangen?

Ich war ein junger Mann, der sich für Musik interessierte, und man hat mich auf der Stelle zur Mitarbeit herangezogen. Anfangs war ich für das Drucken des Programms zuständig. Ich erinnere mich an die Druckerei Bettini, an die Druckplatten.

Und Leone Ressiga Vacchini, Präsident von 1946 bis 1976?

Er war sehr entschieden und leidenschaftlich. Manchmal fanden die Versammlungen in seinem Büro in der Via Borgo statt. Dort fühlte man sich wie im 19. Jahrhundert, ein wenig der Welt entrückt.

Als Arturo Benedetti Michelangeli zwei Tage vor dem Konzert absagte...

Leone fand in Nizza sofort den Pianisten Walter Giesekin, der noch frei war. Er fuhr mit seinem Auto hin und brachte ihn nach Ascona. Von Bendedetti wollte er nichts mehr hören.

Als der Anwalt Ressiga Vacchini 1976 auf tragische Weise starb, übernahmen sie sein Amt.

In 67 Jahren zwei Präsidenten. Die *Settimane* sind ihrem Prinzip treu geblieben: Grosse Musik mit grossen Interpreten, das heisst, die bekanntesten Stücke ins Programm aufnehmen und dafür berühmte Musiker gewinnen.

Eine Vorstellung von klassischer Musik, die, von Ausnahmen abgesehen, der Tradition folgt.

Ja, weil das beschränkte Einzugsgebiet und die Art des Publikums keine Experimente und keine zu schwierigen Angebote zuzulassen scheinen.

Was macht ihnen besonders Freude?

Das Essen mit den Künstlern nach dem Konzert. Die Musiker wissen das zu schätzen, anderswo müssen sie vielleicht in der Garderobe essen.

Was bedauern Sie?

Dass ich das Klavierstudium, das ich als Junge begonnen hatte, nicht weiterführen konnte.

Ein Jahrhundert Tourismus

1 *Heute ist Ascona einer der berühmtesten Ferienorte der Schweiz. Und doch ist seine touristische Geschichte jung.*

Asconas touristische Entwicklung war ungewöhnlich, denn sie setzte im Wesentlichen erst 1950 ein. Also deutlich später als der moderne Tourismus, der in der zweiten Hälfte des 19. Jahrhunderts begann. Um das Ungewönliche von Ascona zu begreifen, stellt man am besten einen Vergleich an mit einem Ort, der dank seiner geographischen Lage und seiner Grösse am meisten Ähnlichkeit mit dem Borgo hat, nämlich Stresa. Dort wurde schon 1863 das Grand Hôtel et des Iles Borromées eröffnet, das den Elitetourismus am Lago Maggiore eröffnete.

2 *In Ascona war die Situation damals ganz anders.*

Ja, ein paar Besucher, einige kleine Pensionen, nichts mehr. Man wird das Jahr 1900 abwarten müssen, als das Experiment auf dem Monte Verità begann - ein Phänomen, das in den gehobenen, alternativen Kreisen der deutschsprachigen Welt grosse Aufmerksamkeit erregte - und rund um den Borgo ein weit gespanntes intellektuelles und mondänes Netz entstand. Man kann noch nicht von einem eigentlichen Tourismus sprechen, aber auf gewisse Weise geriet Ascona durch den Monte Verità in einen Kreislauf von Bekanntheit und Beziehungen, der sich dann als nützlich erwies.

3 *Es gab noch keinen Tourismus, und doch war Ascona, ein traditionelles, schönes, sonnenverwöhntes Tessiner Dorf und toleranter als andere.*

Der richtige Augenblick war noch nicht gekommen. Vergleichen wir nochmals mit Stresa, das gegenüber Ascona einige wichtige Vorteile hatte: Die Eisenbahnlinie des Simplons, der den Ort zur bevorzugten Eingangspforte für die *Grand Tour* in Italien machte, und die Nähe zu Mailand. Aber es gab auch einen ästhetischen Unterschied zwischen Ascona und Stresa, dessen vom Menschen gestaltete Landschaft stark vom Geschmack des 19. Jahrhunderts geprägt ist. Man kann das sehen, wenn man die beiden Seepromenaden betrachtet: sehr ausgedehnt, weit, fast städtisch jene von Stresa, überschaubar und verhältnismässig kurz hingegen jene von Ascona. Nicht im Einklang mit dem Geschmack des 19. Jahrhunderts, aber eben wegen dieser "Originalität", wie geschaffen für den Geschmack von heute.

4 *Dann setzt sich die Tourismusmaschine sehr langsam in Bewegung.*

Es sind die Jahre zwischen 1920 und 1935. Das Experiment auf dem Monte Verità ist beendet, doch noch immer kommen (und bleiben) Künstler und reiche Persönlichkeiten der eleganten Gesellschaft nach Ascona und ergreifen bedeutende Initiativen. Eduard von der Heydt lässt das Hotel Monte Verità erbauen, der Golfplatz entsteht, Max Emden verleiht den Brissago-Inseln Glanz, die Künstlervereinigung *Der Grosse Bär* wird gegründet und für Charlotte Bara das Theater San Materno errichtet. Das sind alles klare Signale für den einsetzenden Tourismus. Ascona beginnt, mit von der Partie zu sein.

5 *Die Grundlagen scheinen gelegt, da bringt 1939 der Krieg alles zum Stillstand.*

Und danach, 1945, ist alles anders. Der zweite Weltkrieg bewirkt eine starke Zäsur im europäischen Tourismus, im Geschmack und in den Bedürfnissen der Reisenden. Die Gesellschaft des angehenden 20. Jahrhunderts ist beendet. Und eine andere betritt die Bühne. Diese Veränderung bedeutet den Niedergang einiger touristischer "Hauptstädte" Europas, während neue exklusive Ferienorte aufstreben. Verschieden Elemente tragen zu dieser Veränderung bei: Das Auto ist nun für viele erschwinglich geworden und ermöglicht, die nicht direkt an einer Bahnlinie liegenden Orte (wie Ascona) leichter zu erreichen, die Anfahrtszeiten und die Aufenthaltsdauer werden kürzer, der *lifestyle* wird immer wichtiger. Man macht nun Ferien, um abzuschalten. Ascona hat in diesem Zusammenhang zweifach Glück: Erstens hat es keine oder fast keine touristische Vergangenheit. Es kann sich also "aufbauen" und von Anfang an den neuen Bedürfnissen Rechnung tragen. Und es hat das Delta: Tausende von Quadratmetern freies Land, das nur darauf wartet, genutzt zu werden.

6 *Und auf dem Delta werden denn auch die grossen Hotels gebaut.*

Zuvor lagen die wichtigsten Hotels im Wesentlichen auf dem Hügel: das Monte Verità, das Ascona und das Tobler. Dann bot sich die Möglichkeit, zu einem lächerlichen Preis zehntausende von Quadratmetern Land auf dem Delta zu kaufen. Das nutzten Pierino Ambrosoli und die Familie Bührle, die grosse Grundstücke erwarben und dank der Nähe des Golfplatzes und dank dem, was Ascona zu werden im Begriffe war, auf Luxushotels setzten. So entstanden das Park Hotel Delta und das Castello del Sole. Dazu kamen später das Eden Roc (am See) und das Giardino (ebenfalls im Gebiet des Deltas).

7 *Ein einmaliger Fall. Vier Fünfsternhotels in einer Gemeinde, die knapp 6'000 Einwohner zählt.*

Die Hotels von Ascona, insbesondere die mit fünf Sternen, passen sich von Anfang an der neuen Ferientendenz an: übersichtlicher, kleiner, mit allem Komfort. Das verschafft ihnen einen klaren Wettbewerbsvorteil. Sie gewinnen eine sehr interessante Gruppe von Touristen als Gäste: reiche Deutsche und Deutschschweizer. Viele von ihnen verlieben sich in Ascona und lassen sich dort nieder. Die Wochenzeitschrift *Stern* veröffentlicht 1961 sogar eine Karte, die zeigt, welche 38 superreichen Deutschen sich in Ascona angesiedelt haben und wo sie wohnen. Es sind unvergessliche Jahre, die nie wiederkommen. Die grossen Hotels, aber auch der Opel Ascona, die Titelseiten der deutschen Zeitschriften, das Entstehen eines mondänen (und nächtlichen) Lebens: Alles trägt dazu bei, den *brand* Ascona zu schaffen.

8 Diese ausserordentliche Entwicklung ist den grossen Hotels zu verdanken. Daneben gibt es aber noch viel anderes.

Rund um den Glanz der Fünfsternhotels hat sich ein feinmaschiges und perfekt funktionierendes Netz von grossen und kleinen Hotels (und von Ferienhäusern und Freizeit-Strukturen) entwickelt, die sich an Gäste mit kleinerem Geldbeutel richten. Das Endergebnis sind 1,6 Millionen Übernachtungen pro Jahr. Damit platziert sich Ascona, wenn wir die grossen Städte ausklammern, schweizweit an zweiter Stelle der meistbesuchten Ferienorte an einem See und im Tessin sogar an erster Stelle. Davon kann der Borgo gut leben. Und nicht nur er.

9 Deshalb ist Ascona noch immer Ascona.

Heute wie damals scheint der Gast mit dem Hotelzimmer auch etwas Immaterielles zu kaufen, das nur dieser Ort bietet. Dazu kommt die strahlende Schönheit Asconas, das geistige Erbe des Monte Verità, die hohe Qualität und grosse Auswahl der Freizeitinfrastrukturen, die Leichtigkeit, von den Hotels aus ein kleines Städtchen zu erreichen, das alles bietet, einschliesslich einem Hinterland mit Tälern von grossem Interesse; und nicht zuletzt, die Tatsache, dass man nur wenige Kilometer von Italien entfernt, aber doch in der gut funktionierenden Schweiz untergebracht ist. Das Ergebnis ist Ascona, wie wir es heute kennen.

Ascona in Worten

Kann man Ascona jenseits seiner Geschichte und Geografie, jenseits von Selbstverständlichem und Gemeinplätzen interpretieren, indem man versucht, es mittels eines unüblichen anthropologischen und psychologischen Ansatzes zu definieren? Wir haben versucht, das mit dem Psychoanalytiker Graziano Martignoni zu tun.

Welche Gefühle weckt Ascona in Ihnen, Doktor Martignoni?

Wenn ich die Augen schliesse und meiner Phantasie freien Lauf lasse, fallen die Wahrnehmung, die ich als Jugendlicher hatte und die ich heute habe, zusammen. Ascona bringt es fertig, einen zwischen Wirklichkeit und Vorstellung spielen zu lassen.

Versuchen wir, in einer Art Sprachspiel einige Wörter zu suchen, die uns helfen können, das Wesen Asconas zu definieren.

Das erste Wort ist *Aura*. Die Aura ist den so genannten "Orten mit einer Seele" eigen. Es sind Orte, die die Fähigkeit haben, über die Wirklichkeit heraus zu wachsen und eine andere Landschaft entstehen zu lassen; Traum- und Wunschorte, die zwischen einem Bild von De Chirico und einem Gemälde von Salvador Dalì stehen.

Es geht also um eine innere Landschaft, wie wir sie von der metaphysischen Malerei kennen, die fast nie mit der Geographie übereinstimmt. Fügen wir ein anderes Wort an.

Verschiedensein. **Wenn man auf der Seepromenade von Ascona einen Kaffee trinkt, wird einem bewusst, dass es nicht dasselbe ist, wie wenn man es in Locarno oder Brissago tut.**

Erinnern Sie sich an den Schlager *Giorgio del Lago Maggiore*?

Die Palmen, die typischsten touristischen *Topoi* der Fünfzigerjahre, die verlorene Liebe (man wähnt sich im Film *Casablanca*). Es ist ein Stück lokaler Anthropologie, die dem Exotischen nahe kommt.

Und damit haben wir ein neues Wort für unser Spiel.

Die Dimension des *Exotischen* findet sich in unseren Vorstellungen und im Reich des Wunsches. Sie entspricht einem gleichzeitig ausschweifenden und fröhlich prickelnden "Anderssein". Ascona ist also eine Art "*attracteur pulsionnel*", der Ort eines lockeren Verbots, eines Unerreichbaren, das sich manchmal in flüchtigen Figuren verkörpert, die in den Gässchen des alten Kerns unweit des Sees flanieren.

Sie stammen aus dem Locarnese, wohnen aber seit vielen Jahren in Comano. Haben Sie je Ferien in Ascona gemacht?

Ich habe oft davon geträumt, nicht wirklich ernst, das Anderswo von Ferien eben an diesen Ufern im Schatten des Monte Verità zu finden. Aber alles ist in der Schublade der skurrilen Gedanken geblieben. Auf dem Delta ist es mir häufig passiert, nicht genau zu wissen, ob ich mich an der Côte d'Azur oder in Cap Cod befinde.

Ascona hat also keine festen Umrisse.

Es gibt einen **mediterranen Charakter**, der über die reale Geographie hinaus geht. Ein See beginnt und endet in der Regel, ist ein geschlossener Raum, während man in Ascona das Gefühl hat, der See führe direkt nach Venedig, ans Meer.

Und oft ist dieser mediterrane Charakter manieriert.

Wie jedes Element einer Traumlandschaft läuft auch Ascona Gefahr, banalisiert zu werden, ein Trugbild zu werden, ein "Gadget", das man konsumiert.

Ascona wirkt wie ein grosses Theater, eine Bühne, auf der sich Spiritualität und Handel vermischt haben. Eine Mischung, die dem Borgo erlaubt, eine gewisse grundsätzliche Leichtigkeit zu bewahren.

Als ich jung war, war Ascona der Ort der Nacht. All das nährte eine besondere *Erotik*, ein anderes Schlüsselwort unseres imaginären Freskos. Auch in Sils-Maria spürt man eine Aura, aber sie ist nicht erotisch, sondern melancholisch wie ein "*Finisterrae*", wo alles aufhört. In Ascona im Gegenteil "kann alles beginnen".

Also Besonderheiten von Ascona, die sich in tausend Formen äussern: Landschaft und Geografie, Magie und Wirklichkeit.

Zum Nachdenken über Ascona, möchte ich gern das Wort Fûdo anführen, eine Kategorie, die der japanische Philosoph Watsuji Tetsurô (1889-1960) in den Dreissigerjahren studiert hat. Er spricht von einem sehr engen, innersten Zusammenhang zwischen dem

Milieu, dem "Klima", in dem man lebt und der emotionalen Erfahrung der Personen, die sich an diesem Ort aufhalten. Ascona ist dafür ein perfektes Experimentierfeld.

Innerhalb der Dimension Ascona existiert der Monte Verità, der bis zur aussergewöhnlichen Wiederentdeckung von Szeemann auf die Geschichtsbücher beschränkt war.

Ich habe acht Jahre lang das Collegio Papio besucht und niemand hat je vom Monte Verità gesprochen. Die *Ferne* von Ascona barg in sich eine andere Ferne. Vielleicht weil dem Monte etwas "Unheimliches" anhaftete, das man weit von sich schieben musste, das unerträglich war für jene, die "immer in geordneten Bahnen" denken.

Heute neigt man zur Ansicht, dass die Essenz Asconas eben vom Monte komme. Dass man den Borgo von da oben betrachten müsse.

Ich lasse mich von dieser Vorstellungen nicht blenden. Ich schaue den Berg auch weiterhin von Ascona aus an. Man könnte sagen, dass Szeemanns Monte wie eine Art "mythologische Maschine" funktioniert hat, die Wissen schuf, aber auch Spektakel. Ascona versteht man, im Guten und im Schlechten, nur von unten, vom alltäglichen Ascona ausgehend, das jenen "hohen" Ort oft versteckt, als befinde er sich jenseits einer Nebeldecke. Es ist nicht der Monte, der die Wahrheit über Ascona sagt, sondern es ist Ascona, das die skandalöse Wahrheit über den Monte sagt.

Eine "Maschine", mit der sich manche Asconeser nicht identifizieren können, die aber zu einer Art Toleranz beigetragen hat, die anderswo undenkbar ist.

Ich will ein Beispiel anführen: Der Mann, der auffällig als Frau gekleidet vor vielen Jahren seinen Kaffee an der Seepromenade trank, ohne besondere Aufmerksamkeit zu erregen. Am erstauntesten waren, wenn schon, die Nichtasconeser. Hier spürte man die Hand des Monte Verità, vielleicht paradoxerweise eine Seite seiner rebellischen Ästhetik.

Welches Schicksal erwartet Orte wie diesen?

Ich spüre, dass Orte wie Ascona dem aktuellen Prozess der Banalisierung nicht entgehen werden können. Nichts ist mehr so aussergewöhnlich wie es war. Die Krankheit von Ascona könnte das Verlieren seiner Originalität sein. Die Zeit tötet die Aussergewöhnlichkeit von Ascona im Zeitlupentempo.

Ist also ein Begräbnis in Sicht?

Ascona wird auch in Zukunft modische Restaurants haben und touristisch anziehend sein. Aber es könnte das leere Objekt einer verarmten Vorstellungswelt werden. Das geschieht, wenn der Mythos zum Konsumgut wird, wenn man aufhört, ihn als etwas Geheimnisvolles, als etwas, das Spuren hinterlässt, zu erleben. Martino Giovanettina

Hesses Prophezeihung

Als Hermann Hesse 1925 die Erzählung *Fremdenstadt im Süden* schrieb, dachte er bestimmt nicht an Ascona, das damals kein aufstrebender Touristenort war. Er dachte nicht einmal an einen besonderen Ort, sondern, wenn überhaupt, an eine Summe von Orten. Und doch enthält die *Fremdenstadt* eine Reihe von Merkmalen, die später in der Identitätskarte des international bekannten Asconas erscheinen werden. Ein in gewissem Sinn prophetischer Text, der einige Bedingungen definierte, um bei den potentiellen Gästen aus dem Norden Erfolg zu haben: Ein nicht geschmackloses Surrogat eines unbestimmten Südens sein, mit "Palmen und Zitronen, blauen Seen, malerischen Städtchen", in einer 'echten', aber vom Menschen umgestalteten Natur ("die ihm zwar Reize und Illusionen gewährt, aber lenkbar ist"), in die man sich mit allen grossstädtischen Gewohnheiten verpflanzen kann. Eine ideale Stadt, aus der man bei Gelegenheit zu Abenteuern in den Tälern ausbrechen kann, wohin man aber abends zurückkommt, um Bekannte zu treffen, "sanft und zufrieden auf der Promenade zu wandeln", um dann in die grossen, hell erleuchteten und komfortablen Hotels zurückzukehren, wo "nachher ein kleiner Ball stattfinden wird".

Mitteleuropa, das nach Süden schaut

Ascona ist ein einmaliger Ort. Symbolisch, historisch und kulturell gesehen ist es eine Perle, ein kleiner Raum mit grossem Reichtum, dank dem es im Laufe der Jahre zu einem der renommiertesten Tourismusorte in ganz Mitteleuropa geworden ist.

Vom geografischen Standpunkt aus ist Ascona ein symbolischer, nach Süden ausgerichteter Balkon Mitteleuropas, von dem so viele träumen. Im kollektiven Bewusstsein ist der Borgo zum Vorposten Italiens, der Sonne und der Freiheit geworden, den Sehnsüchte und Wünsche in den vergangenen Jahrhunderten geschaffen haben. In einem Tessin, am Kreuzweg zwischen Norden und Süden, das mit der Eröffnung des Gotthard-Tunnels (erst der Eisenbahn, dann der Strasse) rasch touristisch geworden ist, hat Ascona einen Platz an vorderster Front erobert und sich dem Tourismus in all seinen Formen und Ausprägungen erschlossen. Darunter fällt der Kultur im weitesten Sinn, damals wie heute, eine grundlegende Rolle zu.

Seinen touristischen Erfolg verdankt Ascona wahrscheinlich dem Zusammenspiel aussergewöhnlicher Faktoren, verbunden mit einem lokalen Geist, der es verstanden hat, sich auf natürliche Weise zu öffnen, gastfreundlich zu sein, in touristischen Begriffen zu denken, sich nie Dynamiken aufzwingen zu lassen, sondern bewusst zu entscheiden, Ascona dem Tourismus zu öffnen und gleichzeitig die wirtschaftlichen, sozialen und kulturellen Vorteile zu erfassen, die für die ansässige Bevölkerung eine Bereicherung sind. **Marco Solari**

ASCONA DIE ANDERE LAGUNE

Gianfrancesco Beltrami (1966), Anwalt, seit 1996 Gemeinderat von Ascona. Sechzehn Jahre lang leitete er die Tourismusabteilung der Gemeinde und zwölf Jahre lang war er Direktionsmitglied des Fremdenverkehrsamtes Ascona und Locarno. Mit ihm führen wir ein kurzes Gespräch über den Tourismus in Ascona.

Asconas Trumpf?

Die erste mediterrane Piazza im Süden der Alpen zu besitzen.

Hat sich der Borgo Ihrer Meinung nach in diesen Jahren verbessert oder verschlechtert?

Verbessert. Ascona hat eine viel höhere Lebensqualität als früher und bietet ausgezeichnete Dienstleistungen, wie sonst kein Ort im Tessin.

Einige denken an das Modell Monte Carlo...

Sicher nicht, was die Bauspekulation betrifft. Wenn man hingegen einen Ort meint, der Glamour und eine hohe Qualität bietet, wie St. Moritz, Gstaad, Montreux, dann ist Ascona, natürlich in seinen Grössenverhältnissen, mit von der Partie.

Es gehört zu Ascona, einen hoch stehenden Tourismus zu haben?

Man muss dieser Tatsache immer sensibel Rechnung tragen. Es gibt keinen Platz für andere Dimensionen. Im Wesentlichen ist es ein 'verpflichtendes Schicksal', das erhalten und verstärkt werden muss. Man muss denen, die es können, Gelegenheit geben, zu investieren und auszugeben, natürlich unter Respektierung des Ortes und der Umwelt.

Seit Jahrzehnten spricht man von einem grossen Mehrzweckgebäude, für das man weitere Inhalte finden müsste.

Wir arbeiten daran, auf dem Gelände des ehemaligen Flugplatzes. Ausser dem offenkundigeren Aspekt (Kongresse, Konzerte, Ausstellungen und entsprechende Räume) müsste man auch eine Leitlinie finden. Eine Möglichkeit wäre beispielsweise das vom Monte Verità entwickelte 'naturalistische' Konzept, das man unserer Zeit anpassen müsste. Heute würde das Wellness für Körper und Geist bedeuten.

216

Ascona hat vier Fünfsternhotels. Das sind viele für die Grösse des Ortes. Jedes hat seine besonderen Geschichten. Wie jene von Pierino Ambrosoli, der mit dem Riecher des Unternehmers begriff, dass die Zeit des Luxus gekommen war. Oder jene der Familie Bührle, die ein ländliches Wirtshaus, einen ehemaligen Zufluchtsort der Protestanten, in ein raffiniertes Resort umgewandelt hat. Oder jene von Hans Leu, der in die Toskana wollte, jedoch nach Ascona kam und Angelo Conti Rossini anheuerte. Oder jene des deutschen Magnaten Karl-Heinz Kipp, der in Ascona verliebt ist und mehr als alle anderen investiert hat. Sie und Dutzende anderer Hoteliers, die weniger berühmt sind, haben zum touristischen Erfolg des Borgo beigetragen und tun es auch weiterhin.

DIE FÜNFSTERNHOTELS
1 PARK HOTEL DELTA : DIE INTUITION VON PIERINO AMBROSOLI

Viel Grün umgibt das, was zeitlich gesehen, das erste Fünfsternhotel in Ascona (1962) war. Auch hier, wie beim Eden Roc, steckte Pierino Ambrosoli dahinter, der zwar "nicht begeistert war, Hotels zu leiten, aber eine Vorliebe dafür hatte, sie an den richtigen Orten und zur richtigen Zeit zu bauen". Das sagt seine Tochter Barbara, die heutige Besitzerin des Park Hotels Delta. Das Land, und das war die Voraussetzung für alles Nachfolgende, war sehr billig im Vergleich zum heutigen Wert "es war teurer, das Land herzurichten als es zu kaufen".

Barbara Amrosoli ist optimistisch für die Zukunft des Tourismus in Ascona: "Er wird sich halten, vor allem der hochstehende Tourismus". Was sie so sicher macht, ist das Bewusstsein der starken Punkte Asconas: "Was vor allem zählt, ist, dass man Ascona mit dem Auto erreichen kann, also ankommen und abreisen kann, wann man will, und das ist ausschlaggebend, wenn man bedenkt, dass 55% unserer Hotelgäste aus der Deutschschweiz stammen, 35% aus Deutschland und die restlichen 10% aus der ganzen Welt. Dazu kommt die Sicherheit in der Schweiz und die Tatsache, dass wir, dank unseren verhältnismässig kleinen Strukturen unsere Kunden 'wiedererkennen' und über ihren Geschmack Bescheid wissen. Das schafft eine Familiarität, die ein Hotel mit 500 Betten in Dubai nicht bieten kann. Deshalb müssen wir die Konkurrenz mit den ausländischen Hotels, besonders im Nahen Osten, die uns technologisch weit überlegen sind, nicht fürchten. Wir bieten etwas anderes".

In unmittelbarer Nähe des Hotels befindet sich ein anderer Mosaikstein der Ambrosoli-Gruppe: Das Delta Beach, das in den Dreissigerjahren als Kursaal gebaut wurde - im Bauhausstil, was man noch ein wenig sieht. Es ist ein Ort, in dem man das Strandleben geniesst, einen Aperitif trinkt, vor und nach dem Baden hingeht. Das Beach ist ein trendiges Lokal, auch im Ascona von heute, wo man, im Grunde genommen, in aktualisierter Form, genau dieselben Sachen tun kann, wie vor achtzig Jahren.

Die Ambrosoli sind die einzige Familie unter den Gründern von Fünfsternhotels, die noch immer in ihrem Besitz ist. Eine Präsenz im Hotelsektor, die die neue Generation weiterzuführen gedenkt, innerhalb einer Gruppe, die einschliesslich des Restaurants Golf in Losone 125 Angestellte beschäftigt. Es wird an ihnen liegen, jenes "mediterrane Flair" zu erhalten, das so oft in der Werbung des Park Hotels vorkommt "in dem wir gerne glückliche Kinder sehen".

Pierino Ambrosoli

2 CASTELLO DEL SOLE: MISCHUNG VON LANDWIRTSCHAFT UND LUXUSTOURISMUS

Wer Terreni alla Maggia sagt, denkt an einen grossen Landwirtschaftsbetrieb auf dem Delta. Wer Castello del Sole sagt, denkt hingegen an ein mehrfach preisgekröntes Fünfstern-Luxushotel. Doch das Grand Hotel und der Bauernhof haben dieselben Besitzer (die Familie Bührle-Anda) und wohnen im selben juristischen Haus. Ihre Ehe funktioniert gut. Vermittler war der Plan Wahlen, eine Art 'nationaler Kreuzzug', der sich zum Ziel setzte, während des Zweiten Weltkriegs den landwirtschaftlichen Ertrag zu steigern. Damals war das Hotel ein bescheidenes ländliches Gasthaus und der Bauernbetrieb das Traditionellste, was man sich vorstellen kann. 1942 kaufte der Zürcher Industrielle Emil Bührle die Terreni alla Maggia und leistete auf diese Weise seinen Beitrag an den Plan Wahlen. Kurze Zeit später sicherten sich die Bührle auch den Bauernhof Vallerana, der auf der anderen Seite des Deltas liegt und zu Locarno gehört. Zusammen waren das 150 Hektaren.

Eine Person kennt diese Geschichten besser als alle andere: der Ingenieur-Agronom Renato Altrocchi. Zur Zeit des Plans Wahlen noch nicht geboren, war er von 1986 bis 2010 Direktor und Regisseur der Terreni alla Maggia, mit denen er sich stark identifizierte. Mit Altrocchi könnte man Stunden zwischen verstaubten Dokumenten und alten Karten verbringen, doch wir haben die beginnenden Neunzigerjahre im Auge. Von der Vallerana ist nicht einmal die Hälfte geblieben. Auf den Grundstücken, die vor allem an öffentliche Institutionen verkauft wurden, sind inzwischen das Gymnasium von Locarno, die Kläranlage, verschiedene Strassen und anderes entstanden.

Mit dem Geld aus diesen und anderen Verkäufen hat der Besitzer Bührle landwirtschaftliches Nutzland in der Magadinoebene gekauft, den Bauernhof modernisiert und grosse Summen in das Castello del Sole investiert. Um es zu vergrössern und zu einem der führenden Hotels der Schweiz zu machen, mussten rund 90 Millionen Franken investiert werden. Ein seltener Fall von Land, dessen Erlös für Spitzentourismus verwendet wurde. Im Laufe der Jahre hat sich auch das Verhältnis der Angestellten umgekehrt: Im Hotelbereich stiegen sie in sechs Jahrzehnten von 20 auf 150 an, während sie im Landwirtschaftsbetrieb von 120 auf 20 sanken.

Zu dieser Geschichte mit Happyend gehören auch Belinda, Rosina und Figaro-Lindoro, die drei Esel, an denen sich die Kinder der Gäste des Castello del Sole erfreuen. Sie sind die Verbindung zwischen der bäuerlichen und der touristischen Welt. Tag für Tag streifen sie geruhsam in dem 14 Hektaren grossen, dem Luxustourismus angepassten Privatpark umher. An einem Ort, der vor nicht allzu vielen Jahren den Namen Casa Boletti trug, wo man Tabak anpflanzte und Hühner, viele Hühner hielt. Und wo im 16. Jahrhundert ein Adliger aus der Familie Orelli ein befestigtes Haus erbaute, in dem sich die Reformierten Locarnos vor dem Exil (1555) versammelten, und das heute noch irgendwie in der Architektur des Hauptgebäudes des Hotels weiterlebt.

3 EDEN ROC: EIN NAME, DER AN DIE CÔTE D'AZUR ERINNERT

Als wir im Gespräch mit Ursula Bechtolsheimer auf die Geschichte anspielen, die man sich in Ascona erzählt, wonach ihre Eltern (Karl-Heinz und Hannelore Kipp) das Eden Roc kauften, weil sie die Wohnung im letzten Stock des Hotels für sich haben wollten, sagt sie uns höflich, dass das nicht wirklich der Wahrheit entspricht. Doch sie fügt hinzu: "Man braucht immer eine schöne Geschichte zum Erzählen".

Und es lohnt sich, sie zu erzählen, die Geschichte dieses Fünfsternhotels, das 1971 von Pierino Ambrosoli gebaut wurde und den Namen eines Hotels an der Côte d'Azur trägt, das der Unternehmer aus Locarno sehr liebte: das Hotel du Cap Eden Roc in Antibes. Pierinos Tochter, Daniela Ambrosoli, erinnert sich, dass ihr Vater sehr um die Baugenehmigung kämpfen musste, aber nie den Mut verlor, vielleicht weil er das Potenzial erkannte, das dieser Standort touristisch gesehen haben konnte: direkt am See und wenige Schritte vom Zentrum entfernt.

Zwanzig Jahre später wechselt das Eden Roc den Besitzer. Es wird von der Tschuggen Hotel Group AG erworben, der Aktiengesellschaft der Familie Kipp, die schon die Hotels Tschuggen und Valsana in Arosa und das Carlton in St. Moritz besitzt. Für das Eden Roc konnte es keinen besseren Käufer geben. Die Idee ist von Anfang an klar: Aus dem Eden Roc soll um jeden Preis eines der besten Hotels in Europa werden. Das Ehepaar Kipp setzt dafür nicht nur Kapital, sondern seine ganze Leidenschaft für Ascona ein. Dieselbe Leidenschaft steht hinter dem Entscheid, das Hotel auch den Winter über offen zu halten (als einziges der Fünfsternhotels) und mehrere Monate pro Jahr in der Attikawohnung zu verbringen.

2010 erklärt der *Gault&Millau* das Eden Roc zum besten Schweizer Hotel. Seit der Intuition von Pierino Ambrosoli sind vierzig Jahre vergangen, und das später entstandene Fünfsternhotel überflügelt viele preisgekrönte Konkurrenten. Die Auszeichnung ist in gewissem Sinne auch ein Preis für Ascona, eine Anerkennung für seine Tourismusverantwortlichen, die mit ihrem Interesse für den Ort, mit Investitionen und zielgerichteten Entscheidungen dazu beigetragen haben, dass der Borgo die Lücke aufholen konnte, gegenüber anderen Orten, die das Publikum viel früher entdeckt hat und die unerreichbar schienen.

Und es ist auch eine persönliche Hommage an Karl-Heinz Kipp, weil, wie Urs Heller, Chefredaktor des *Gault&Millau*, geschrieben hat: "Keiner hat in den letzten Jahren so viel Geld in den Sektor der helvetischen Gastfreundschaft investiert. Dafür schulden wir ihm Respekt und Dankbarkeit".

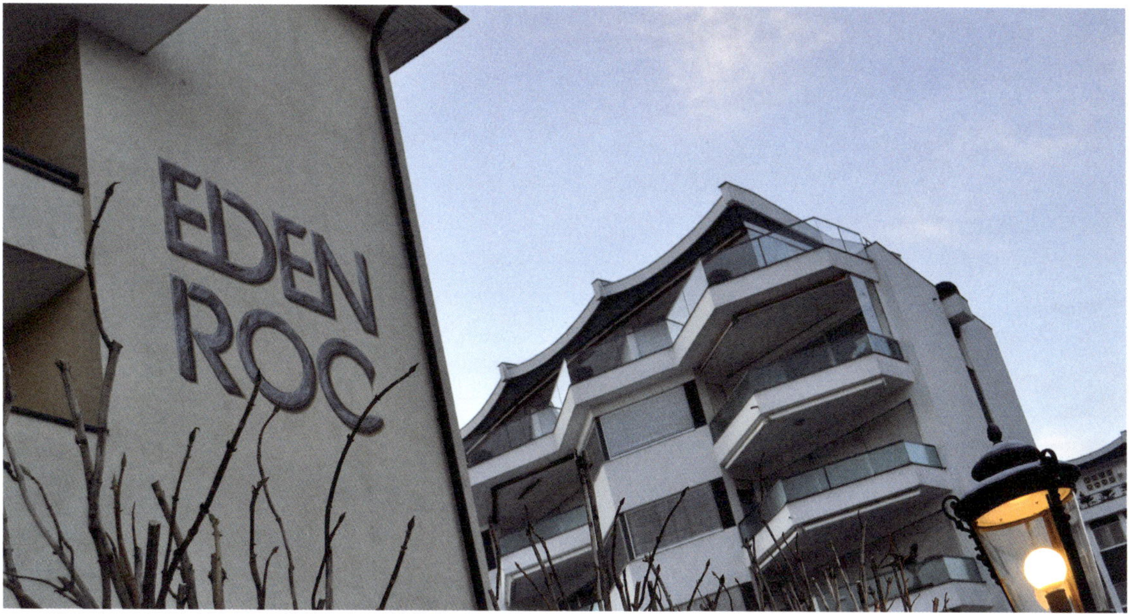
EDEN
ROC

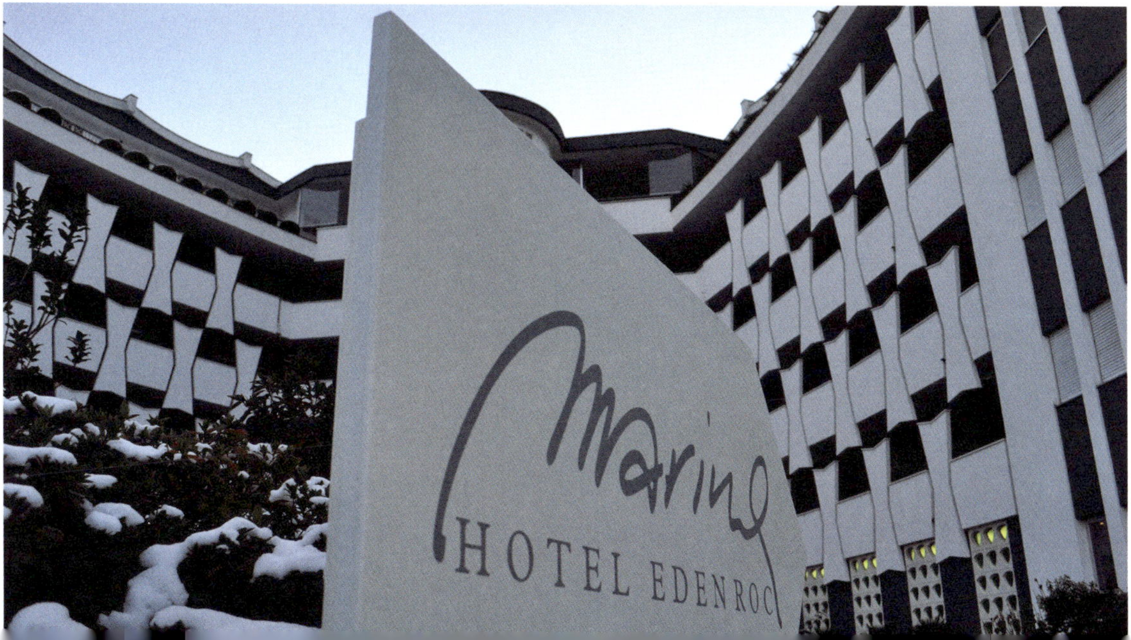
Marina
HOTEL EDEN ROC

4 GIARDINO: LEU UND CONTI ROSSINI

Hans C. Leu ist ein Urgestein der Hotellerie von Ascona (und der Schweiz). Und er ist auch der Erfinder des Giardino. Nach Ascona kam er durch einen sonderbaren Zufall. "1983 war ich Direktor des Kulm in Arosa und knapp über fünfzig. Ich dachte an einen Tapetenwechsel, wollte in die Toskana gehen und dort meine Arbeit machen. Da bekam ich ein verlockendes Angebot: Würde es Sie interessieren, ein neues Luxushotel in Ascona aufzubauen? Ich schaute mir die Sache an. Das Areal befand sich im zweiten Glied im Vergleich zu den günstiger am See gelegenen Hotels. Aber ich hatte Lust, etwas Neues zu wagen. Der Initiator war bereit, rund fünfzig Millionen Franken zu investieren und liess mir freie Hand. Ich gründete eine Gesellschaft und riskierte eigenes Geld". Innerhalb eines Jahres, zwischen 1985 und 1986 entstand so das Hotel Giardino.

Während die Wände wuchsen, erarbeitete Leu seine Strategien. Sieben Kilometer von Ascona entfernt, lebte ein Mann mit Glatzkopf und Piratenlächeln, der für Leu wie geschaffen schien: Angelo Conti Rossini, berühmter und unvergessener Tessiner Koch, der es in seinem kleinen Giardino in Brissago zu zwei Michelin-Sternen gebracht hatte. Leu schrieb ihm: Können Sie mich in der Küche beraten? "Als die Antwort kam, war ich sprachlos: "Wenn Sie wollen, komme ich als Küchenchef". Ich machte Freudensprünge". Conti Rossini brachte auch die beiden Sterne mit, die dem Giardino einen schnellen Start ermöglichten. "Er war nicht nur ein grosser Koch, sondern auch ein spezieller Typ, und das war fantastisch für die Werbung, die Journalisten beteten ihn an. Er hatte einen direkten Draht zu den Gästen. Er fragte sie, was sie gerne assen und was nicht. Oft ging er in den Saal und unterhielt die Gäste mit seiner Verve, er war ein bisschen Philosoph und ein bisschen Clown".

Die Küche war nun in guten Händen, und Leu machte sich daran, ein Konzept für die Betreuung der Gäste zu erarbeiten. Wie konnte man kommunizieren, dass das Giardino anders war? "Die zündende Idee war diese: Für die anderen Luxushotels ist jeder Gast ein einzelner Baum, für uns hingegen gab es nur einen Baum, und jeder Gast war ein Zweig davon. Die Gäste waren Teil eines zwanglosen Netzes, ich versuchte, jeden einzelnen kennen zu lernen, sie untereinander in Beziehung zu bringen".

Der Erfolg des neuen Fünfsternhotels liess nicht auf sich warten. Und war auf die Persönlichkeit des Direktors zurückzuführen. Der, wenn er nicht im Hotel war, mit dem rosa Bus des Giardino fuhr. "Ich wählte rosa als Identitätsfarbe des Hotels, weil es meine Lieblingsfarbe ist. Später habe ich erfahren, dass es in China die Farbe der Gastfreundschaft ist". Das sind die Zufälle des Lebens.

"Ich sage Ihnen noch etwas. Alle kennen mich als Hans C. Leu. Das C. habe ich beigefügt, es bedeutet Cicerone. Es gefällt mir, menschliche Kontakte aufzubauen, zu erklären, es ganz persönlich zu tun". Er lächelt. Wir sind in der Savoy Bar in Zürich. In seiner Stadt. Er ist 82, aber man sieht es ihm nicht an. "Ich habe das Leben eines Hoteldirektors 120% geführt. Und ich habe den Rat befolgt, den mir meine Mutter gab, als ich noch im Gymnasium war: Geh in die Hotellerie. Ein Direktor gilt gleich viel wie ein Doktor".

Hans C. Leu

Angelo Conti Rossini

Das nächtliche Ascona war ein entfernter und doch naher Ort, es gab ihn und es gab ihn nicht, es war ein Haus des Vergnügens, wo man von Lokal zu Lokal ging, jeder nach seinem Geschmack, und wo man bis in die Morgenstunden tanzte, redete und flirtete.

Im Geiste jener Jahre, wo alles sich zu öffnen schien. Und darum herum war der Borgo mit seiner Schönheit…

DIE NACHTVÖGEL

Ein bisschen Saint-Tropez und ein bisschen Portofino

Man würde eine Zeitmaschine und sehr viel anthropologische Phantasie brauchen, um zu versuchen, das dichte Netz von Wegen zu rekonstruieren, das für rund zwanzig Jahre, zwischen den 1960er und 1970er Jahren die Topografie der Ausschweifungen von Ascona *by night* bildete. Der Borgo war die mondäne Hauptstadt des Tessins. Ascona wollte ein bisschen Saint-Tropez und ein bisschen Portofino sein. Seltsame Nachtvögel verkehrten dort: Süsswasser-Playboys, die sich als Günther Sachs vorkamen, Frauen, die hier, sich vergnügend, die Forderungen der Frauenemanzipation jener Jahre in die Tat umsetzten. Unterschiedliche Menschen, was das Alter und die finanzielle Situation betrifft, die aber oft gut miteinander auskamen: Vom Unternehmer Bialetti, jenem der Moka, zum jungen Stundenten, vom deutschen Industriellen zum Arbeiter, der während der Woche den Gürtel enger schnallte, um am Samstagabend auf die Pauke hauen zu können, Reiche die Lust hatten, sich zu vergnügen und Geld auszugeben, grosse und kleine *viveur*. Darunter junge Männer und Frauen aus Ascona (und aus dem Tessin), die schnell und mit ausgezeichneten Ergebnissen lernten, was die *dolce vita* am See bedeutete. Heute würde man sagen, dass man im Ascona von damals ein "spanisches Leben" führte, ein Leben mit verschobenen Zeiten, bis spät in die Nacht hinein, aber nicht so früh am Morgen.

An der Seepromenade und in der Via Borgo waren auch Autos mit grossen Namen geparkt: Ferrari California, Bentley, Lamborghini Miura, Triumph Spitfire. Die gewöhnlich Sterblichen versuchten mit einem sportlichen Alfa Romeo gute Figur zu machen. Und wer sich nicht einmal damit brüsten konnte, putzte seinen Kleinwagen phantasievoll heraus oder kreuzte mit der Vespa auf. Arm, aber trendy.

Ascona bei Nacht kannte viele Uniformen, je nach Ort, Clan, dem man angehörte, und betrachtetem

Zeitabschnitt. In der Taverna dominierte der klassische Anzug, in den kleinen Diskotheken zwischen Via Borgo und dem See war andere Kleidung angesagt. Während Gagarin um die Erde kreiste und die Kubakrise ausbrach, präsentierte sich die Jugend in Ascona in weit aufgeknöpften Leinenhemden (die Zeiten der unbehaarten Männer waren noch nicht angebrochen), nach vorne gekämmten Haaren wie die Beatles, Schlaghosen aus Leder und einem Touch von Unverfrorenheit à la James Dean. Die Mädchen trugen die ersten Miniröcke, Stiefel bis über das Knie und stellten ihre Kurven vorteilhaft zur Schau.

Die Nächte von Ascona begannen noch am Tag. Ein Apero im Schiff, im Bugigattolo oder in einer anderen der vielen Bars. Man trank "Leichtes": Walliser Weissweine, Campari orange, Martini Dry oder Getränke, die heute von den Theken der Barkeeper verschwunden sind: Franzini, Rosso Antico, Punt e Mes. Und natürlich - wenn es Geldbeutel, Geschmack und Stil zuliessen - *le roi*: Champagner. Vorher, nachher und während.

Dann, nach und nach wenn die Movida Touren zulegte, begann jeder, den ihm zusagenden Ort des Vergnügens zu suchen. Die "Reiferen" blieben in der Taverna, die jüngsten schwärmten hingegen in die neuen Lokale aus: etwa fünfzehn, jedes mit einem eigenen Charakter und eigenen Inhalten. In jenen Nächten lebten viele Altersgruppen, viele Geschichten, viel Lust, viele Sprachen (Deutsch in der Mehrzahl) zusammen. Aber alle wollten Musik, möglichst viel Musik.

Während jemand die Jetro Tull auf den Plattenspieler legte, liessen sich andere, an der Lello Bar, von den einschmeichelnden Noten des music-dinner des Pianisten Jack Trommer und seiner rauen Stimme in der Art von Sachmo bezaubern. Andere bevorzugten Hazy Osterwald, den Erfinder des *Kriminal Tango*, der nach Ascona gekommen war, um das Happyville in Schwung zu bringen. Und im Cincillà spielte die Pepe Lienhard Band, die mit ihrer *Swiss Lady* die europäischen Hitparaden anführte.

Bei all dieser Betriebsamkeit gab es sehr wenige Raufereien, die Polizei war überaus tolerant gegenüber jenen, die ein wenig über den Durst tranken. Franco Carloni, der zu den Helden jener Jahre gehörte, erinnert sich: "Wenn man die Maggia überquerte, spürte man die Freiheit, die Welt veränderte sich. Man hatte Lust auf Ausschweifung in einem internationalen Ambiente". Das Nachtvolk von Ascona war eine farbige Karawane, ein bisschen ausgelassen, voller Lust zu tanzen: Shake, Twist, Alligalli, Rock'n'Roll, Boogie, Letkiss. Insgesamt waren es vielleicht nicht einmal tausend Personen. Aber sie prägten eine Epoche.

Die Geschichte des nächtlichen Ascona beginnt 1930 mit dem *Dancing* La Taverna. Bis Anfang der Sechzigerjahre geht es bergauf und bergab, bis schliesslich die Idee von Ascona *by night* aufblüht, die so grossen Erfolg gehabt hat. La Taverna ist inzwischen eine Institution, das Cincillà ist ihr punkto Bedeutung und Grösse ebenbürtig. Zur Vervollständigung des Angebots und um sich an die Wünsche dieser lebhaften Jahre anzupassen, werden eine Reihe von Lokalen eröffnet. In der Regel sind sie klein und unter sich sehr unterschiedlich: Diskotheken und *caves*, mit Momenten von Live-Musik. Dazu kommt die Lello bar, die eine Kategorie für sich war. Und dann, ab Mitte der Achtzigerjahre und mit einigen Ausnahmen, der Abstieg, einzig verlangsamt vom Überleben einiger "Namen" und der Diskothek Le Stelle. Aber wir sind schon in der Verlängerung. Die Menschen und ihre Gewohnheiten haben sich verändert. Versuchen wir also, eine unvollständige und sehr vereinfachte Karte dieses Ascona zu skizzieren.

Die Theater der Nacht

Taverna Gegenüber der Post von heute und der PTT von damals. Sie begann mit den Tänzen zwischen den beiden Weltkriegen und hörte damit drei Jahre nach dem Fall der Berliner Mauer auf, als sie inzwischen Discoteca Le Stelle hiess. Opfer einer anderen Art des Vergnügens, die in Mode gekommen war.

Ascona Club In der Nähe des Rathauses und der Pfarrkirche gelegen, setzte dieses Lokal von Anfang an auf neue Nächte, die sich von jenen der Taverna unterschieden. Intimer und exklusiver. Der Club hat gute Erinnerung hinterlassen. Gianpaolo Brunoni: "Man wähnte sich in Paris bei Régine, an der Tür stand Yvonne und empfing die Gäste im langen Kleid".

Cincillà Heute ist es eine Garage in der Via Moscia 6, mit eleganten Wohnungen in den oberen Stockwerken. Doch vor vierzig Jahren fanden in diesem Lokal unvergessliche Abende statt. In Schwung brachte es der Besitzer des *Français* von Crans Montana, Bernard Bagnoud. Eröffnet wurde es von Fred Buongusto, der dann immer wieder zurückkehrte. Im Cincillà traten - unter anderen - Gilbert Becaud, Patty Pravo, Caterina Valente, die Pepe Lienhard Band, Lello Tartarino, Mina, Andrea Mingardi, Giorgio Gaber auf. Es zog auch viele italienische Touristen (des Vergnügens) an.

Sergio bar Eine kleine Diskothek, von Zeit zu Zeit Live-Musik. Sie war das Kind von Sergio Rima, einer angesehenen Persönlichkeit, die auch eine politische Partei gründete. Am Sonntag spielten ab und zu die Nightbirds, Symbol der stürmischen Beat-Jahre im Tessin. Die Bar lag an der Seepromenade, wo sich heute das Optikgeschäft Belotti befindet.

Bar Isole

Das Lokal wurde vom Pianisten Rio Gregori in Schwung gebracht, dessen Frau Paulette, so sagte man, die elegante Dame auf dem Paket der Zigaretten Mary Long sei. Man ging auch dort hin, um das vom polnischen Kellner Rudi zubereitete Tartar zu essen. Einer der Orte, wo man die Silversternacht besonders ausgelassen feierte. Es befand sich im Vicolo Sacchetti, in nächster Nähe des Restaurants Carcani.

Bar Lago

Wo sich heute das Restaurant Seven befindet. Besitzer: Carlo Padlina. Man erinnert sich an die Feste, an denen Gäste in weisser Kleidung erscheinen mussten. Zuerst ein Apero im "Bar Pirata", dann ein Buffet auf der Terrasse, und schliesslich stieg man in den unteren Stock hinunter, um zu tanzen ("grosser Trubel in der Diskothek").

Lello bar

Für viele Touristen in mittlerem Alter (und nicht selten sehr reich und berühmt) ein nicht wegzudenkendes Stück von Ascona. Sie liebten diesen zwanglosen und begegnungsfördernden Ort, der als typisch tessinerisch galt, wo man Walzer, Tango und Tarantella tanzte. Und wo Lello sang (gut). Selten war der Grill nicht in Betrieb: Hummer und Huhn, vor allem. In der Nähe des Flugplatzes.

Kiki bar

Night Club in der Via Borgo. Kiki und seine Mädchen, ein Ort für Männer, wo die gute Gesellschaft gerne einen Halt machte. Und nie vergass, den Bekannten ans Herz zu legen: Du hast mich nicht gesehen.

Piano International
ASCONA
Jack Trommer spielt 50 Welt-Hits
Doppelalbum
RE 1001
STEREO
Bottega Berta

Taverna
Ascona

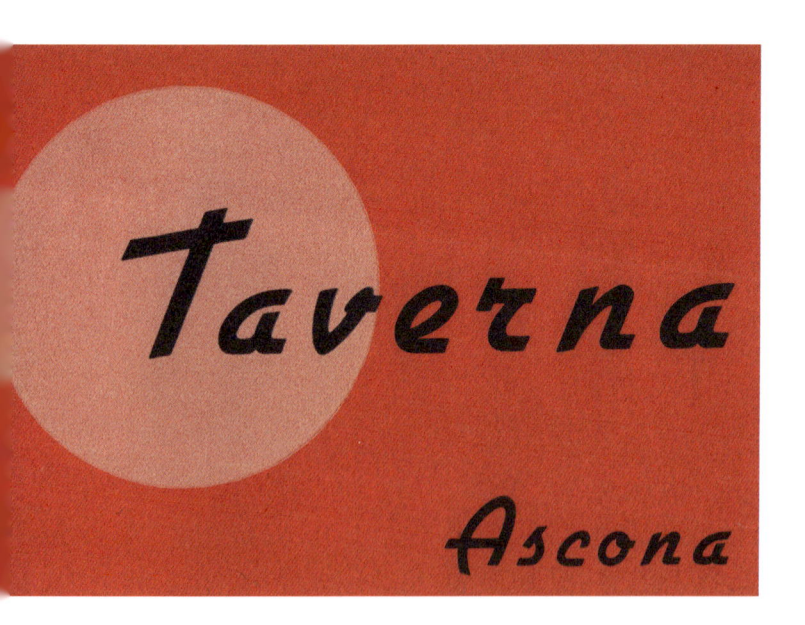

Tessiner Ambiente!

LELLO
RISTORANTE
AERODROMO

Garden-Grill, Garden-Bar.
Grill-Spezialitäten.
Pianist.
Geführt
von Manuela & Lello Bianda.

Am Mittwoch geschlossen!

Telefon 35 13 73
Telex 79 3 20
GROSSER PARKPLATZ
8

KiKi BAR

ascona night club

bar **Kiki**

Strip-tease sensazionali

programma: ore 21.00 - 03.00

Offen - ouvert - aperto:
von 21.00 bis 03.00 Uhr

Via Borgo   Tel. 35 17 95

LAGO ASCONA

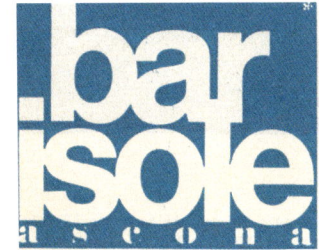

.bar isole ascona

ASCONA, GIUGNO 1986

ABBIAMO IL PIACERE DI ANNUNCIARVI PER
VENERDI 11 LUGLIO 1986
LA TRADIZIONALE

FESTA IN BIANCO

APPUNTAMENTO ALLE 19 ºº PER L'APERITIVO
OFFERTO AL BAR PIRATA
ALLE 20 ºº IL NOSTRO FAMOSO BUFFET FREDDO
DALLE 22 ºº GRANDE BALDORIA IN DISCOTECA
COL NOSTRO SUPER D.J. ADRIANO REMIX
ARRIVEDERCI E TUTTI IN BIANCO. CIAO !
CHRISTIANE E CARLO

Aperto/Offen bis 04.00

Juli 197

Orchester: «Raggi di Sole»

Tänzerinnen:
Veronic
Nicole de Berge
Jasmi
Gigi Le
Samanth
Su Che

Via Borgo Tel. 35 11 58
Fam. Jonny Dürst, Propr.

Besuchen Sie die neue Bottega-Ba

HAPPYVILLE

**NIGHT-CLUB
DANCING
ASCONA**

LAGO ASCONA

Die Taverna, wo alles begann

Falls das nächtliche Ascona ein Sonnensystem war, so war die Taverna seine Sonne. Eine künstliche, vergängliche Sonne, die aber während sechzig Jahren die Nächte eines kleinen Borgo am Lago Maggiore erhellt hat. "Hingehen bedeutete eine Art gesellschaftliches Bekenntnis", sagt der Anwalt Eros Bergonzoli, Sohn des Augusto, einer der historischen Geschäftsführer des Lokals. "Es waren Jahre - mein Vater leitete das Lokal von 1951 bis 1965 - voller Hoffnung und Unternehmergeist, in denen der Franken zu rollen begann".

Diese Lebhaftigkeit bestätigt die Tageszeitung *l'altra Notizia* in einem Beitrag zur Erinnerung an das Lokal: "Wer das Leben zu geniessen verstand oder die wichtigen Leute aus dem Tessin und der ganzen Welt treffen wollte, ging dorthin; wer die Gänsehaut des Rotlichtvarietés suchte (mit den Künstlerinnen des *Tabarin*, auf die aber die Mütter in der Garderobe warteten und nicht die suspekten Individuen unserer Tage), musste in der Taverna vorbeigehen".

Das Gebäude wurde 1930 vom Unternehmer Alfonso Rampazzi gebaut, der es fünf Jahre später, nach der Pleite der ersten Besitzer, für eine damals sehr hohe Summe kaufte: 300'100 Franken.

Im Erdgeschoss befand sich der grosse Saal für 400 Personen, wo ausschliesslich Musik zu hören war, jeden Tag. Ein festes Orchester, bedeutende Künstler (noch heute erinnert man sich an Vicki Anderson), grosse *Show*, in einer unvergesslichen menschlichen und ästhetischen Choreographie. Neben dem Saal befand sich das Bugigattolo, eine Bar, wo die Leute sich mischten, wo man die ganze Nacht reden, trinken, rauchen konnte: Eine Art Kreuzungspunkt für jene, die vom *Night Club* im ersten Stock herunterkamen (oder hinaufgingen).

Die Taverna war nicht 'nur' ein *Dancing*. Im Gebäude befanden sich auch mehrere Geschäfte, das Fremdenverkehrsbüro und die Deutschschweizer-Schule. Die Leute trafen sich dort rund um die Uhr, um die Bedürfnisse des Tages und der Nacht zu befriedigen. Aber auch der grosse Ballsaal erfüllte mehrere Zwecke: Dort fanden, unter anderem, Konzerte der Settimane Musicali, Gemeindeversammlungen und der Wettbewerb Miss Ascona statt.

Der in den letzten Jahren rückläufige Erfolg hielt bis 1992 an, als die Taverna, in der Zwischenzeit zur Diskothek Le Stelle geworden, endgültig ihre Pforten schloss. Das Ende kam 1995 mit den Baggern, die das materiell schon leere Gebäude in wenigen Tagen zu Staub machten. Aber die

Im Erdgeschoss befand sich der grosse Saal. Ein festes Orchester, bedeutende Künstler (Vicki Anderson), grosse *Shows*, in einer unvergesslichen menschlichen und ästhetischen Choreografie.

Erinnerungen blieben, auch an die heissen Abende, die inzwischen viele Jahre zurückliegen, als die Ascona-Besucher von der Musik empfangen wurden, die die Orchester auf der Terrasse spielten. Die Chronik erinnert sich an die Berühmtheiten, die dort verkehrten: Der Schriftsteller Erich Maria Remarque, der sich mit seinem Rolls-Royce bis zur Schwelle fahren liess. Oder der Bildhauer Remo Rossi, der von Locarno zu Fuss kam, um Karten zu spielen. Aber das Wichtigste in der Taverna waren die anonymen Menschen, die sie bevölkerten, manche, um sich als jemand zu fühlen, andere, um sich als niemand zu fühlen, unter Umkehrung der gesellschaftlichen Rolle, die sie im wirklichen Leben einnahmen.

Um an diese Geschichte zu erinnern, wollte Bianca Pedrotta Rampazzi, die Tochter des Unternehmers Alfonso und ebenfalls ehemalige Besitzerin, das Restaurant, das in der Nähe entstanden ist, auch Taverna nennen, im Andenken an jene andere Taverna, die nachdem sie so viele Gäste empfangen hat, nun in den Erinnerungen der Ältergewordenen lebt oder jener, die auf dem Weg dazu sind.

Die Nightbirds in der Taverna

Remarque liebte die mondänen Nächte in Ascona und gehörte zu deren unvergesslichen Helden. Dann zog er sich, erschöpft von den Exzessen, in sein Haus am See zurück. Wie am Anfang seines berühmtesten Buches: "Wir liegen neun Kilometer hinter der Front".

Eric Maria Remarque (1898-1970), deutscher Schriftsteller, Autor des berühmten Romans *Im Westen nichts Neues* (1929). 1931 erwarb er die Villa Monte Tabor in Porto Ronco, wo er viele Jahre lebte und mit seiner Frau Paulette Goddard begraben ist.

Yvonne wählt aus

Wie ein Schwarz-Weiss Film läuft die Erinnerung an den Ascona Club ab. Ein normales, aber auch ein wenig spezielles Lokal, das als erstes die Beat-Ära in den Borgo brachte. Wir sind Anfang der Sechzigerjahre. Der Club war eine kleine Diskothek, ein schickes, ungezwungenes und ziemlich exklusives Ambiente. Auf dem Plattenteller drehten sich 33er und 45er Platten (sogar einige alte 78er). Und vor allem verkehrten dort die richtigen Leute.

Das Lokal im Halbschatten, erhellt von wenigen Lichtern und Kerzen auf Kaskaden von Wachs, von früheren Kerzen, die sich um eine leere Whisky-Flasche ringelten. Unregelmässige Holztische, rustikale Stühle, nicht einmal 100 Plätze. Und fünfundzwanzig Quadratmeter Parkett, wo vierzig Personen tanzen konnten, fünfzig, wenn man sich Wange an Wange drängte. Mitten im Lokal ein Kamin, der in den letzten Jahren nicht nur zum Heizen, sondern auch zum Grillen diente: Seezungenfilet, Languste.

Am Eingang zum Club wählte Madame Besitzerin die Kunden aus, je nach Sympathie, Kleidung und was sie punkto Benehmen und Ausgabefreudigkeit versprachen. Ein dunkler Vorhang mit Lederbordüre bildete die Grenze zwischen Eingelassenen und Zurückgewiesenen. Madame hiess Yvonne Weil und war Genferin: "Sehr schön, hochgewachsen, blond", in der Erinnerung von William Mazzoni. Dazu sagt Silvia Danzi-Staub: "Eine Frau von Klasse, mit genau richtigem Dekolleté, hochgesteckten Haaren, deren Locken wie Wasserfälle herunterfielen". Der Club war ein angesagtes Lokal. Die Jugend, die einen Riecher für das Neue hatte, verkehrte dort und aus demselben Grund auch die Berühmtheiten: der Schauspieler Robert Hoffmann, der österreichische Sänger Freddy Quinn und der spätere Bürgermeister und Unternehmer Aurelio Rampazzi, der den *Disc Jockey* William Mazzoni bat, *La bambola* von Patty Pravo aufzulegen. Zum Dank liess er ihm einen Whisky bringen, ein Getränk, das damals sehr in Mode war. Und wer es sich leisten konnte,

Insider zu sein, hatte seine eigene Flasche mit den Namen auf der Etikette, die am folgenden Abend zum Tisch gebracht wurde.

Die Nächte begannen nach 21 Uhr mit den Noten von Ray Conniff und man machte weiter bis um drei Uhr morgens mit italienischen und französischen Melodien, zu denen bald auch englische Songs kamen: Jetro Tull, Beatels, Rolling Stones - und das war etwas ganz Neues. Und vor dem Heimgehen ein Gruss an Madame Yvonne.

Silvia Danzi-Staub

"Wir ahmten französische Vorbilder nach. Als junge Frau trug ich Hosen mit tiefer Taille, über dem Bauchnabel geknotete Blusen und ein Kettchen um die Taille. Wie BB in Saint-Tropez".

William Mazzoni

"Welche Jahre! Ich sang in den Nightbirds, fuhr eine weisse Vespa aus dem Jahre 1953, auf der in roter Farbe eine meiner Hände abgebildet war. Es herrschte ein positives Tohuwabohu. Und die reichen Deutschen brachten eine Menge schöner Mädchen mit".

Gianpaolo Brunoni

"Die Tage begannen um 4 Uhr nachmittags und endeten um 4 Uhr morgens in der Taverna, dann ging es weiter in den Villen. Und wenn alles rund lief, fuhr man mit dem Schiff hinaus. Dort schliefen wir wie Luxushippies".

Lennart Hofstetter

"Im Le Stelle verkehrten Zügellose und Millionäre. Die Leute kamen aus dem ganzen Tessin, aus der Schweiz, aus Mailand. Und die Musik war wirklich Klasse. Die Leute wollten vor allem tanzen. Ein cooles Ambiente".

In den Sternen tanzend

Wenn Sie zwischen 1978 und 1991 jung oder jung im Geist waren, wenn Sie gerne tanzten und gerne zwischen elf Uhr abends und vier Uhr morgens mit Hunderten von anderen Menschen zusammen waren, wenn Sie Ascona auf diese Art und Weise erlebten, dann ist die Wahrscheinlichkeit hoch, dass Sie einer der Besucher der Diskothek Le Stelle gewesen sind.

Dreizehn Jahre intensiver Betriebsamkeit, Auf und Abs, die in gewissem Sinn das Tagebuch einer nicht nur musikalischen Erfahrung darstellen. Le Stelle, die einfach nicht ganz erlöschen wollen, leben jetzt in einer Gruppe auf Facebook wieder auf, einer Clique, die sich mehrmals pro Jahr im *Dancing* La Rotonda in Gordola trifft und sich der Erinnerung hingibt. Man tanzt wie einst, mit dem legendären Dj Raf. Lichter, Schweiss, ein paar Drinks, Lust, dabei zu sein. Und ein paar Jahrzehnte auf dem Buckel.

Le Stelle, die grösste Diskothek der Schweiz, öffnete 1978. Nochmals spielte das Gebäude der Taverna eine Hauptrolle. Sergio Gomelsky ("Gomez"), der junge Besitzer eines kleinen Fahrradgeschäfts in der Nähe der Taverna, hatte eine Eingebung: Könnte man das Lokal im Erdgeschoss nicht in eine grosse, schöne Diskothek umwandeln? Er sprach mit Mister Lee, seinem Stiefvater, darüber. "Dem Koreaner" gefiel die Idee, und er stellte das Projekt mit seiner Firma auf die Beine. Im ersten Stock *Night* und Restaurant, im Erdgeschoss die Diskothek Le Stelle.

Das Vorbild, das ihn inspirierte, war das Mais, ein legendenumwobenes Lokal in Rom. Eine grosse Bühne, ein sich immer wieder änderndes Bühnenbild, ganz im Sinn jener Jahre mit ihrem unsicheren Profil, eine Lichtanlage auf dem neusten Stand der Technik, deren Spezialeffekte mit Handbewegungen vor dem Sensor gesteuert werden konnten. Und eine eindrückliche Schallisolierung, um die Explosion der Töne aus dem Peawee, der später durch einen Lem ersetzt wurde, abzudämpfen.

Am 28. Juni 1978 sprudelte die erste Musik, *You make me feel* von Sylvester. Ein Anfang mit Pauken und Trompeten; an der *Consolle* war der berühmte New Yorker Dj Robert Drake, der 500 Franken pro Abend kostete, dafür aber das Le Stelle ins Scheinwerferlicht brachte.

Als sich die Faszination des Neuen verflüchtigt hatte, ging es abwärts. Gomelsky gründete mit Bruno Pedretti und Claudio Gandin die Gesellschaft Lipstick, die versuchte, die Diskothek wieder in Schwung zu bringen und das Profil änderte: Lebewohl Disco Musik, Le Stelle wurde eine "Rockothek". Mit der Musik von David Bowie, Santana, den Police und vielen anderen Urgesteinen der Branche. Dazu kamen einige Lifekonzerte, an denen lokale Gruppen (die ersten waren die Powerage) aber auch Billy Cobham auftraten. Eine radikale, intensive Erneuerung, die bald der engagierteren Leitung von Edgaro Miozzari, genannt "der Moor" anvertraut wurde. Das dauerte zehn Jahre. Bis zur Schliessung.

Die Geschichte des Le Stelle endete am 25. Januar 1992, an einem Samstag. Der Moor erinnert sich: "Am letzten Abend war die Stimmung wundervoll, man spürte nicht einmal viel Trauer. Für die Frauen war der Eintritt gratis (nie hatte ich so viele junge Frauen gesehen), die Männer bezahlten 100 Franken". Darin waren Getränke, Wiener Würstchen, Brötchen und alles, was vorrätig war, eingeschlossen. Aber es endete schlecht. Jemand setzte das Gerücht in Umlauf, das Gebäude sei zum Abbruch bestimmt, die Gäste hatten also freie Hand. Es kam zu einem grossen Krawall. Eine Gruppe von Übermütigen begann alles kurz und klein zu schlagen, Flaschen flogen in Spiegel, Kloschüsseln und Lavabos wurden weggerissen, Wasser lief aus, es bestand Kurzschlussgefahr. "Gegen drei Uhr musste ich alle wegschicken. Schade".

Do you remember Le Stelle? Eine Anhäufung von Bildern, verstreut in den Schubladen der Erinnerung jener, die heute zwischen vierzig und sechzig Jahre alt sind. Für viele, die dort so manche Nacht verbracht haben, ist sie eine kleine Reminiszenz der Jugend, ein Abenteuer vor der Haustür.

Die Kommandanten des Schiffes Le Stelle hatten Namen wie Piraten: der Koreaner, Gomez, der Moor. Namen, die andere Namen auf den Plan rufen: die Dj Robert, Teo, Raf, Magetti, Mauro, der jetzt Journalist ist.

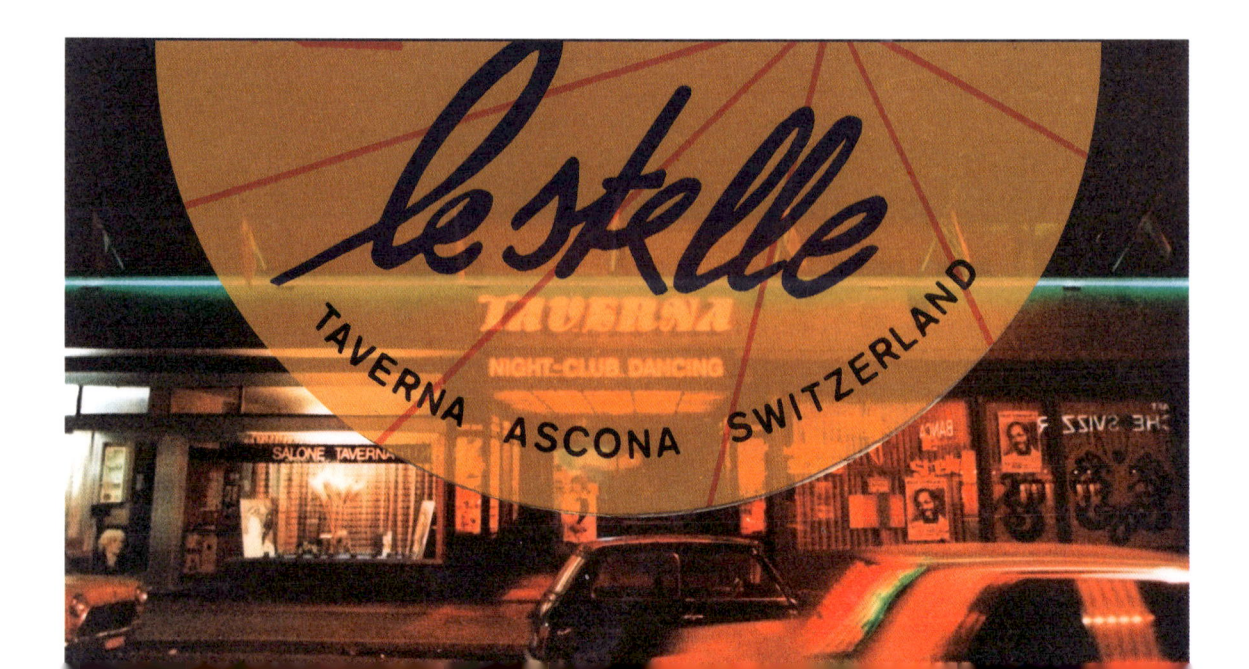

Aus der nie aufgegebenen Werkstatt der Erinnerungen tauchen andere verstreute Funken auf. Der junge Vasco Rossi der "im Eifer seines Auftritts" von der Bühne fiel. Die Busse, die nach Ascona kamen, aus weit entfernten Orten in ganz Europa. Die Mofas mit Nummernschildern ZH und GR, die vor dem Lokal parkierten. Die Getränkeautomaten im Saal, mit Cola, Sprite und Fanta, die im Eintrittspreis von zehn Franken inbegriffen waren. Das Päckchen Gauloise Bleu mit dem aufgedruckten Gallierhelm (wer weiss, ob die Raucher wussten, dass das Zeichen der französischen Marke "*Liberté Toujours*" war?). Die römischen Pon Pon Girls, die die Abende in den ersten Monaten belebten. Renato Zero, der plötzlich auftauchte und Gomez bat: "Legst du *Per un amico* auf"? Die schwarze Etikette des Jack Daniel's und die farbigen der Biere.

"Man trank ziemlich viel", geben die Ehemaligen zu, "aber der Alkohol war weniger gefährlich, er löste weniger Aggressivität aus als heute". Und wie in allen derartigen Lokalen kursierte ziemlich viel Hanf, um daraus Joints zu drehen. Mehr im Verborgenen war auch die Plage der Achtzigerjahre, das Heroin da, das zuerst erniedrigte und dann tötete. Der Moor bestätigt: "Ich musste sehr auf die kleinen Dealer aufpassen. Wenn ich sie erwischte, stellte ich sie vor die Alternative: Entweder werfe ich das Zeug ins Klo oder rufe die Polizei". Die üblichen Geschichten an einem Ort, an dem die nächtlichen Exzesse von 600-700 Personen brodelten.

Der Vormarsch der Sieben

Stefan Breuer ist ein deutscher Millionär mit zwei Ticks: die Zahl 7 (wie die Mitglieder seiner Familie) und Ascona. Er verkehrt dort seit 35 Jahren. Er, der Mann, der barfuss geht, ist gekommen "um den Tourismus zu verjüngen und wieder in Schwung zu bringen, in diesem Ascona, das zu den schönsten Orten der Welt gehört, aber stehen geblieben ist". Am 7.7.2007 hat er sein erstes Lokal eröffnet, das Restaurant Seven, und auf einen jungen, in Mode gekommenen und aufstrebenden Chef gesetzt: Ivo Adam.

Das war nur der Beginn einer ehrgeizigen Expansionsstrategie. Breuer investierte weiter und schuf das Sea Lounge (ein sommerlicher Ableger des Mutterhauses), das Easy (das populärste mit den meisten Besuchern), das Asia (ein Hauch von Exotik), die Cambüsa (eine 'Tessiner Taverne', wo sich mit Nonchalance Gegenstände aus dem bäuerlichen Leben mit den Vorstellungen abwechseln, die sich ein Werber von dieser Welt gemacht hat). Das letzte ist das Seventy7, ein Musikclub, der um vier Uhr morgens schliesst.

All das mit Pauken und Trompeten, manchmal mit etwas Übertreibung und mit einer grossen Lebhaftigkeit im Design und den Public Relations. Wie immer in solchen Fällen radikalisieren sich die Positionen. Einerseits wird Breuer vorgeworfen, er mache eine Art "Ballermann-Tourismus", andererseits antwortet dieser, man müsse verhindern, dass Ascona zu einem Altersheim, das heisst, zu einer Art Freizeitheim werde.

Wie auch immer, Breuer will das festfreudige Ascona von einst wieder zum Leben erwecken. Dazu hat er sich an einigen Orten eingenistet, die Heiligtümer jenes Ascona waren: Im Seven, wo sich die Bar Lago befand, im Seventy7, das die Stelle des Happyville eingenommen hat, und im Asia, wo das Kaffee Verbano war. Seine Initiativen haben nicht nur kommerziellen Charakter, sondern sind auch ein kleines Phänomen für den sich wandelnden Zeitgeschmack, das zu Diskussionen anregt.

Der Kommentar: 2012. Asconas Nächte sind kürzer geworden. Für immer zu Ende die Zeit der Taverna und der anderen Lokale, jetzt geht man in den Borgo, um den Abend zu verbringen. Polizeistunde ist um ein Uhr (mit wenigen Ausnahmen). Ascona ist 'nur' noch die Bühne einer gemässigten Hochglanz-Movida, die einem liegen muss, und zu der man die notwendigen finanziellen Mittel benötigt.

Von jenem vergangenen nächtlichen Ascona lebt aber doch noch, wenn auch in veränderter Form, eine der Charakteristiken, die von Anfang an seine Einmaligkeit und den Erfolg ausgemacht haben: Der Ort zu sein, der am wenigsten tessinerisch ist und Gelegenheit bietet, sich für eine Zeitlang von einer klar definierten geografischen Situation 'abzulösen'.

Es ist ein Untergrund-Ascona, das die Idee des Ungewöhnlichen erweckt, und im Wesentlichen in den Lounges stattfindet, in den gepflegten Lokalen mit Luxusanspruch, wo man einen Apero trinken und zwanglos essen kann, oder von denen aus man in renommierte Restaurants, manchmal mit Sternen, weiterzieht. Dann, ein *after dinner* mit Musik und Tanz, wenn sich Gelegenheit dazu ergibt.

Wo findet das alles statt? In den Verzweigungen der Fünfsternhotels (interessant die vertikale 'grüne Mauer' des Giardino im Viale Papio), in den Lokalen der Gruppe Seven oder im Delta Beach, einem historischen Gebäude im Bauhausstil, in unmittelbarer Nähe des Sees und des Lido, das auch von vielen Italienischsprachigen besucht wird. Und in vielen anderen, weniger bekannten Lokalen. Man braucht nur den Leuchtreklamen zu folgen. Im Übrigen "hat man in Ascona immer getanzt".

"Um die Vegetarier in grossen Zügen und wie ich sie sehe zu definieren, würde ich sagen, dass sie Originale sind mit überdurchschnittlicher Kultur, müde und gelangweilt von einem Leben zwischen Vergnügungen und Ausschweifungen, und dass sie nach einem Leben in übertriebener Einfachheit streben".

Auszug aus einem Bericht des Kommissars Rusca, den der Tessiner Regierungsrat 1905 ans Eidgenössische Departement für Justiz und Polizei in Bern schickte

MONTE VERITÀ

Wo befindet sich der Monte Verità?

Wo liegt der Monte Verità? Auf dem Hügel von Ascona, 350 Meter über dem Meer, 150 Meter über dem See. Als sich die Gruppe von Henri Oedenkoven auf dem Hügel ansiedelte, war er mit dem Borgo nur mit einem Fussweg verbunden und im Wesentlichen unbewohnt und kaum bebaut. Ascona hatte damals rund tausend Einwohner.

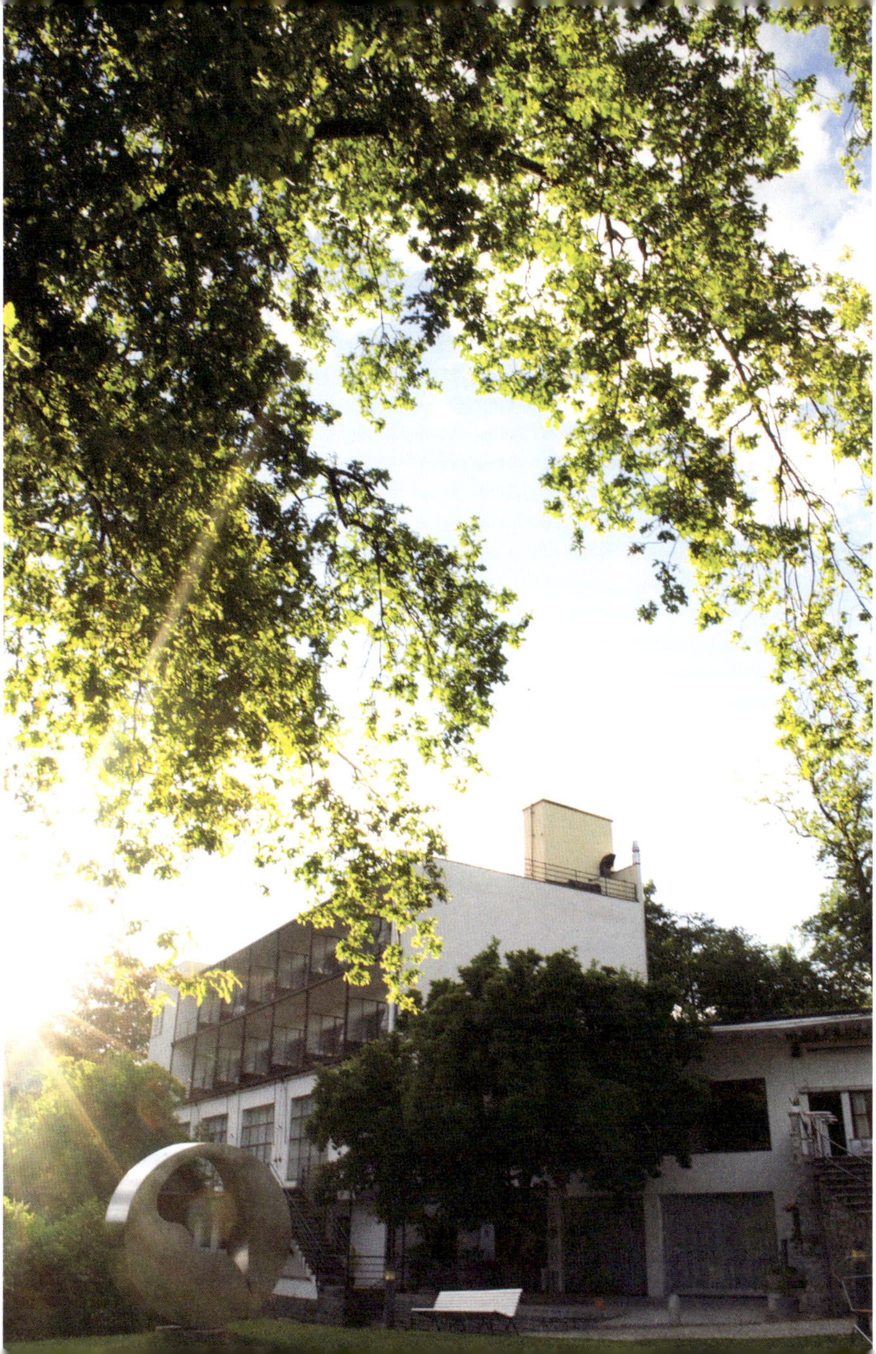

CHRONOLOGIE DES MONTE VERITÀ

**1900
1901** Henri Oedenkoven erwirbt 3,5 Hektaren Land auf dem Hügel von Ascona, in einem Gebiet, das Monescia genannt wird und bezahlt dafür 150'000 Franken. Die Siedlung wird Monte Verità genannt. Henri und seine Gefährten sind auf der Suche nach einem neuen Leben in "vollkommenem" Kontakt mit einer ursprünglichen Natur (Lebensreform). Es entstehen die ersten Licht- und Lufthütten, von denen die Casa Selma und die Casa dei Russi (Russenhaus) heute noch erhalten sind.

**1902
1903** Es kommt zu einem Bruch in der Gründergruppe. Henri und Ida Hofmann werden zu Besitzern des Monte. Die anderen leben fortan in der Umgebung und verfolgen radikalere Lebensformen.

1904 Das Sanatorium Monte Verità (naturheilkundlich und vegetarisch) entsteht, und das Haupthaus und die Casa Anatta werden gebaut.

1913 Auf dem Monte richtet sich, bis 1917, die Sommertanzschule von Rudolf von Laban ein.

1920 Ida und Henri verlassen Ascona. Das Sanatorium schliesst.

1923 Die deutschen Künstler Werner Ackermann, Hugo Wilkens und Max Bethke kaufen den Monte Verità, um daraus einen touristischen Anziehungspunkt zu machen. Die roten Zahlen führen zwei Jahren später zur Schliessung.

**1926
1929** Neuer Besitzer wird der deutsche Bankier Eduard von der Heydt. Anstelle des Haupthauses lässt er ein Luxushotel im Bauhausstil errichten, nach den Plänen des Architekten Emil Fahrenkamp.

1964 Eduard von der Heydt stirbt. In seinem Testament vermacht er den Monte Verità dem Kanton Tessin.

1978 Harald Szeemann präsentiert an verschiedenen Orten in Ascona (und später in Berlin, München, Zürich und Wien) die grosse Ausstellung *Die Brüste der Wahrheit*. Der Monte Verità, der in Vergessenheit geraten war, wird wieder aktuell.

1980 Casa Anatta, wo sich die Materialien der Ausstellung Szeemann befinden, wird in ein Museum des Monte umgewandelt.

2012 Heute finden auf dem Monte Verità internationale akademische Kongresse und kulturelle Begegnungen statt. Das Restaurant und das Hotel bieten Essen und Unterkunft an einem wunderschönen Ort, der ganz von der Geschichte des 20. Jahrhunderts durchdrungen ist. Eine Grünteeplantage gibt ihm jenen östlichen Hauch, der hier nie gefehlt hat.

MINIMALE **BIBLIOGRAFIE**

Harald Szeemann, *Monte Verità*, Verlage Electa und Dadò (1978);

Senso della vita e bagni di sole, herausgegeben von Andreas Schwab und Claudia Lafranchi, Verlag Fondazione Monte Verità (2001);

Kaj Noschis, *Monte Verità*, Verlag Presses polytechniques et universitaires romandes (2011);

Irene Bignardi, *Piccole utopie*, Verlag Feltrinelli (2003);

Antologia di cronaca del Monte Verità, herausgegeben von Giò Rezzonico, Verlag Fondazione Monte Verità (2000).

Sie reisten barfuss, und die Menschen zeigten mit Fingern auf sie

1 *Wie entstand die Idee, die schliesslich zur Gründung des Monte Verità führte?*

Am Anfang stand eine Begegnung, die 1899 in der heutigen slowenischen Stadt Bled, in der Naturheilanstalt des Schweizers Arnold Rikli stattfand. Dort hielt sich Henri Oedenkoven, der 25-jährige Sohn eines belgischen Industriellen, auf. Oedenkoven lernte in Bled Ida Hofmann kennen, eine 35-jährige Pianistin, Karl Gräser, einen ehemaligen österreichisch-ungarischen Offizier und Lotte Hattemer, Tochter eines Eisenbahningenieurs aus Berlin. Alle verfolgten in Bled dasselbe Ziel: eine körperliche und seelische Reinigungskur von den Keimen der um sich greifenden Modernität.

2 *Aber wir sind noch weit vom Hügel Asconas entfernt.*

In Bled entschied man, einen Ort mit besseren klimatischen Bedingungen zu suchen, um ein Experiment in eigener Person zu wagen. Es gab andere Begegnungen und Kontakte. Dann, zurück im Norden, die einstimmige Wahl: nach Süden! Und so brachen Henri, Ida, Lotte und Karl (dem sich der schlecht geduldete Bruder Gustav zugesellte) zu Fuss von München auf, um am Ufer eines norditalienischen Sees oder in der Südschweiz eine Kolonie zu gründen.

3 *Es war eine sonderbare Prozession, die einer Initiation gleichkam.*

Die Gruppe reiste barfuss, ohne Gepäck, barhäuptig und mit ungewöhnlichen Kleidern, und überall, wo sie durchkamen, zeigten die Menschen mit Fingern auf sie. Sie waren das genaue Gegenteil der

Touristen von damals. Endlich, nach langem Umherziehen, kam die gute Gelegenheit, welche die Brüder Gräser entdeckten. Ein Hügel oberhalb von Ascona, Monescia genannt. Besitzer des Landes war der Locarneser Alfredo Pioda, liberaler Nationalrat und Präsident der theosophischen Loge von Mailand, der dort zehn Jahre zuvor ein Laienkloster mit dem Namen *Fraternitas* hatte bauen wollen ("um dem grossen Irrenhaus, genannt Welt, zu entfliehen"). Nun verkaufte er es an Henri Oedenkoven, der dafür das Geld des Vaters verwendete und den Hügel Monte Verità nannte. Berg der Wahrheit.

4 *Jetzt, wo das (natürliche) Theater gefunden war, wo man das Stück der neuen Welt aufführen konnte, musste man zu spielen beginnen.*

Am Anfang war die typische Begeisterung der Pioniere. Man begann das Land urbar zu machen, pflanzte Obstbäume und baute aus Holz mit eigenen Händen einige "Luft- und Lichthütten". Es waren kleine, einfache Wohnräume, oft ein einziges Zimmer, unterteilt in einen Tag- und einen Nachtteil, die ein Vorhang trennte, wenige Möbel. Das Wichtigste, und nichts mehr. Es gab aber starke persönliche Abneigungen, und so zeichnete sich sehr bald ein Bruch ab, der sich dann als endgültig erwies. Es ging um die Frage: Welche Identität sollte man dem Projekt geben?

5 *Ein wenig Gutes verheissender Anfang, der nach Ende schmeckt.*

Da waren auf der einen Seite Ida und Henri, die in "freier Vereinigung" lebten und den Monte Verità als ein Projekt *contra mundum* verstanden, das aber auf genauen Regeln aufbaute: ein Sanatorium mit attraktiven Strukturen, einer positiven Gewinn- und Verlustrechnung, genau definierte Rollen, Öffnung für die ersten "alternativen Touristen", die für das alles bezahlen sollten. Auf der anderen Seite Karl Gräser und Jenny Hofmann (Schwester von Ida, die in der Zwischenzeit zu den Gründern gestossen war), die etwas Radikaleres im Sinn hatten und auch bereit waren, auf Strom, fliessendes Wasser und Heizung zu verzichten, nur um ihren Traum nicht mit Geld und den notwendigen Kompromissen, um es sich zu verschaffen, zu beflecken. Seit dem ersten Spatenstich waren ungefähr zwei Jahre vergangen. Henri und Ida kaufen die (niedrigen) Anteile der anderen. Der Berg gehörte nun ihnen.

6 Der Traum von Autarkie und Selbstverwaltung endete, und es begann ein neuer Weg.

Der Monte Verità war nun anders. Die Kolonie behielt zwar eine starke ideologische Färbung bei, organisierte sich aber wie ein Betrieb. 1904 wurde das Haupthaus gebaut, ein grosser gemeinsamer Raum mit Esszimmer, Musikzimmer, Spielzimmer, Bibliothek, Veranda mit Blick auf den Lago Maggiore. Ein eindrückliches Gebäude mit hohen, geräumigen Zimmern, entworfen vom Berliner Architekten Walter Hoffmann, der dem Jugendstil verpflichtet war. Im selben Jahr entstand auch die Casa Anatta ("Casa dell'Anima", "Haus der Seele"), der Wohnsitz von Ida und Henri, ein Gebäude, das eine andere ästhetische Auffassung widerspiegelt, in seinem Komfort aber vor allem an die bürgerliche Herkunft von Ida und Henri erinnert.

7 In wenigen Jahren war der Monte Verità berühmt geworden, vor allem im deutschsprachigen Gebiet.

Das Projekt von Ida und Henri erweckte grosses Interesse. Wie Irene Bignardi schreibt, kamen neben den wirklichen und eingebildeten Kranken, neben jenen, die den Monte aus ideologischen Gründen besuchten und "neben den Neugierigen welche die *naturals* sehen wollten, die antikonventionellen, unsteten Vertreter der Intelligenzija des beginnenden Jahrhunderts". Es ist schwierig, Schätzungen anzustellen, doch neben den rund 40-50 Ansässigen, die mehr oder weniger lange auf dem Monte lebten, besuchten in den ersten beiden Jahrzehnten seines Bestehens Tausende von Fremden den Monte Verità und somit Ascona. Darunter namhafte Persönlichkeiten - um nur einige der vielen möglichen Dutzenden zu nennen - Hermann Hesse, Raphael Friedeberg, Robert Mühsam, Carl Gustav Jung. Sagen wir, um 1910 waren die Scheinwerfer eines guten Teils des intellektuellen Europas auf das Geschehen auf dem Monte gerichtet: Es war ein mondänes Interesse, das jene, die ein neues Menschentum, eine Wiedergeburt im extremsten Lebensstil suchten, schliesslich dazu brachte, das Projekt aufzugeben.

8 Mit dem Erscheinen des ungarischen Tänzers und Choreographen Rudolf von Laban kam es zu einem neuen Aufschwung in der Geschichte des Sanatoriums.

Von Laban, einer der massgeblichen Tänzer des vergangenen Jahrhunderts, leitete von 1913 bis 1917 eine Schule auf dem Monte Verità, die wegen ihrer Neuartigkeit grosses Interesse erregte und den Hügel von Ascona wieder in Mode brachte. Henri und Ida waren gastfreundlich und unterstützten Labans künstlerischen Versuch, der in einem gewissen Sinn den Abstieg, auch den wirtschaftlichen, den man auf dem Monte Verità spürte, aufhielt. Und ebenso gastfreundlich waren sie gegenüber Theodor Reuss, dem Grossmeister des Ordo Templi Orientis (OTO), der "mystische Freimaurer", Theosophen und ähnlich Gesinnte um sich scharte. Reuss liess Labans Tanzkompanie am 18. August 1917 das Tanzdrama *Sang an die Sonne* aufführen. Es war eine denkwürdige Vorstellung, die von sechs Uhr abends bis sechs Uhr morgens dauerte.

9 Doch das Spielzeug war am Zerbrechen. Henri und Ida verliessen den Monte.

1918 verliess Ida Hofmann den Monte Verità. Doch die eigentliche Ablösung hatte schon einige Jahre zuvor begonnen. Ihr Lebensweg führte sie zu anderen geistigen Ufern wie dem Mystizismus und dem Okkultismus. Zwei Jahre danach endeten die Spiele auch für Oedenkoven, der sich von Ascona verabschiedete und Ida nach Brasilien folgte. Immer zusammen, diesseits und jenseits des Meeres. Die heroischen Zeiten des Sanatoriums waren vorbei. Die in Bled geborene Utopie war abgenutzt und hatte sich tot gelaufen, die Hauptdarsteller waren müde. Und ein wenig müde war auch jene deutsche Welt, die seit dem Ersten Weltkrieg den menschlichen Nachschub auf den Monte abgeschnitten hatte und sich jetzt, im politischen und gesellschaftlichen Durcheinander auf das düsterste Kapitel ihrer Geschichte vorbereitete. Die Zeiten der Luft- und Lichtbäder waren vorbei.

Im Dorf, auf der Suche nach Fleisch und Wein

LEBENSSTIL 1: ERNÄHRUNG

Die Kolonie auf dem Monte Verità wird als vegetarisch definiert. In Wirklichkeit war die Praxis, besonders in den ersten Jahren, viel radikaler. Henri und seine Gefährten hielten sich an eine "vegetabile" Diät. Sie verzichteten nicht nur auf Fleisch und Fisch, sondern auch auf alle Lebensmittel, die auf 'Tierausbeutung' zurückzuführen waren: Milchprodukte, Eier, Honig. Verboten waren auch Reizmittel wie Alkohol, Tee, Kaffee oder Tabak. Vom Speisezettel verbannt waren zudem Salz und Gewürze, weil sie Durst machen, das heisst ein Bedürfnis nach Wasser schaffen, das, so dachte man, in den Früchten und im Gemüse, den wahren Königinnen des Monte Verità, ausreichend vorhanden war. Verschiedene Gäste waren auch Körnerpicker, Frugivore oder Rohköstler. All das aus philosophischen Gründen und um den Körper gesund zu erhalten. 1903 schrieb ein Berichterstatter des *Corriere della Sera* von seinem Besuch auf dem Monte: "Ich sah sie rund um den Tisch sitzen und gierig Haselnüsse, Feigen und im Wasser ohne Salz gekochte Kürbisse verschlingen. Das war das Tagesmenü, es gab nichts anderes". Dann, im Laufe der Jahre, wurden die strengen Esssitten etwas milder. Vielleicht um die schwarzen Schafe zu bekämpfen, die vor soviel Esstugend in die Osterie und Grotti des Dorfes flohen und den Freuden des Weines und des Fleisches - im Sinne von Proteinen - huldigten.

LEBENSSTIL 2: MAN NANNTE SIE *BALABIOTT* (Nacktänzer)

Die Freikörperkultur gehörte zu den grundlegenden Merkmalen des Monte Verità. Es gab gemeinsame Räume, wo Männer und Frauen getrennt Luft- und Lichtbäder nahmen. Aber auch künstlerische Tätigkeiten, wie der Tages- und Nachttanz wurden oft ohne Kleider ausgeübt: Daher die volkstümliche Definition *balabiott* (Nacktänzer), die sich grosser Beliebtheit erfreute. Oder Arbeiten wie das Gärtnern (berühmt ist in diesem Zusammenhang die Fotografie von Frate Carota (Bruder Karotte), dem Holländer Solomonson, der im Adamskostüm ein Stück Land umgräbt). Und nebenbei gesagt: Die Sache musste natürlich die Aufmerksamkeit der Einheimischen wecken, die an andere Sitten gewöhnt waren. Ein paar Löcher im Zaun haben sie jedenfalls gefunden…

Ganz allgemein hatte man auf dem Monte ein starkes Interesse an der Körperkultur: Man machte Gymnastik, Ausflüge in die Umgebung und verfügte ab 1905 auch über einen eigenen Tennisplatz. Der Monte war somit nicht nur eine Oase der Erholung, sondern wurde auch zu einem Ort, wo man die Gesundheit durch aktive Bewegung erhalten konnte. Wenn möglich ohne Kleider.

LEBENSSTIL 3: WEITE UND BEQUEME KLEIDER

Auf dem Monte Verità kleidete man sich nach der Art von Tolstoj. Klassisch sind die Bilder, auf denen die Monteveritaner barfuss oder mit Sandalen erscheinen, in weiten, bequemen 'Reformgewändern' aus Leinen oder Baumwolle. Die Männer, mit Bart und langem Haar, trugen eine Art Tunika, unter der die Waden zum Vorschein kamen. Die Frauen hüllten sich in lange Kleider, ohne das damals übliche Mieder. Es ist, als sähe man mit sechs Jahrzehnten Vorsprung Bilder aus dem Jahre 1968. Diese Art, sich zu präsentieren, gefiel nicht allen Betrachtern, die von aussen auf den Monte schauten. Der Dadaist Hugo Ball antwortete seinem Freund Tristan Tzara, der ihn auf Ascona angesprochen hatte: "Sie fragen mich nach Ascona? (...) Dort gibt es einen Haufen erzdummer Idioten, die im Naturzustand leben, in Sandalen und römischen Tuniken herumgehen".

Der Bürgermeister und der nackte Mann

Als die Bauarbeiten auf dem Monte Verità begannen, wurde Henri Oedenkoven nicht nur einer der wichtigsten Auftraggeber für die Unternehmen des Ortes, sondern auch ein angesehener Mann im Ascona des beginnenden 20. Jahrhunderts. Um mit dem neuen Mitbürger Kontakt aufzunehmen (und um einen Blick auf ihn zu werfen, wer weiss, diese Gerüchte...), beschloss der Bürgermeister Leone Ressiga Vacchini, genannt Barba, Oedenkoven einen Besuch abzustatten. Er machte alles, wie es sich gehört. Er kleidete sich der Situation entsprechend - gestreifte Hosen und eine schwarze Jacke mit umgelegtem Kragen, Zylinder und Handschuhe -, bestieg sein Pferd Tom und ritt auf den Monte. Er läutete an der Tür des Haupthauses. Ein Diener (oder jemand, der diese Funktion ausübte) öffnete ihm und bat ihn herein. Der Barba übergab ihm Visitenkarte, Zylinder und Handschuhe. "Ich werde Sie Herrn Oedenkoven melden". Nach einigen Minuten kehrte der Diener zurück und geleitete ihn mit den Worten "Der Herr Baron erwartet Sie". Der Barba betrat den Salon. Oedenkoven erwartete ihn neben seinem Schreibtisch stehend, die Hände hinter dem Rücken. Nackt.

Die Gründer des Monte Verità

DER REICHE: HENRI OEDENKOVEN 1875-1935

Henri Oedenkoven, Sohn einer Reederfamilie aus Antwerpen, war von Haus aus reich. Doch knapp über zwanzig wählte er einen vollkommen anderen Lebensstil. Er streifte in verschiedenen Orten des Geistes umher, bis er beschloss, auf dem Monte Verità selbständig zu werden. Dort traf er 1903 den Schriftsteller Angelo Nessi, der ihn so beschrieb: "Er ist gross, hat wallendes Haar und einen Nazarenerbart, eine elegante, strenge Linie und einen schlanken, robusten Körper. Er trägt eine braune Tunika mit breiten und bequemen Ärmeln". Henri war der (nicht nur wirtschaftliche) Mittelpunkt der Kolonie: Als er aufgab, war alles zu Ende. Vielleicht war das Experiment an sein natürliches Ende gelangt und das Geld reichte nicht mehr, um die Verluste der letzten Jahre auszugleichen. Fest steht, dass Henri, im Widerspruch zu einem der antikonventionellen Prinzipien, die das Leben im Sanatorium regelten (und auch im Widerspruch zu seiner Beziehung zu Ida) während seinen letzten Jahren auf dem Monte die Engländerin Isabelle Adderley heiratete und drei Kinder mit ihr hatte. Weit von Ascona entfernt, das er 1920 verliess, lebte er noch 15 Jahre. Zuerst ging er nach Spanien, dann folgte er Ida nach Brasilien. Doch über diese Zeit und die Versuche der beiden, neue Monte Verità zu gründen, wissen wir wenig. Henri starb in São Paulo.

DIE PIANISTIN: IDA HOFMANN
1864 - 1926

Ida Hofmann war die graue Eminenz des Monte Verità. Diese charismatische Pianistin aus Montenegro, die eine gute Ausbildung und Erziehung hatte, war nicht nur die Frau des Chefs: Man kann annehmen, dass sie, mehr als Henri, die Maschine hinter den Kulissen zum Funktionieren brachte. Sie belebte nicht nur die Abende auf dem Monte mit ihren unvergesslichen Konzerten, sondern engagierte sich stark für einige Fragen wie die Frauenemanzipation und die Reform der deutschen Rechtschreibung (auf dem monte waren die Grossbuchstaben abgeschafft). Und so beschreibt sie die Journalistin Irene Bignardi: "Sie war sehr schön - so sagt man wenigstens, aber auf den Fotos kommt das nicht zum Ausdruck, immer gibt sie sich ein bisschen stolz, antik, volles Haar, hoch auf dem Kopf aufgesteckt, ganz nach Art der Duse". Ida lebte auf dem Monte Verità in freier Vereinigung mit Henri; sie waren zusammen, aber nie gesetzlich verheiratet, was beide Familien sehr widerwillig zur Kenntnis nahmen.

DER OFFIZIER: KARL GRÄSER 1875 -1915

Karl Gräser arbeitete ein Jahr mit Henri Oedenkoven und Ida Hofmann zusammen. Dann kam es zum Bruch, und Gräser zog auf ein nahe der Kolonie gelegenes Grundstück. Sein Leben war hart, aber in Einklang mit seinen Prinzipien, die ihn schon vor Aufgabe des militärischen Lebens bewogen hatten, die Vereinigung *Ohne Zwang* mitzubegründen. Der Anarchist Robert Mühsam, der den älteren der Brüder Gräser über alle Massen bewunderte, fand ihn anlässlich seines Besuches "fast ganz nackt und beim Philosophieren". Alles, was er brauchte (wenig), machte Karl selbst, und wenn etwas fehlte, erwarb er es durch Tausch. Berühmt ist in diesem Zusammenhang die Geschichte, die man sich über seine Lebensgefährtin Jenny Hofmann erzählt: Sie musste eines Tages zum Zahnarzt gehen und bezahlte für die Behandlung nicht mit Geld, sondern mit einem Lied. Es scheint sich gelohnt zu haben: Sie hatte eine wunderschöne Stimme. Karl starb im Alter von vierzig Jahren. Vielleicht trug er an jenem Tag sein Wollkleid im Jägerstil, mit dem er auf vielen Fotos abgebildet ist.

Karl Gräser

DER HIPPIE: GUSTO GRÄSER
1879-1958

Gustav - genannt Gusto - Gräser war einundzwanzig, als er auf den Monte Verità kam. Für Kaj Noschis war er: "Gross, blond, gerade Haltung, lächelnd und positiv, aufrichtig und echt". Auch er stieg, wie sein Bruder Karl, nach kurzer Zeit aus dem Unternehmen von Henri und Ida aus, nicht zuletzt, weil sein provozierendes Benehmen das ohnehin schwierige Zusammenleben mit der Gemeinschaft von Ascona nicht erleichterte. Von da an arbeitete er, sozusagen, in eigener Regie. Er lebte längere Zeit in einer Felsenhöhle unweit des Monte, eine Art Ashram, vor dem er nachts nackt tanzte, meditierte und als perfekter Naturmensch lebte. Zu diesem Hippie *ante litteram*, der es jedoch verstand, ein weit gespanntes Beziehungsnetz zu knüpfen, kamen illustre Persönlichkeiten der damaligen Zeit. Hermann Hesse war vielleicht für einige Wochen Gast in seiner Felsenhöhle und beschrieb oder malte sich dieses Abenteuer in einem kurzen Text *In den Felsen* so aus: "Ich lebe nackt und aufmerksam wie ein Hirsch in meinem Geklüfte, bin dunkel rotbraun, schlank, zäh, flinke, habe verfeinerte Sinne". Gusto heiratete Elisabeth (1876-1955), die schon fünf Kinder hatte und andere drei von ihm bekam. Während und nach dem Aufenthalt in Ascona, das ihn 1919 auswies, zog er in Europa herum, um seine 'Perlen der Weisheit' zu verkaufen, das heisst, seine Gedichte, die er zusammengerollt aus einem Leinensack hervorzog. Er war Wanderprediger in der Schweiz und in Deutschland, wo ihn die Nazis mit Aufenthalts- und Schreibverbot belegten.

DIE SCHÖNE: LOTTE HATTEMER

Lotte Hattemer war wie eine Sternschnuppe am Himmel des Monte Verità. Sie nahm am Marsch von München nach Ascona teil, dann schlug sie einen anderen Weg ein als den offiziellen, der zum Sanatorium führte. Sie wohnte in einem Rustico in der Umgebung des Monte. Sie war schön, schlank, hatte blonde Haare und blaue Augen, trug lange Leinenkleider und ging gerne mit einer Blumengirlande um den Hals spazieren. Trotz allem beging sie 1906 Selbstmord.

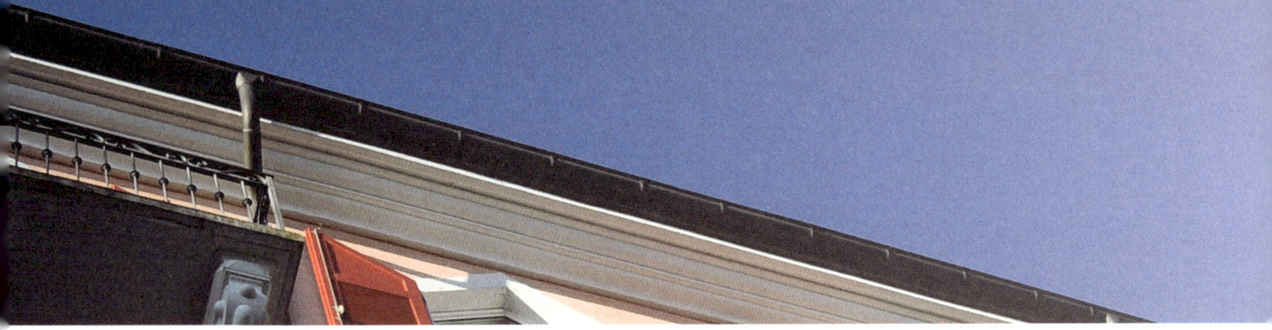

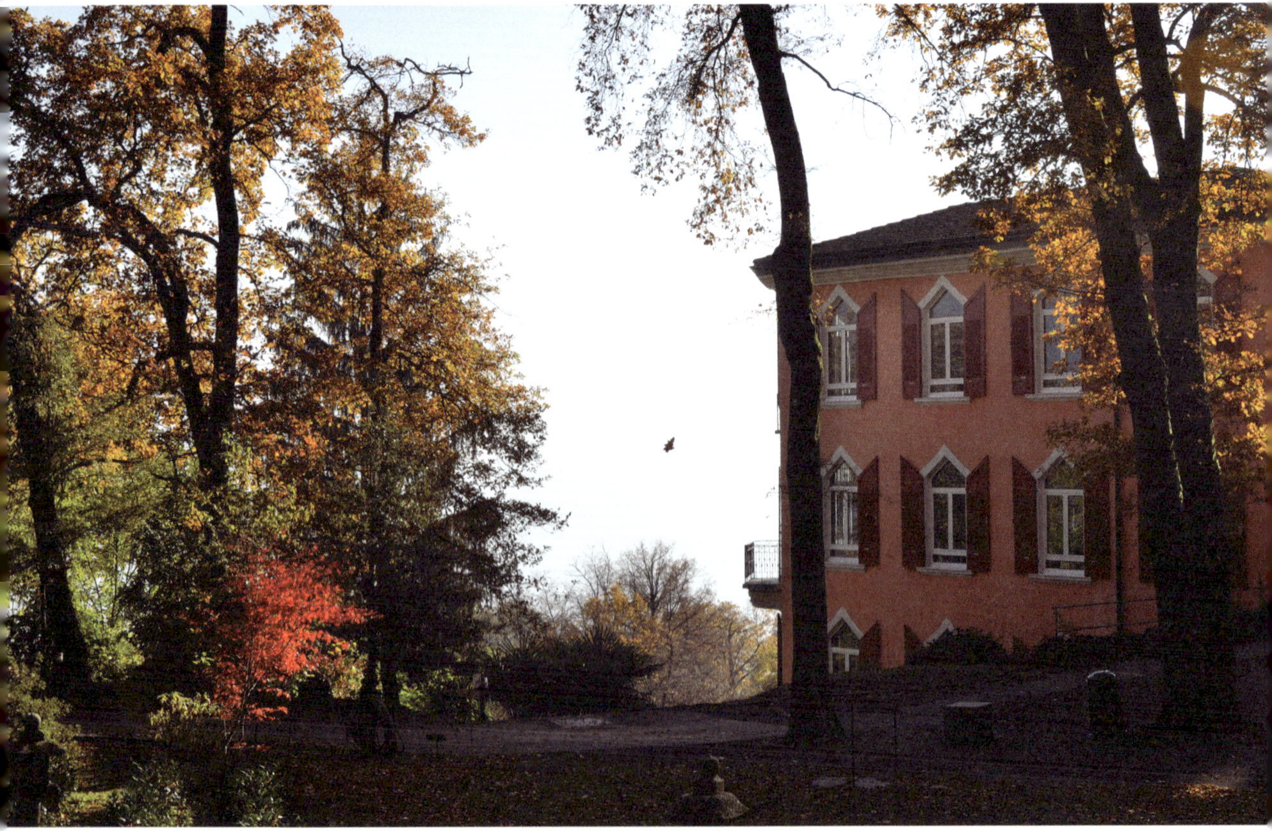

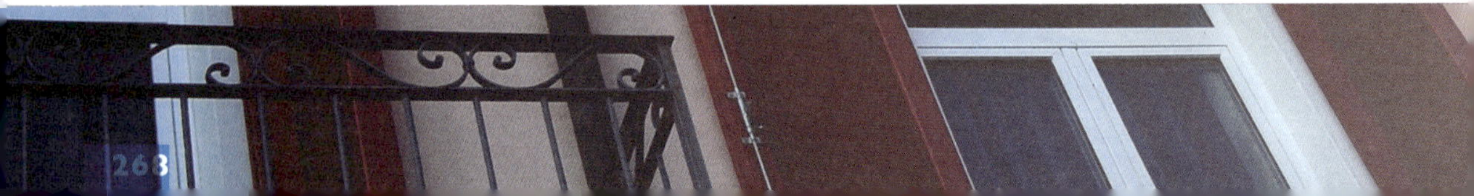

Man erzählt sich, dass Oedenkoven eine Liebesnacht mit Maria Adler, einer schönen und schlauen Russin, die in den Kreisen des Monte Verità verkehrte, mit einem Landstück unweit des Haupthauses bezahlte. Maria liess darauf 1909 vom Architekten Anselmo Secondo "das extravagante Hotel Semiramis mit seinen hoch aufragenden Türmen" bauen: ein Gebäude im Jugendstil, von dessen Dach die Neugierigen, nach Bezahlung des Eintritts, auf die nackten Gäste des Sanatoriums hinunter sehen konnten. Henri nahm ihr das übel und musste erneut zum Geldbeutel greifen, um das, was er unvorsichtigerweise verschenkt hatte, zurückzukaufen.

Die Schatten der Rebellen

Ascona beherbergte, als vorübergehender oder ständiger Zufluchtsort im Schutz der unmenschlichen Stürme der Kriege und Totalitarismen des 20. Jahrhunderts, nicht nur die Lichter der besten Köpfe der utopischen europäischen Intelligenzija, sondern auch die Schatten der *Rebellen*, des *Anarchen* im jüngerschen Sinn.

"Der Rebell", schreibt Jünger, "ist der konkrete Einzelne. (...) Er braucht nicht Theorien, nicht von Parteijuristen ausgeheckte Gesetze, um zu wissen, was rechtens ist. Er steigt zu den noch nicht in die Kanäle der Institutionen verteilten Quellen der Sittlichkeit hinab...".

Der Rebell weist, ohne Kompromisse und manchmal bis zum Irrsinn, das Sklaventum der politischen, parteilichen, psychologischen, künstlerischen und sexuellen Normen von sich. Der Rebell ist im Leben oft ein Besiegter, er findet weder rechts noch links eine Heimat, er lebt ständig im Exil und ausserhalb unserer Welt. Man misstraut ihm, oft sperrt man ihn ein, schliesst ihn aus, erklärt seine schmerzhafte Wahrheit zum Irrsinn, damit nichts in die friedliche Ruhe der "Wohlmeinenden" einbricht und sie verletzt. Der Rebell widersteht, und Ascona war manchmal ein Ort des stillen Widerstandes, eine Art *arrière-pays*, in dem man für eine bestimmte, auch nur kurze Zeit unbemerkt leben konnte, um die eigene Mitte zu finden, das eigene Selbst gegen eine Welt von *Normokraten* und Bürokraten der Wissenschaft, der Akademien, der Politik, aber auch, um die anarchistisch-libertären Ideale jener ersten Jahrzehnte des Jahrhunderts zu verwirklichen und zu bezeugen.

Der libertäre Rebell durchbricht die Vernunft, um etwas Anderes zu erreichen. Oft gerät er dabei in ein Durcheinander und in einen Zustand der *Unbeschwertheit*, wie Paulo Barone in einem Buch über Raimon Panikkar schreibt. Der Rebell sucht nicht das blendende Licht der Gewissheiten, sondern Glühwürmchen, um eine schöne Metapher von Pasolini anzuführen, die von Didi-Hubermann wieder aufgenommen wurde. "Ich gäbe die ganze Montedison für ein Glühwürmchen her", schreibt Pasolini 1975 gegen die Beherrschung durch soziale Stereotypen. Das ist die Verfassung der Rebellen und Libertären.

Unter den Rebellen, die in Ascona lebten, war auch eine faszinierende und umstrittene Persönlichkeit aus der Welt der Psychiatrie und Psychoanalyse: Der Österreicher Otto Gross (1877-1920), der sich in den ersten Jahren des 20. Jahrhunderts im Borgo aufhielt (1906-1911). Er war Psychiater mit Lehrbefähigung der Psychopathologie an der Universität Graz. Schon 1904 äusserte er seine Ideen über sexuelle Freiheit, gegen Monogamie und Ehe, und löste damit eine regelrechte Revolution der sozialen Konventionen der Epoche aus. 1906 kam er mit seiner Frau nach Ascona, um sich im Sanatorium des Monte Verità einer Entgiftungskur zu unterziehen. Er plante dort eine Universität für die vollkommene Emanzipation des Menschen, die ins kommunistische Paradies führen sollte.

Seine libertären und revolutionären Ideen hatten einen starken Einfluss auf das intellektuelle Klima der Gemeinschaft auf dem Monte Verità. Er war unter den Psychoanalytikern der ersten Generation und kritisierte die Gesellschaft viel früher als Wilhelm Reich, Marcuse und die Frankfurter "kritische Theorie". Im Februar 1920 endete er tragisch, nachdem er die libertären Ideen der Epoche angeregt hatte. Freud und Jung, der ihn 1908 während eines Aufenthalts im Burghölzli in Zürich behandelte und auf diskutable und sehr vereinfachende Art eine *dementia praecox* diagnostizierte, kritisierten ihn stark.

Eine Persönlichkeit, die - zusammen mit vielen anderen Zeugen und Opfern einer Epoche grosser Veränderungen, grosser Hoffnungen und grosser Illusionen - einer utopischen, festlichen und gleichzeitig tragischen *belle époque* angehörte, welcher der Schrecken des Grossen Krieges und das Ende einer Epoche bevorstand. Ascona und sein Berg waren die unglaubliche und bizarre Bühne dieser Welt, einmal mehr ganz in der Nähe des fiebernden Europas und sehr weit entfernt von der Alltäglichkeit seiner Einwohner. **Graziano Martignoni**

Hotel Monte Verità

Wir sind Mitte der Zwanzigerjahre, es ist die Zeit des Jazz. Alles schien damals möglich, nur nicht, dass die "künstlerische Leitung" des Monte Verità, die dem Sanatorium von Oedenkoven gefolgt war, wirtschaftlich würde bestehen können, trotz der rauschenden Feste, die dort über die Bühne gingen. William Werner, Finanzier des Projekts und Besitzer des Monte, war sich darüber schnell im Klaren. Werner begann nach einer Lösung zu suchen, um aus dem Projekt auszusteigen. Er erinnerte sich, einige Zeit zuvor in Ascona einen deutschen Bankier kennengelernt zu haben, der dort in den Ferien war, in Holland wohnte, ein sehr reicher Baron, Sammler und Kunstbegeisterter war, mit vielen kulturellen Interessen und einem Hang zu dem, was man heute *new age* nennen würde. Er hiess Eduard von der Heydt. Werner nahm Papier und Feder zur Hand und fragte ihn: Sind Sie daran interessiert, den ganzen Berg für 320'000 Franken zu kaufen? Der Baron hatte anderes im Kopf. Aus Höflichkeit antwortete er und bot die Hälfte an. Werner ging auf den Handel ein. Von der Heydt war überrascht, doch der Riecher für das Neue und das Risiko, das er in seinen Geschäften entwickelt hatte, liessen in ihm eine Lampe aufleuchten: Und wenn ich es versuchen würde? Er versuchte es. Dann gelangte er an den Architekten Emil Fahrenkamp und beauftragte ihn mit einem Hotel im Bauhausstil. Daraus wurde ein wunderbarer, beeindruckender Bau, der zwischen 1927 und 1929 entstand. An den Wänden Bilder von Picasso, Matisse, Hodler, hier und da sehr wertvolle östlich inspirierte Skulpturen, alles aus der märchenhaften Sammlung des Barons von der Heydt.

Der Baron setzte auf eine bunt gemischte, deutschsprachige Kundschaft: Adlige, Industriekapitäne, Bürgerliche, Künstler (mittellos oder auch nicht). Und er suchte sie mit einer gezielten Werbekampagne, die auf eine gewisse Weise das touristische Ascona von heute vorwegnahm und in Bewegung setzte. Berühmt, zum Beispiel, der Prospekt, in dem das Hotel von einem Buddha und zwei Palmen überlagert wird. Aus der *brochure* erfährt man, dass das Hotel ("Totalflächeninhalt 122'028 m2") "eine Lage hat, die man sich nicht idealer vorstellen kann", und von der man "wie von einem Flugzeug oder Schiff" auf den See und die Berge schaut. Und auf "das Fischerstädtchen, das sich in eine originelle Sommerfrische verwandelt hat ". Das Kur-Hotel Monte Verità war das erste moderne Hotel Asconas. Ausser seiner von der Natur und Architektur gegebenen Anziehungskraft, hatte es einen Privatstrand am See, einen Tennisplatz und ein 'grotto ticinese'. Dieses Hotel war eine Mischung von Lebensstilen: Zwischen Champagner und *haute cuisine*, konnte man buddhistische Meditation praktizieren oder - alte Erinnerung - die Freikörperkultur. Es war auch der Lieblingsort der Teilnehmer der Eranos-Tagungen; Jung, zum Beispiel, hielt sich lange dort auf.

Dann brachte die Katastrophe des Zweiten Weltkriegs den Strom der Gäste zum Versiegen. Das Hotel schloss 1939 für einige Jahre, auch wenn das Gebäude noch immer verschiedene Leute beherbergte: Künstler, mondäne Persönlichkeiten oder einfache Flüchtlinge. Als es wiedereröffnet wurde, hatte das "Ambiente Monte Verità" ein wenig von seinem *appeal* verloren, auch weil sich über dem Baron politische und juristische Gewitterwolken verdichtet hatten. Von da an war es, ungeachtet der Anstrengungen des legendären Direktors Otto Staub "nur" ein gutes Hotel an einer sehr schönen Lage, mit einer Vergangenheit voller Geschichte. Das war dem Kanzler Konrad Adenauer sicher bewusst, als er das Hotel für seinen Aufenthalt im Jahre 1956 auswählte.

Ein Teufel, dieser Vester

Der alte Karl Vester schien einer vom Monte Verità zu sein. Aber er war es nicht. Wie sie wohnte er auf dem Hügel, wie sie hatte er alternative Visionen über das Leben, und wie sie kleidete er sich. Aber Vester war nicht für das Zusammenleben gemacht und auch nicht für die Riten und kollektiven Träume. Er spielte Cello. Er hatte eine grosse Bibliothek. Noch heute erinnert man sich an sein Vesterbrot, von dem man sagt, es sei ausgezeichnet gewesen, auch wenn es ein bisschen nach Ziegenbock roch.

Während des Ersten Weltkriegs kehrte Vester als Soldat nach Deutschland zurück. Er fürchtete nicht den Kampf, sondern die Inspektionen: Man musste ihn verschwinden lassen, denn seine 'Originalität' zu erklären, wäre schwierig gewesen. Aber als ein verletzter Deutscher zwischen den Schützengräben lag, war es der langhaarige Vester, der ihn holen ging und hinter den deutschen Linien in Sicherheit brachte.

1933, als Hitler an die Macht kam, entschied Vester, in Ascona die Schweizer Staatsbürgerschaft zu beantragen. Er wollte nicht mehr Deutscher sein. Als er den alten Pass schon nicht mehr hatte und noch nicht im Besitz des neuen war, erreichte ihn die Nachricht, dass sein Bruder in Deutschland im Sterben lag. Er erhielt vom deutschen Konsul in Lugano einen Passierschein. Er fuhr nach Köln und nahm Abschied von seinem Bruder. Nach der Beerdigung folgte wie üblich das Abendessen. Vester schlug ein Lokal vor, das er als Student immer besucht hatte. Die anderen versuchten, ihn von dieser Idee abzubringen: "Das ist ein Nazinest, du wärst für sie die ideale Zielscheibe". An jenem Abend fand dort auch eine Versammlung der Braunhemden statt. Doch Vester wollte trotzdem hingehen. Es lief von Anfang an schief. Die Nazis begannen, ihn ins Visier zu nehmen, handgreiflich zu werden, ihn zu fragen, ob er ein Mann oder eine Frau sei. Dann die Überraschung: Der Anführer der Nazis fragte ihn: "Bist du nicht Vester?" "Doch". Der grosse Mann umarmte ihn. Er legte die Pistole auf den Tisch und rief laut: "Wer diesen Mann anrührt, ist tot. Er und seine Familie werden am besten Tisch essen". Es war der Soldat, den Vester im Ersten Weltkrieg gerettet hatte.

Karl Vester kehrte dann nach Ascona zurück und war während des ganzen Zweiten Weltkriegs lokaler Wachsoldat. Auf einer Fotografie ist er in dieser Funktion zu sehen: Militärjacke, Karabiner, Gurt und - ihm gehörig - Hose, am Knie abgeschnitten, und Sandalen.

Ein paar Jahre zuvor, zwischen den Weltkriegen, war er zum Held einer nie geklärten Episode geworden. Er beherbergte einen Deutschen, der ihm, unter Alkoholeinfluss und gebrochenem moralischem Widerstand, beichtete, dass ihn die Nazis geschickt hatten, um Otto Braun aus dem Weg zu räumen, den roten Zaren und ehemaligen sozialdemokratischen Premierminister Preussens, der in Ascona lebte. Aber er hatte nicht den Mut dazu und übergab Vester seine Pistole. Vester liess ihm einen Tag Zeit, um sich aus dem Staub zu machen, dann ging er zur Polizei, erzählte die Geschichte und übergab die Waffe. **magio**

HETTY DE BEAUCLAIR [1928]

Augen, blau wie das Meer von Holland

Hetty (Enrichetta) Rogantini-de Beauclair ist die Tochter von Alessandro de Beauclair, der Sekretär von Henri Oedenkoven war, aber auch Maler und Schriftsteller. Von 1981 bis zur Schliessung wegen Renovationsarbeiten (2007) war Hetty die Hüterin der Casa Anatta, des Museums des Monte Verità. Sie lebt, wo sie geboren wurde: auf dem Berg.

Wollen Sie etwas über den Monte Verità wissen? Lesen Sie *Die Brüste der Wahrheit* von Harald Szeemann oder eines der zahlreichen Bücher in allen Sprachen, die dem Monte Verità gewidmet sind. Wenn Sie jedoch nach diesen gelehrten Ausschweifungen Lust auf Erdkontakt haben und den Monte Verità durch die Augen eines noch lebenden Wesens sehen möchten, dessen Augen so blau sind wie das Meer in Holland, dann fragen Sie nach Hetty. Wer ist diese Demiurgin, die es allein durch ihre Präsenz vermag, die historischen Schatten wieder aufleben zu lassen; jenen von Oedenkoven und Ida Hofmann, der Brüder Gräser und Tausender von Anhängern einer Lebensreform, die einige der lebhaftesten Intelligenzen jener Zeit auf den Hügel von Ascona brachte?

Hettys Leben war vorbestimmt: Ihr Vater, Alessandro de Beauclair, entstammte einer adligen Hugenottenfamilie und kam aus Darmstadt nach Ascona. Auch er suchte ein anderes Leben, er hatte von dem gehört, was auf dem Monescia-Hügel geschah. Er wollte mit Oedenkoven reden und wurde sein Sekretär. Das war 1906, als ein Erdbeben San Francisco zerstörte. Hetty hat eine klare Erinnerung an ihren Vater: "Mein Vater schrieb, malte, philosophierte und arbeitete gerade genug, um die laufenden Ausgaben zu bestreiten. In Ascona war er gut eingeführt, aber er hielt sich immer an die Mode des Monte: lange Haare, Bart, war nie gekleidet wie die andern. Das war ihm recht".

277

An den Wänden von Hettys Haus hängen verschiedene Bilder, die ihr Vater gemalt hat. Darunter ein Porträt seiner Frau Nelly, einer Holländerin. Es erzählt von einer schönen Frau aus dem Norden, die dem Leben gegenüber offen war, nicht zu oft ins Dorf ging, die "das Tessin hier auf dem Balkon ihres Hauses genossen hat, sich von der Sonne wärmen liess und ihre geliebten Beethoven und Bach hörte". Ein schönes Paar, Alessandro und Nelly, beide zollten den Notwendigkeiten der Normalität soviel Aufmerksamkeit wie nötig, dann hoben sie die Messlatte an und entschwanden in ihre Welten aus schönen und erhabenen Dingen.

Hetty hat fünf Kinder, von zwei Ehemännern. Mit dem zweiten führte sie 16 Jahre lang einen Bauernhof im Engadin auf 2000 Metern über Meer: 35 Kühe, 70 Schweine und verschiedene andere Tiere. "Wenn ich dort war, dachte ich an hier". Heimweh nach Ascona, nach dem Hügel. Sie kam zurück. 1978 begann die Zusammenarbeit mit Szeemann. 1981 übernahm sie eine Aufgabe, der nur sie gerecht werden konnte: Hüterin der Casa Anatta, des Museums des Monte. Hetty hat tausend Mal denselben Ritus zelebriert: Sie hat ihr Gesicht der Neugier der Unwissenden geliehen und die Pilgerfahrt der Zurückgekehrten angeführt: die Kinder der Kinder jener Menschen, die zu Beginn des 20. Jahrhunderts versuchten, der Utopie des Berges Leben zu verleihen. Sie wollten mehr erfahren, trafen eine der ihren, die zu Hause geblieben war, wo der Baum gekeimt hatte.

Sie hat den Plan des Hügels in den Augen, ihr Vater war mit allen Hauptdarstellern jener Zeit auf dem Weg, es waren berühmte Menschen und unbekannte Menschen, Menschen, die man in den Geschichtsbüchern antrifft und Menschen, die man nur in den Totenverzeichnissen findet. Hetty scheint sie alle gekannt zu haben, sie erinnert sich an alle, mit der gleichen Aufmerksamkeit. Denn so ist sie: Die Herrin des Monte zu sein, erlebt sie als eine Pflicht, vielleicht mit Freude gemischt, aber nie mit Zurschaustellung. **Martino Giovanettina**

Harald Szeemann 1933-2005

"Er war der fünfte Herr des Monte. Ohne einen Meter Boden zu besitzen. Doch er verkörperte eine Vision".

Dass der in Vergessenheit geratene Monte Verità nach 1978 wieder ins Bewusstsein rückte, ist vor allem diesem hartnäckigen Intellektuellen zu verdanken, der in Bern geboren wurde und "wegen einer Liebesgeschichte" ins Tessin kam.

Der Kommentar: Wenn der Monte Verità, wie Harald Szeemann geschrieben hat, eine Art Bermudadreieck des Geistes ist, sollten wir, wenn wir diesen Ort besuchen, an die grossen Geister denken, die diese Erfahrung europäischer Kultur geprägt haben. Ein abgelegener Hügel wurde für zwanzig Jahre die sichere Zuflucht eines Teils von ihnen, und nicht einmal der schlechteste. Sie flohen aus den Städten des Nordens, die "vom Russ der Fabrikschlote beschmutzt und von der Gier nach Geld korrumpiert waren".

Der Berg jener Jahre war ein riesiger brodelnder Kochtopf, in den viele Chemiker der Seele ihren eigenen Zaubertrank hineinschütteten: Anarchie, utopischer Sozialismus, Theosophie, Vegetarismus, Freikörperkultur, Kommunismus, Spiritualismus, Okkultismus, Christentum, Anthroposophie, Mystizismus. Man hatte eine Mission, die zwar unmöglich, aber heiter war: Man wollte eine Synthese suchen, einen rettenden dritten Weg, der *Lebensreform* genannt wurde. Die Monteveritaner fanden sie nicht, aber sie setzten eine phantastische Karawane in Bewegung. Zu ihnen gehörte auch Hermann Hesse, wenn auch nur für kurze Zeit. In *Doktor Knölges Ende* schrieb er ironisch und mit einem distanzierten Blick: "Da kamen flüchtig gegangene Priester und Lehrer aller Kirchen, falsche Hindus, Okkultisten, Sprachlehrer, Masseure, Magnetopathen, Zauberer, Gesundbeter".

Von jenem Monte Verità ist wenig Greifbares geblieben: Was bleibt, sind die Intuition Szeemanns und das von ihm zusammengetragene Material. Doch mit jenen, die ihn zu befragen verstehen, spricht der Berg immer noch.' Und er antwortet mit verschiedenen Stimmen auf verschieden Fragen, und er ist immer da als Anlaufstelle für die Ängste und Utopien, welche die Menschen unter jeder Sonne haben. Immer kann man sich vorstellen, wie vor hundert Jahren Frauen und Männer in Kleidern à la Tolstoj, so fern und doch so nah, neue mögliche Lebenswege gesucht haben. Diese potentielle Fähigkeit, Hoffnungen zu wecken, ist die wirkliche Anziehungskraft des Monte Verità. **magio**

Henri Oedenkoven • Ida Hofmann • Ferdinand Brune • Alfredo Pioda • Johannes Nohl • Ernst Frick • Frieda Gross • Margarethe Fellerer • Max Weber • Gusto Gräser • Sophie Benz • Anselmo Secondo • Raphael Friedeberg • Frate Carota • Theodor Reuss • Elly Lenz • Otto Braun • Maria Adler • Karl Vester • Franz Hartmann • Eduard von der Heydt • Fritz Jordi • Heinrich Vogeler • Livio Vacchini • Rudolf von Laban • Carl Gustav Jung • Olga Fröbe-Kapteyn • Filippo Franzoni • Emil Fahrenkamp • Jampa • Alessandro Guglielmo de Beauclair • Max Nettlau • Bernhard Mayer • Leopold Wölfling • Vladimir Straskraba • Czaja • Karl Gräser • Virgilio Gilardoni • Arnold Ehret • Mary Wigman • Hetty de Beauclair • Gustav Nagel • Lenin • Harald Szeemann • James Joyce • Isadora Duncan • Lotte Hattemer

MIT BEITRÄGEN VON:

Graziano Martignoni (Universitätsprofessor und Psychoanalytiker)

Gianluigi Melega (Schriftsteller und Journalist)

Marco Solari (Präsident von Ticino Turismo)

Paolo Storelli (Journalist)

Cristina Foglia (Journalistin)

Demetra Giovanettina (Jurastudentin)

Sara Groisman (Literaturstudentin)

Jacopo Giovanettina (Literaturstudent)

MINIMALE BIBLIOGRAFIE:

Siro Borrani, *Memorie Asconesi* (hg. von Alfredo Poncini), Verlag Comune, Patriziato e Parrocchia di Ascona (2008);

Virgilio Gilardoni, *Fonti per la storia di un Borgo del Verbano - Ascona*, Archivio storico ticinese (1980);

Alfredo Poncini, *Dal passato luce per il futuro*, Verlag Borgo di Ascona (2003);

Michela Zucconi-Poncini, *Ascona*, Verlag Società di storia dell'arte in Svizzera (2003).

EIN BESONDERER DANK GEHT AN:

Demetra, für die vielen Tage ihrer zwanzig Jahre, die sie diesem Buch gewidmet hat.

Sara, für die Hingabe auch an dieses kleine Unternehmen.

Cece, der uns in unzähligen Abenden ermöglicht hat, die Welt, über die wir schreiben, zu verstehen und ihr zu begegnen.

Lorena, die die ständigen Änderungen in der grafischen Gestaltung akzeptiert hat.

Pia, die ein ganzes Wörterbuch verbraucht hat.

Hetty, mit der wir diese Reise begonnen haben.

Und natürlich an die Gemeinde, Bürgergemeinde und Pfarrei Ascona.

Ein herzliches Dankeschön auch an:

Lydia Bertoli, die uns vor vielen Jahren, ohne es zu wissen, auf den Weg nach Ascona geführt hat.

Riccarda Ejermark-Poncini†, die über der Migros wohnte.

Gianmichele Beltrami†, Asconeser aus dem Tal, der uns viele Dinge über Ascona erklärt hat.

Gianluigi Melega und Irene Bignardi, deren Gäste wir in Rom waren.

Die Restaurants Easy (Michele Naretto) und Giardino, die uns als kleine, vorübergehende Basislager gedient haben.

Autoren von Büchern, Texten und Artikeln über Ascona.

Steve Jobs und die Mac-Welt, die uns unsere Arbeit sehr erleichtert haben.

Alle, die wir in dieser sehr unvollständigen Liste vergessen haben (wir entschuldigen uns dafür) und alle, die es vorgezogen haben, darin nicht zu erscheinen.

AGENZIA KAY DANKT:

A
Carletto Abbondio†, Luca Allidi, Rachele Allidi-Tresoldi, Renato Altrocchi, Barbara Ambrosoli, Daniela Ambrosoli, Andrea Arnaboldi.

B
Elenita Baumer-Spertini, Alice Barra, Gianluigi Bazzi, Elisa Beltrami, Gianfrancesco Beltrami, Sandro Bianconi, Ursula Bechtolsheimer, Eros Bergonzoli, Manuela Bianda-Politta, Klaus Brommecker, Gianpiero Brunoni.

C
Franco Carloni, Pierre Casè, Carol und Giannino Chiesa.

D
Silvia Danzi-Staub, Dimitri.

F
Claudio Ferrata, Cristina Foglia, Luciano Fornera, Dana Franco.

G
Sergio Gomelsky, Sara Groisman.

H
Lennart Hofstetter.

I
Dino Invernizzi.

K
Paolo Kähr, Christoph Kühn.

L
Eva Lautenbach, Hans C. Leu.

M
Graziano Martignoni, Guido Maspoli, William Mazzoni, Edgaro Miozzari.

P
Adriana Pancaldi, Laura Pedrioli, Bianca Pedrotta-Rampazzi, Pierino Pisoni, Peter Pisoni, Luca Pissoglio, Achille Poncini, Alfredo Poncini.

R
Aldo Rampazzi, Carlo Rampazzi, Lyllis Rampazzi.

S
Christoph Schifferli, Lisali Spielmann, Marco Solari, Klaus Sommer, Paolo Storelli.

T
Pompeo Tonascia, Costantino Trapletti.

W
Werner Weick, Margherita Wildi, Caterina Wolf-Beretta.

Z
Mürra Zabel, Igor Zucconi, Michela Zucconi-Poncini.

Deli Morganti und Moritz Strähl, die die deutschen Druckfahnen gelesen haben.

FOTOS VON LORENA PINI.
Herkunft weiterer Fotos:

12, 66, 67, 91, 121, 141, 159, 161, 227, 239, 252, 273, Adriana Pancaldi
13, Regiopress
19, Familie Aurelio Rampazzi
25, Gigio Bazzi
31, Luisa Volonterio Filippini (aus *La fontana nel Ticino*, ed. STAN)
36 (links), Achille Poncini
36 (rechts), 58, 153, Francesco Ressiga Vacchini
54, 55, Aldo Rampazzi
59, 128, 129, 130, Stiftung Marianne Werefkin, Museo comunale d'Arte Moderna Ascona
81, (zwei Fotos oben), 83, Archivio Isole di Brissago
85, Fotoarchiv, Museo comunale d'Arte Moderna Ascona
89, Golf Club Ascona
101, Nachlass Carl Weidemeyer, Museo comunale d'Arte Moderna Ascona
133, Nachlass Charlotte Bara, Museo comunale d'Arte Moderna Ascona
140, Archiv Margarethe Fellerer, Ascona
143, Familie Schifferli
157, Gigio Bazzi
175, 176, 177, Klaus Brommecker
179, 180, 181, Manuela Bianda-Politta
183, Lisali Spielmann
188, 189, Rita Wildi
191, Pompeo Tonascia
197, 198, 199, Klaus Sommer
201, Stiftung Geza Anda, Zurigo
213, Martin Hesse, Stiftung Hermann Hesse Montagnola
219, Daniela Ambrosoli
221, Terreni alla Maggia
225, Hans C. Leu
237, Eros Bergonzoli
242 (rechts), William Mazzoni
242 (links), Silvia Danzi-Staub
243 (links), Gianpiero Brunoni
243 (rechts) Lennart Hofstetter
246, Boris Marcacci
275, Archiv Vester
277, Sara Giovanettina
279, Dimitri

INHALT

Ein Novemberabend im Café 2
Ascona und Foroglio, Geschwister des Wassers 3
Ascona, eine Reportage 4

ERINNERST DU DICH, ASCONA/1 8

DER BORGO — 9-61
Geografie 10
Geschichte 26
Institutionen 48

ERINNERST DU DICH, ASCONA/2 62

LUOGHI — 63-117
Seepromenade 64
Friedhof 72
Brissago-Inseln 78
Papio 84
Golfplatz 88
Museum 92
Otello 94
Architektur 96
Das religiöse Ascona 102

ERINNERST DU DICH, ASCONA/3 118

PORTRÄTS — 119-161
Rosenbaum 120
Dimitri 122
Werefkin 126
Bara 131
Carlo Rampazzi 134
Bechtolsheimer 138
Kok 140
Luban 141
Schifferli 142

Reventlow	144
Spinas	146
Bobiloff	148
Gisèle Réal	149
Arnaboldi	150
Albin	151
Sciueta	152
Filippini	154
Caterina Beretta	155
Ressiga Vacchini	156
Don Pura	158
Pancaldi	160
ERINNERST DU DICH, ASCONA/4	162

ASCONA D'ANTAN — 163-193

Der Krimi des Jahrhunderts	164
Opel Ascona	174
Der Flugplatz	178
Amarcord	182
ERINNERST DU DICH, ASCONA/5	194

ASCONAS ESPRIT — 195

New Orleans Jazz	196
Settimane musicali	200
Tourismus	204
Ascona in Worten	208
Die Fünfsternhotels	216
Die Nachtvögel	226

MONTE VERITÀ — 250

Beiträge und minimale Bibliografie	282
Dank	283-284
Herkunft der Fotos	285

VERLAG
Agenzia Kay, CP1, CH-6690 Cavergno (Foroglio)
agenziakay@bluewin.ch

GRAFISCHE GESTALTUNG
Lorena Pini
lorena.pini@agenziakay.ch

ÜBERSETZUNG AUS DEM ITALIENISCHEN
Pia Todorovic Redaelli
pia.todorovic@bluewin.ch

GESAMTKOORDINATION
Demetra Giovanettina
d.giovanettina@agenziakay.ch

DRUCK
Salvioni arti grafiche, Bellinzona

Gedruckt im August 2012 für die Agenzia Kay, 6690 Foroglio (Cavergno)

Dieses Werk ist urheberrechtlich geschützt. Die dadurch begründeten Rechte, insbesondere die Vervielfältigung, Verbreitung und Übersetzung bleiben vorbehalten. Ohne ausdrückliche, schriftliche Erlaubnis des Verlegers darf dieses Werk oder ein Teil davon in keiner Form (z.B. Fotokopien) reproduziert, abgewandelt, angepasst oder unter Verwendung von Datenverarbeitungsanlagen verbreitet werden.
© Copyright Agenzia Kay

STAMPATO IN TICINO

MIT BEITRÄGEN DER GEMEINDE, DES PATRIZIATS UND DER PFARREI ASCONA